Edna Cardozo Dias
Avocate , docteur en droit, conseiller juridique
La tutelle légale des animaux

La tutelle légale des animaux

Belo Horizonte - Minas Gerais
2020

LA TUTELLE LÉGALE DES ANIMAUX

Éditeur
Edna Cardozo Dias

Art final
Aderivaldo Sousa Santos

Revoir
Maria Célia Aun

FICHE CATALOGRAPHIQUE

Cardozo Dias, Edna

    La tutelle légale des animaux / - Edna

Cardozo Dias: Belo Horizonte / Minas Gerais

- 2020 - 3e édition.

346 p.

ISBN: 978-16-7625-270-2

1. I. Título.

Demandes pour ce travail
Shopping sur le site internet:
amazon.com.br et amazon.com:
e-mail: ednacardozo@gmail.com

Je dédie ce livre

À la mère commune de tous les êtres - la Terre - qui contient
l'essence de tout ce qui vit, qui nous nourrit de toutes
des joies, dans l'espoir que cette œuvre inaugurera une
nouvelle ère marquée par la ferme intention de restaurer la
dignité de animaux, et l'engagement d'être
humain avec une éthique de la vie.

Merci

Le professeur Arthur Diniz, conseiller de ma thèse de doctorat, soutenu à l'Université Fédérale du Minas Gerais - UFMG, qui était la première thèse sur le droit des animaux au Brésil en février 2000, introduisant cette nouvelle branche du droit dans le monde académique et scientifique, en commençant par l'élaboration d'un "Théorie des droits des animaux".

Résumé

Prefácio

J'ai rencontré la professeur Edna en 1986, alors que jedirigeais un groupe d'étude sur un cours de formation de professeur de yoga. En apprenant qu'elle était disponible pour des conférences sur la sensibilisation des animaux, je l'ai invitée, par l'intermédiaire de l'organisation qu'elle avait fondée quelques années auparavant, la Ligue pour la prévention de la cruauté envers les animaux, à donner une conférence à notre groupe. Lors des réunions de ce groupe, comme je l'avais expliqué au professeur Edna à l'époque, nous avons discuté de questions qui ont contribué à l'équilibre et à la croissance de l'être dans ses aspects humain et transcendantal. Libre de choisir son thème, elle nous a donné une conférence qui a élargi les horizons des stagiaires et des invités, qui se sont ouverts à la conviction que l'amour et le respect aux animaux sont une partie qui ne peut jamais être exclue du chemin évolutif des personnes. Nous avons enregistré la conférence (toujours sur cassette), qui a été transmise aux étudiants et multipliée pour une large diffusion.

La professeur Edna a dirigé et participé à de nombreuses conférences sur la défense des animaux. Loin d'être limitée au monde universitaire, la professeure Edna a, dès le début de ses activités, privilégié l'action. Un exemple en est la création de la ligue pour la prévention susmentionnée, destinée à recevoir les informations faisant état d'agression animale et à leur donner un traitement juridique. Elle s'efforce également de remplacer la vivisection par des méthodes alternatives dans tout le Brésil, de sensibiliser à la destruction des écosystèmes et à la cruauté envers les animaux et de faire connaître aux hommes et aux femmes les bienfaits du végétarisme sur la santé.et la préservation de la nature.

La professeur Edna a été une source d'inspiration pour beaucoup, y compris pour moi-même avec gratitude. Du fait de vivre avec elle, nos articles et livres sur la bioéthique ont également commencé à montrer l'animal dans le cadre d'une bioéthique plus large. Et pourtant, à son invitation, j'ai rejoint la Commission du droit des animaux OAB-MG, dont elle était présidente.

Elle a publié la première édition du livre La tutelle légale des animaux, basée sur sa thèse de doctorat à la UFMG Law School. Il est important de souligner que c'était la première thèse au Brésil qui défendait l'existence d'un droit des animaux. C'est donc un véritable fer de lance qui brise les anciens paradigmes et concepts relatifs au traitement des animaux, ouvrant ainsi la porte à un déluge d'animaux. monographies, mémoires, thèses et ouvrages sur le sujet. Ses idées et idéaux, déjà sous forme de livre, pourraient être mieux diffusés et le livre est depuis devenu une référence dans le domaine de la protection juridique des animaux.

C'est pour ces raisons, parmi bien d'autres, que je peux dire de la grande satisfaction de voir votre livre maintenant dans sa nouvelle édition, une occasion précieuse pour les autres d'expérimenter une compréhension plus profonde des questions d'amour et de respect pour les animaux et de leur nécessité. reconnaissance de leurs droits. Je suis honoré par l'invitation de faire la préface de ce travail précieux. Merci beaucoup

Alvaro Angelo Salles
Belo Horizonte, août 2018

La présentation

La «**Tutelle légale des animaux**» est la réimpression de la première thèse de doctorat sur les droits des animaux au Brésil, publiée en 2000 et mise à jour. Cette thèse a été soutenue par l'avocate Edna Cardozo Dias à l'Université Fédérale de Minas Gerais en février 2000 .Ce livre a contribué à la théorie des droits des animaux au Brésil et à la discussion sur la reconnaissance des droits des animaux dans le domaine des sciences juridiques. Dans sa deuxième édition, il présente les différentes théories qui ont émergé dans ce domaine et explique comment elles peuvent étayer et diriger le droit des animaux à un niveau supéricur, qui protège efficacement les animaux en leur accordant des droits. Il parle également de la nécessité de changer la nature juridique des animaux dans le Code civil brésilien et en fait une étude comparative avec celle des pays qui ont déjà modifié leur législation pour enfin reconnaître qu'il est nécessaire d'établir une catégorie distincte de relations juridiques impliquant les animaux et les personnes, et promulguer des lois spéciales qui préservent leur dignité et leur intégrité, les distinguant des autres biens. Le livre aborde le droit des animaux dans ses aspects philosophiques, juridiques et éthiques. Il aborde les différentes espèces de cruauté au Brésil et analyse la législation brésilienne, communautaire et autre. Il combine la question didactique avec le monde juridique et factuel. Cela amène le lecteur à réfléchir à l'adoption de nouveaux paradigmes juridiques et à l'évolution d'une théorie des droits des animaux.

Chapitre 1

LA PHILOSOPHIE ET LES ANIMAUX

Les relations de l'homme avec l'animal et la nature dans la civilisation occidentale ont été régies par la domination. Les attitudes répandues de maltraitance envers les animaux découlaient avant tout de la croyance biblique selon laquelle Dieu donnait à l'homme la domination sur toutes les créatures et d'une pensée philosophique qui se développait sur une dualité ontologique - qui légitimait toute forme d'exploitation des animaux. Les animaux ainsi ont suivi le romantisme, l'humanisme et le rationalisme, qui ont placé l'homme au centre de l'univers.

1.1 LES GRECS

Les penseurs grecs ont enseigné que le chaos est la force créatrice et le moteur primordial de l'univers. C'est du chaos que l'ombre, sous la forme d'Erebus, et la nuit sont apparues. Et c'est de l'ombre que la Lumière apparut sous la forme d'Ether; et de la lumière, du jour: quand Erebus s'est séparé de la nuit, Eros a émergé - l'amour, créateur de toute vie. Eros a enveloppé la terre et elle a donné naissance au ciel, à la mer et aux montagnes. De la progéniture de la terre est sorti Thémis - l'incarnation de la loi et de l'ordre universel, immanent dans la nature de toutes choses. Thémis a épousé Zeus, dieu de l'Olympe, et il donna naissance à trois heures: Eirene la paix; Eunomy, la discipline; et Dike, justice. C'est la première vue ontologique du droit.

Dans le travail poétique du philosophe grec Hésiode, on peut lire la généalogie des dieux, un aperçu de la pensée rationnelle qui a ouvert la voie aux cosmogonies philosophiques. Dans sa *théogonie,* Hésiode parlait déjà de la séparation entre une nature rationnelle et une nature irrationnelle dans l'ordre universel protégé par Zeus. Pour lui, la nature irrationnelle manque de droits et les êtres irrationnels peuvent donc se dévorer mutuellement. C'est ta loi. Mais les hommes obtiennent le droit – *Dike* – auquel ils doivent obéissance et en même temps le plus grand bien. Il existe donc un ordre pour les hommes et un autre pour les animaux irrationnels. Alors que pour le royaume irrationnel, la nécessité vitale prévaut, pour le règne humain, la justice prévaut, le droit étant l'une des forces fondamentales de l'univers.

C'était peut-être la première étape qui exclurait les animaux des siècles plus tard d'une protection légale créée uniquement pour les hommes.

1.1.1 Le présocratique

L'historien Arthur Soffiati enseigne que les premiers Hellènes, appelés *pré-socratiques* ou *physiques,* voyaient la nature embrasser tout, y compris les dieux, relativisant l'importance de l'être humain. Pour eux, entre autres, qui constituaient les écoles ionienne, italique, élématique et atomique, la conception de la justice naturelle découle de l'ordre cosmique.

Les premiers penseurs ioniques concevaient un univers statique. Ensuite, cette vision évolue vers une vision du monde, le cosmos prenant une âme dont l'essence est en train de devenir l'essence des choses. Logos, le principe universel, est considéré comme l'âme du monde.

Héraclite d'Éphèse (540-497 av. J.-C.) peut être considéré comme un symbole paradigmatique des pré-Socrates. Il a soutenu que l'être est un; le second devient le principe fondamental. Tout coule, rien ne persiste ou reste le même. Il a affirmé la nature comme infinie, que qui ne repose jamais et définit le feu comme symbole du mouvement

---

[1]SOFFIATI, Aristides Arthur. *A natureza no pensamento liberal clássico.* Campos dos Goitacazes: Datil, 1992, inédito.

éternel. De la lutte entre les contraires naît tout devenir. La différence fait partie de l'harmonie. (Notre note: différence même entre les sexes, les races et les espèces d'animaux et de la végétation). Héraclite a lié le tout et le pas tout (la partie). C'est le principe de l'unité parmi l'univers entier.

Fondée par Pythagore de Samos (580-497 av. J.-C.), l'école italique présuppose une identité fondamentale de la nature divine. Cette profonde similitude entre les divers existents a été ressentie par l'homme sous la forme d'un accord avec la nature, qui, surtout après le Philolaus de Pythagore, sera décrit comme une harmonie, garantie par la présence du divin en tout. Naturellement, dans une telle conception, le mal est toujours compris comme une désharmonie.

Nous trouvons donc dans cette école la conception d'un univers unique et harmonieux et la présence du divin en tout, et pas seulement dans l'être humain.

À cette époque, la Cour des amphictions (assemblée des grands initiés et parlement suprême et arbitral), réunie à Delphes, avait déjà reconnu l'importance de l'environnement pour la vie urbaine. C'est ce que nous tirons de leur serment qu'ils se sont engagés à ne jamais détruire les villes amphithoniques et à ne pas détourner, ni pendant la paix ni pendant la guerre, les sources nécessaires à leurs besoins.

C'était la penseure grecque d'Orphée, qui commençait déjà à périr avec la violation des ordres de Delphes. Il était nécessaire de diviser l'éducation en deux secteurs, l'un public et l'autre secret. Pythagore est devenu le maître de la Grèce laïque. Dans les principes de base de ses enseignements, il prêchait déjà que l'univers est un et qu'il existait donc une interdépendance de tous les êtres, justifiant les maximes de l'écologie d'aujourd'hui: l'évolution est la loi de la vie; le nombre est la loi de l'univers; et l'unité est la loi de Dieu.

Dans son enseignement hermétique, elle a démontré que les nombres contiennent les secrets de toutes choses et qu'ils sont une harmonie universelle. Les sept notes de musique correspondent aux sept couleurs, aux sept planètes et aux sept modes de vie. Cette mélodie devrait réveiller l'âme et la rendre harmonieux. (Notre note: en paix avec tout ce qui vit, vibrer à l'unisson avec le souffle de la vérité).

Pythagore, en prêchant l'amour de la famille aux jeunes, a comparé sa mère à la nature généreuse et bienveillante. Il a dit que «la céleste Cybèle produit les étoiles; Demeter, les fruits et les fleurs de la terre. De même, la mère nourrit l'enfant de toutes les joies. Ici, vous voyez qu'il a vu la terre comme une grande mère. Et pour lui, cette nature vivante et éternelle, cette grande épouse de Dieu, n'est pas seulement la nature terrestre, mais aussi la nature invisible à nos yeux de chair - l'âme du monde, la lumière primordiale, alternativement maya, isis ou cybèle, Le premier à vibrer sous l'impulsion divine, il contient les essences de toutes les âmes, les types spirituels de tous les êtres. C'est alors Déméter, la terre vivante et toutes les terres, avec les corps qu'elles contiennent, dans lesquels leurs âmes viennent s'incarner: la femme, compagnon de l'homme[2].

La théorie récente de GAIA, The *Living Earth,* du biochimiste anglais James Lovelock, tire son nom de Goulding, car elle ressemble à la conception grecque de GEA.

Pythagore croyait en la réincarnation et la métempsychose. En ce qui concerne les animaux, il a déclaré que les espèces étaient transformées non seulement par sélection, mais par la percussion de forces invisibles. Pour lui, dès qu'une espèce a disparu du globe, c'est le signe qu'une race supérieure s'incarne dans la progéniture de la vieille espèce. Et, selon lui, c'est ainsi que l'homme est né. Et tout cela présuppose, bien sûr, un royaume antérieur d'une humanité céleste. Ainsi, Pythagore est passé de la cosmogonie physique à la cosmogonie spirituelle. Elle traitait de l'évolution de la terre et de *l'évolution des âmes,* une doctrine connue sous le nom de transmigration des âmes. L'âme humaine n'était qu'une partie de l'âme du grand monde. La doctrine de l'ascension de l'âme place sans aucun doute les animaux dans la situation de nos frères de l'évolution:

«L'esprit qui travaille les mondes et condense la matière cosmique en masses énormes se manifeste avec une intensité et une intensité différentes une concentration croissante sur

---

[2]SHURÉ, Edouard. *Os grandes iniciados*. São Paulo: Martin Claret, 1986, p. 68.

les domaines successifs de la nature. La force minérale aveugle et indistincte, individualisée dans la plante, polarisée dans la sensibilité et l'instinct des animaux, tend toujours, dans son élaboration lente, à la monade consciente; et la monade élémentale est visible dans l'animal le plus bas[3]. »

On dit que Pythagore est végétarien et que son repas frugal, ainsi que celui de ses disciples, se composait généralement de pain, de miel et d'olives.

À l'école atomique, nous trouvons le summum des sciences naturelles pré-socratiques. Pour cette école, l'élément de base de l'univers est l'atome. Avec Democritus d'Abddera (460-370 av. J.-C.), la vision du monde atomiste est née, peut-être l'un des tout premiers représentants du matérialisme. Selon sa théorie, la réalité est composée d'atomes et de vide, et la combinaison d'atomes expliquerait la formation de tous les phénomènes. L'homme est un microcosme. Ce sont ses enseignements:

> Ecrits non classifiés, causes relatives aux animaux, I, II, III – La bonté des animaux réside dans la force du corps; celle des hommes, l'excellence du caractère. Et souligne la bonne qualité des animaux: Nous pouvons être ridicules lorsque nous nous vantons d'enseigner aux animaux. Parmi eux, nous sommes des disciples dans les domaines les plus importants: l'araignée pour le tissage et la réparation, l'hirondelle pour la construction de maisons, l'oiseau chanteur, le cygne et le rossignol pour le chant et l'imitation. "[4]

En examinant les pré-socrates, nous pouvons conclure que, dans la pensée grecque, l'homme faisait partie de l'univers, mais sans aucune autonomie. La justice de l'État était confondue avec les lois de la nature, car l'homme, immergé dans la totalité du cosmos, obéissait aux lois physiques ou religieuses qui le régissaient. Cette conception est un jusnaturalisme cosmologique.

---

[3]SHURÉ, Edouard. *Op. cit.*, p. 80.
[4]OS PRÉ-SOCRÁTICOS - vida e obra. São Paulo: Abril, 2ª ed., 1978, p. 317.

1.1.2 Les sophistes

Avec la crise éthique et morale du Ve siècle avant notre ère, le sophisme s'est développé. Le sophiste est celui qui sait, qui possède une technique lui permettant de tirer parti de son application. Chez les sophistes, les enquêtes sur l'ordre cosmique cèdent la place aux enquêtes sur l'ordre humain. Les sophistes étaient des professeurs ambulants.

Le monde hellénique aux VIe et Ve siècles av. J.-C. se nourrit de cette intéressante conception de la nature. Bien qu'ils soient en désaccord avec certains des principes qui constituent et régissent l'univers, Tales, Anaximander, Anaximenes, Xenophanes, Heraclitus, Pythagore, Almeon, Zenon, Melissus, Empedocles, Philolaus, Archolès, Anaxagoras, Leucippus et Democritus partagent l'opinion qu'il partage. nature: l'être humain, la société construite par lui, le monde extérieur et même les dieux.

Enfin, de Thalès à Démocrite, les pré-socrates, à la fois philosophes, scientifiques, poètes, artistes et mystiques, ont affirmé le thème essentiel de l'unité. La tendance à la mondialisation et à la défense de la planète reprend cette perspective, avec un nouveau fondement.

1.1.3 La philosophie socratique

C'est de Socrate (470-399 avant J.-C.), avec la maxime que vous *connaissez vous-même*[5], que l'anthropocentrisme commence.

Socrates a le mérite d'être le fondateur de l'éthique. Pour lui, bien que le bonheur soit un bien à atteindre, il doit être conçu comme le plaisir qui découle de l'équilibre spirituel, dont la raison libère l'homme de l'obscurité des passions. Ce qu'il voulait montrer, c'est que les lois morales trouvent leur origine dans la structure de l'individu. Il a également dit que la raison mène à l'unité et à l'universalité, identique à tous les hommes. Il y a une universalité de l'homme.

Malheureusement, on ne s'est pas souvenu de ce que les

---

[5]COELHO, Luiz Fernando. *Introdução histórica à filosofia do direito*. Rio de Janeiro: Forense, 1977. Pg. 59.

valeurs éthiques doivent être conçues non pas pour l'homme isolé, mais dans leur universalité, y compris dans l'environnement immédiat. En ce sens, nous pouvons dire que l'environnement exige de nous une éthique du respect des lois de la biodiversité, de la complétude de la matière et de la programmation de la nature. Si, comme l'a dit Socrate, obéir aux lois de l'État est une exigence de la nature humaine elle-même, il est également de la nature humaine d'obéir aux lois de la Terre et de l'univers.

1.1.4 Platon

Platon (428-348 av. J.-C.) reçut de Socrate le grand élan, le principe actif de sa vie: la foi en la justice et la vérité. Il était très impressionné par le fait que Socrate soit mort pour la vérité. (Socrate est mort en 399 avant JC).

Platon a complètement rejeté la conception des atomistes d'un univers avec une pluralité indéterminée de mondes créés au hasard. Il a mis au point une théorie qui fait de l'esprit divin la cause première du monde naturel et place les valeurs spirituelles au cœur de la création. Le ciel, à son avis, proclame les desseins rationnels de son créateur, dont l'œuvre constitue un cosmos, un ensemble unique, ordonné et beau, imprégné de vie et d'intelligence. Le monde de Platon est une unité organique dont les parties sont intelligibles en vertu de leur structure mathématique. Il y a une âme du monde, qui est la cause d'un mouvement régulier, et le corps du monde se compose des quatre premiers corps: le feu, l'air, l'eau et la terre. L'âme du monde est insérée au centre de la sphère et l'imprègne complètement, lui conférant mouvement, vie et pensée.

Platon a accordé une grande importance à la politique, révélée dans ses œuvres *La République* et les lois, dans lesquelles il s'est occupé de l'homme politique et des villes idéales. Dans *The Republic,* il termine avec le mythe de Er, lorsqu'il parle de la transmigration des âmes:

"Er a prétendu avoir vu l'âme qui était allé autrefois à Orphée en choisissant la vie d'un cygne, parce que par haine du sexe qui lui avait causé la mort, Je ne voulais pas être né d'une femme. Il avait vu l'âme de Tamiras choisir la vie d'un rossignol, un cygne changeant de condition pour que l'âme de l'homme et les autres animaux chanteurs fassent de même. La vingtième âme nommée à choisir choisit la vie d'un lion: c'était celle d'Ajax, fils de Telamon, qui ne souhaitait pas naître à nouveau dans la condition de l'homme, car il n'avait pas oublié le jugement des armes. Le prochain était l'âme d'Agamemnon. Également détesté par l'humanité à cause des malheurs du passé, il a changé de condition pour devenir celle d'un aigle et celle du [...] ridicule Tersites vêtu de la forme d'un singe. la condition humaine ou celle d'autres animaux, l'injuste dans les espèces féroces, le juste dans les espèces domestiquées; De cette façon, des croix de toutes sortes ont été faites.[6]

Dans le dialogue des *Lois*, livre X, Platon parle également de l'âme, la définissant comme une substance en mouvement, et déclare que le monde et les étoiles sont animés et que la révolution divine est dirigée par l'âme suprême, principe d'ordre du monde. Cosmo Il croit en l'immortalité de l'âme, sujette à des récompenses ou à des punitions, et à son élévation ou sa rétrogradation à l'échelle des êtres vivants. C'est-à-dire que pour lui tous les êtres vivants sont dotés d'âme.

Platon inclut parmi les principaux privilèges de l'homme de communiquer avec les animaux. Ainsi, en les interrogeant et en les étudiant, il connaissait exactement leurs facultés, ainsi que leurs différences, ce qui aiguisait leur raisonnement, leur prudence était plus parfaite et leur conduite dans la vie plus efficace. Il demanderait: "Y a-t-il une plus grande folie chez l'homme qui veut juger les animaux?" Il croyait que la forme corporelle avec laquelle la nature dotait les animaux rencontrait le pronostic de l'époque.

1.1.5. Périathétisme

---

[6] PLATÃO. *A república*. Fundação Calouste Gulbenkian, 1949. Pg.. 477, 496-498, 620.

EDNA CARDOZO DIAS ▐━━━━

La philosophie d'Aristote (384-322 av. J.-C.) est appelée *péripatétique* en raison de l'habitude ambulatoire que le maître répand chez ses disciples, en leur enseignant de belles conférences, en parcourant les chemins du gymnase d'Apollon.

Dans Aristote *Politique,* il soutient que la double union de l'homme avec la femme et du maître avec l'esclave constitue avant tout la famille. Et souvenez-vous de ce qu'Hésiode a dit, à juste titre, de sorte que la première famille soit composée de la femme et du bœuf destinés à l'exploitation minière. En effet, le bœuf sert d'esclave aux pauvres.[7] Ainsi, la famille constituée pour subvenir aux besoins quotidiens est formée de l'être humain et de l'animal domestique. Pour lui, de nombreuses familles forment les burgos et de nombreux burgos forment une ville complète. Pour Aristote, chaque ville s'intègre à la nature, car c'est elle qui a formé les premières sociétés. Et les différents êtres s'intègrent à la nature quand ils atteignent chaque développement qui leur est propre. Pour lui, il est évident que la ville fait partie de la nature et que l'homme est naturellement un animal politique. Un individu qui ne fait plus partie de la ville est impatient de se battre et, à l'instar des oiseaux de proie, incapable de se soumettre à aucune obéissance. L'obéissance et la soumission sont pour lui des règles naturelles.[8]

Aristote considère l'homme comme un animal plus sociable que les autres animaux vivant dans la société, tels que les abeilles. Il considère les animaux différents par leur mode de vie, leurs actions, leurs coutumes et leurs habitations. Et voyez dans le fait que l'homme a le don du mot une forme d'élévation, comparé à d'autres animaux, qui n'a que la voix pour exprimer le plaisir et la douleur. Les animaux communiquent mais seuls les humains peuvent discuter de ce qui est juste ou injuste. Pour lui, la nature a donné aux animaux les organes pour exprimer sa voix, mais nous avons la connaissance du bien et du mal, utile et inutile, juste et injuste, et nous le manifestons à travers la

---

[7]ARISTÓTELES. *A política.* Julian Marias y Maria Araújo. Madrid: Instituto de Estudos Políticos, 1951. XLV e 12.

[8]VERNANT, Jean Pierre. *Los origenes del pensamento grego.* Trad. de Mariano Ayerra. Buenos Aires: Eudeba, 1965. Pg.. 105.

parole. C'est le commerce du mot le lien de chaque société domestique ou civile.

D'une certaine manière, lorsque nous réfléchissons aux paroles de ce philosophe, nous devons assumer la responsabilité des êtres qui n'utilisent pas le langage pour s'exprimer et revendiquent leur libération, ainsi que le destin de la planète. Cependant, Aristote considère comme naturel la domination de l'homme sur l'animal. De même, il est naturel pour lui de maîtriser l'homme qui a des idées sur celui qui n'a que la force. En outre, il postule que l'âme dirige le corps. Elle considère même que vivre sous la domination de l'homme est un privilège, en faisant valoir que la situation de l'animal dominé est meilleure que celle de la vie en liberté, qu'il appelle la *bête sauvage*.

Ainsi, nous concluons que l'animal est conçu par lui dans la société comme un esclave, un produit utile pour l'alimentation et l'usage quotidien, et un fournisseur de matière première pour les vêtements et autres objets. Dans sa conception, la nature ne fait rien sans but et les animaux ne peuvent avoir d'autre but que de servir l'homme.

Mais Aristote souligne que, même si le civilisé est le meilleur de tous les animaux, l'homme qui ne connaît ni la justice ni la loi, l'homme est le pire de tous. Pour lui, la chasse est un art de conquête, de même que la guerre est un art que l'homme utilise contre les bêtes, et que d'autres hommes, naturellement destinés à obéir, refusent de se soumettre.

Cette pensée d'Aristote a influencé l'éducation européenne jusqu'aux XVIIe et XVIIIe siècles. Moliérè, La Fontaine et Boileau ont pris leurs concepts de la morale du philosophe. Le phénomène est devenu plus frappant dans les universités allemandes. Les deux grands admirateurs d'Aristote sont Hegel et Marx. On peut dire qu'il était le fondateur de la philosophie du droit.

1.1.6 Épicurisme

Avec l'avènement de l'empire d'Alexandre le Grand commença le renversement du système politique Ville-État de la culture grecque. L'art les autorités administratives et fiscales des monarchies émergentes succèdent à l'État grec. Cela donne lieu à une nouvelle prise de conscience de la nature. La doctrine d'Épicure (341-270 av. J.-C.) était presque une religion, à l'instar de celle de Pythagore. La moralité, ayant pour objet le bonheur humain, objectivée par le plaisir paisible, est un moyen d'éviter la douleur et de ne jamais nuire à personne.

Nous pouvons voir ici qu'Épicure parle du bonheur humain. Mais en vérité, l'homme qui est en paix ne veut pas nuire à l'homme, ni à aucun être vivant. L'homme n'a donc pas atteint ce bonheur recherché avec ces enseignements, manquant du courage platonicien (agir avec le cœur) et du véritable amour pour ne pas blesser la terre et ses créatures.[9]

1.1.7 La philosophie stoïcienne

Le stoïcisme représente l'apogée du panthéisme dans la conception cosmologique traditionnelle d'une force spirituelle animant l'univers. Le fondateur de cette école est Zeno of Citium (344 BC - 262 BC).

Pour les stoïciens, le monde est leur patrie. L'homme stoïcien est cosmopolite, citoyen de l'univers. Ces idées ont ouvert un sentiment de charité, suscitant la pitié pour les esclaves et les ennemis. Les stoïciens ont vanté la nature de l'identité unique de la nature humaine et ont affirmé que l'humanité est comme une communauté universelle.

Nous trouvons dans les stoïciens l'idée que la loi naturelle est commune aux hommes et aux animaux. Cette idée que tous les êtres vivants sont soumis à une loi ainsi qu'à un dieu – *logos, ratio ou pneuma* – est l'un des principes fondamentaux du stoïcisme. Les êtres vivants participent au *ratio* universel. Pour eux, la raison universelle gouverne toutes choses et est présente dans chaque homme sans distinction. En tant que partie de la nature cosmique, l'homme est rationnel, à partir duquel il déduit l'existence d'un droit naturel basé sur la raison. Mais ce droit ne se confond pas avec le droit positivo institué par l'Etat. Dans l'un des fragments de Zénon, on soutient que

---

[9]COELHO, Luiz Fernando. *Op. cit.*, p. 95-99.

la loi naturelle est une loi divine, qui a donc le pouvoir de réguler le juste et l'injuste[10].

Cette mentalité s'est ensuite répandue chez les Romains, mais ces jurisconsultes n'ont pas reconnu les droits des animaux. Selon l'interprétation romaine, l'idée de loi naturelle signifiait seulement que la loi naturelle était inhérente à l'ordre qui régit toutes les créatures. Cette idée était confortée par le fait que les stoïciens ne préconisaient l'application de la justice qu'à des êtres rationnels.

Le stoïcisme est en quelque sorte un précurseur de la théorie du contrat social.

1.2 LA VISION BIBLIQUE - SAINTS ET ANIMAUX

Selon l'interprétation répandue de la Bible classique, Dieu a donné à l'homme la domination sur tous les êtres vivants, n'ayant créé que l'homme à son image et à sa ressemblance. Dans la *Genèse*, la création du monde est décrite comme suit:

> «Et Dieu dit: Que la terre produise des animaux vivants, des animaux domestiques et des reptiles, et des animaux sauvages, des animaux sauvages. Et c'était donc fait. Et Dieu a créé des animaux sauvages selon leur espèce, et des animaux domestiques, et toutes les choses rampantes de la terre selon leur espèce. Et Dieu vit que c'était bon et (enfin) dit: Faisons l'homme à notre image et à notre ressemblance, et soyons attachés aux poissons de la mer et aux oiseaux des airs, et aux bêtes, et à toute la terre et tout. les reptiles qui bougent sur la terre [11]. »

La supériorité de l'être humain constitue pour la société occidentale plus qu'une croyance, un dogme de foi. C'est le fondement sur lequel la société s'est construite et qui a justifié la position élevée du homme dans l'univers.

---

[10]COELHO, Luiz Fernando. *Op. cit.*, p. 106.
[11]BÍBLIA sagrada. Primeiro livro de Moisés. *Gênesis,*1, 24-26.

EDNA CARDOZO DIAS ▌───

Cependant, d'innombrables courants ecclésiastiques acceptent aujourd'hui déjà une nouvelle interprétation de ce passage biblique. Puisque l'homme est le plus conscient des autres, Dieu lui a confié la responsabilité de prendre soin de la planète et de protéger les autres créatures. Après Darwin, l'homme a été forcé d'admettre que ce n'était rien de plus que le résultat de millions d'années d'évolution. Malgré toutes ses subtilités technologiques, il est un nouveau venu sur Terre. Les individus et les espèces vont et viennent comme la vie continue. Les individus jouent leurs rôles, mais ils ne sont pas l'objet principal du processus. Tous les êtres sont des êtres qui, comme l'homme, sont profondément absorbés par l'aventure de la vie.

Le carnivorisme a trouvé une justification dans la vision que Saint-Pierre avait lorsqu'il avait faim et éprouvait un sentiment d'extase. Il vit le ciel ouvert et un objet descendre comme un grand drap qui contenait toutes sortes de quadrupèdes, de reptiles terrestres et d'oiseaux du ciel. C'est alors qu'il entendit une voix: «Lève-toi, Peter, tue-toi et mange». A quoi il répondit: «Pas du tout, Seigneur, car je n'ai jamais rien mangé de sale et de sale." Rien de ce que Dieu t'a purifié ne considère comme commun [12].

Ailleurs, cependant, la Bible semble recommander le végétarisme:

> «Voici, je t'ai donné toutes les herbes qui donnent de la graine, qui sont sur la surface de la terre; ct tout arbre avec des fruits d'un arbre qui produit des semences sera votre nourriture. Et à toutes les bêtes de la terre, à tous les oiseaux du ciel et à tous les reptiles de la terre, où il y a un souffle de vie, toute l'herbe verte sera pour se nourrir *13*.

Dans les évangiles apocryphes, nous trouvons également de nombreux passages où Jésus parle pour la défense de la nature et des animaux, tels que l'Évangile of Perfect Life, ou évangile araméen, trouvé au Tibet, et l'évangile de

---

[12]BÍBLIA sagrada. *Atos dos Apóstolos*. 10, 9-16.
[13]BÍBLIA sagrada. *Gênesis*. 1, 29-30.

paix essénien, trouvés dans les bibliothèques du Vatican et de Royal Habsburg.

Dans la nouvelle théologie, le symbolisme de Jésus cloué sur la croix fait référence au salut de toute la personne, pas seulement au salut de son âme, mais à la libération de l'être humain au sein de sa communauté et de l'univers.

1.2.1 Saint Thomas d'Aquin

Pour saint Thomas d'Aquin (1225-1274), la justice cherche à ordonner tout ce qui concerne les autres. Parler de vice contraire à la justice commutative donne son interprétation biblique du péché de tuer des plantes et des animaux irrationnels.

L'apôtre aux Romains (12.2), dit: «Ceux qui résistent au commandement divin de celui-ci retirent leur condamnation.»[14] Mais en ordonnant à la divine providence, on garde tous les vivants: mange les animaux »(146 8). Selon Exode 22, quelqu'un qui tue le mouton ou l'autre bœuf doit être puni.

Selon l'interprétation de saint Thomas, le commandement «Tu ne tueras pas» ne fait pas référence aux animaux. Il établit un dualisme ontologique en déclarant dans son *Traité de justice* que personne ne pèche pour utiliser quelque chose en fonction du but pour lequel il a été conçu. Il dit que, dans l'ordre des choses, il y a les plus parfaits, de même que la nature, des plus imparfaits aux plus parfaits. Il affirme que les plantes vivent des animaux: et les animaux des hommes. Evoque Aristote pour conclure que si l'homme utilise des plantes pour le bien des animaux et des animaux pour le bien des hommes, il ne commet pas d'actes illicites.

Il évoque également saint Augustin dans *La Cité de Dieu*, livre 1, chap. 20, pour étayer son point de vue discriminatoire sur les espèces: «Selon le bon ordre du Créateur, la vie et la mort des plantes et les animaux sont subordonnés à l'homme [15].

---

[14]TOMÁS DE AQUINO (Santo). *Tratado de justiça*. Portugal, Coleção Resjurídica, p. 104.

Cette pensée dualiste a fini par influencer les penseurs et les mouvements philosophiques qui ont suivi à travers l'Europe.

1.2.2 Saint François d'Assise

Francisco Bernardone (1182-1226) fut l'un des plus grands précurseurs de la pensée écologique moderne. Il était un grand amoureux des animaux et de la nature. On raconte que dans la ville de Gubbio, un loup effrayait les habitants. Francis partit dans les bois pour prêcher au loup et trouva la colombe de la paix. Il a médité dans les bois et s'est entretenu avec des oiseaux et d'autres animaux. On dit aussi que les oiseaux venaient tous les jours chercher des miettes de la table du couvent où vivaient les frères de l'ordre des mendiants d'Assise, fondé par François. [16]

Son amour pour les animaux l'a amené à construire des nids pour les tourterelles, à chasser une bestiole rampante ou à apporter du miel aux abeilles en hiver. Il a rejoint les oiseaux, qui, selon lui, louaient le Seigneur pour qu'il chante les heures canoniques. On dit que chaque créature, étant créée par la Parole, est un écho de cette Parole divine et peut devenir pour nous l'étape d'une échelle qui nous permettra d'atteindre la cause, de créature à créatrice. Dans le *Chant des créatures*, il est évident que l'attitude de saint François envers les animaux illustre une perspective cosmique, loin de tout sentimentalisme vulgaire ou poétique. Il appelle les frères animaux, indiquant que sa vision du monde a été dépassée par lui, qu'il a compris la raison d'être des animaux et qu'il les place exactement à leur place dans la création: «Loué soit Seigneur de toutes tes créatures. [...] Seigneur, sois loué pour notre soeur la terre, qui nous soutient et nous gouverne, et qui produit divers fruits ainsi que des fleurs et des herbes colorées. "[17] Il y a six les symboles fondamentaux du *cantique des créatures* – la terre,

---

[15]*Apud* TOMÁS DE AQUINO (Santo). *Op. cit.*, p. 104.

[16]BOFF, Leonardo e PORTO, Nelson. *São Francisco de Assis, homem do paraíso*. Petrópolis: Vozes, 1986, p. 67.

[17]BOFF, Leonardo. *Op. cit.*, p. 100 e 101.

l'air, l'eau, le feu, la lune et le soleil – dépassent la cosmologie occidentale, qui a généralement retenu quatre éléments alchimiques. Cela fait de Francis un exemple digne d'être suivi par toute l'humanité.

1.3 LES PHILOSOPHES LIBÉRAUX ET LES ANIMAUX

Dans la culture occidentale, sous son aspect libéral et socialiste, le droit naturel est réduit à la nature humaine. Le monde a disparu. Le royaume de l'homme a été proclamé. Et ce mouvement est devenu hégémonique notamment après la Révolution française et la révolution industrielle. La Déclaration des droits de l'homme dit: Chaque homme. Ce n'est qu'en octobre 1978, près de deux cents ans plus tard, que la *Déclaration universelle des droits des animaux a été proclamée par l'UNESCO, qui, dans son art. 1, enregistre: "Tous les animaux naissent égaux avant la vie et ont les mêmes droits à la vie."*

1.3.1 Montaigne et Montesquieu

Montaigne (1533-1592), dans son livre d'essais[18], a déclaré que la vertu était une chose différente et plus noble que les penchants pour le bien qui sont nés en nous, et que parmi les vices, il détestait particulièrement: la cruauté. Par instinct ou par réflexion, il considérait ce vice comme le pire de tous. Et il a avoué qu'il avait la faiblesse de ne pas pouvoir voir tuer une poule sans être désagréable, ni pouvoir entendre gémir un lièvre entre les dents du chien; qui n'a jamais vu un animal persécuté et tué sans défense, dont nous n'avons rien à craindre, comme la chasse au cerf, qui, essoufflé, sans force et sans possibilité de s'échapper, se rend, qui implorent notre pardon et, les larmes aux yeux, gémissant, ensanglanté, demande grâce. Il a comparé le chasseur voluptueux que ressent l'homme lorsqu'il épouse sa femme lorsque le plaisir approche. Il supposait que c'était c'est certainement la raison pour laquelle les poètes ont représenté Diane

---

[18]MONTAIGNE. *Vida e obra*. Da crueldade. São Paulo: Nova Cultural, 1996, p. 366-369 (Os Pensadores).

indifférente aux flammes de l'amour et aux flèches de Cupidon. S'il attrapait un animal piégé, Montaigne le renvoyait en liberté. Il en a été de même pour Pythagore, qui a acheté du poisson et des oiseaux à relâcher. «C'est, a-t-il dit, avec le sang des animaux que le fer a d'abord été souillé.» [19] Ceux qui ont soif de sang avec des animaux révèlent une nature sujette à la cruauté. Après s'être habitués à tuer des animaux à Rome, les hommes se sont battus parmi les gladiateurs. Pour Montaigne, il semblait que l'homme ne pouvait pas être content de voir les animaux se caresser, mais plutôt excité par leurs féroces combats. Il a justifié cette sympathie pour les animaux dans la théologie même, qui recommande la bienveillance. Il croyait que le Créateur nous a mis sur la terre pour le servir et que les animaux sont comme notre famille. Elle prêchait le respect non seulement pour les animaux, mais aussi pour tout ce qui renferme vie et émotion, y compris les arbres et les plantes.

Montaigne a dit que nous devons justice aux hommes, mais que nous devons sollicitude et bienveillance aux animaux. Pour lui, l'échec de la communication avec les animaux peut être attribué autant aux humains qu'aux animaux. Il a reconnu que les animaux peuvent nous trouver aussi irrationnels que nous. Les animaux se comprennent parfaitement, pas seulement ceux de la même espèce, mais aussi ceux d'une espèce différente. Quant aux animaux sans voix, ils utilisent des mouvements avec des significations spécifiques. À son avis, la plupart des travaux effectués par les animaux sont supérieurs à ceux des humains, qui ne peuvent les imiter avec succès. Dans Les Excuses de Raymond Sebond[20], Montaigne souligne la qualité des animaux et le respect que nous leur devons. Personne n'a été plus convaincant en renversant l'homme du trône qu'il s'est construit que Montaigne dans l'étude du comportement animal.

Montesquieu est également profondément écologique dans L'Esprit des lois, dans lequel il consacre plusieurs chapitres à la relation des lois au climat et au sol. Il déclare que l'esprit des lois doit être liées aux caractéristiques climatiques et que les mauvais législateurs

---

[19]MONTAIGNE. *Op. cit.,* p. 368.
[20]MONTAIGNE. *Op. cit.,* Apologia de Raymond Sebond, p. 382-483.

favorisent les vices climatiques. Il soutient que l'esclavage est lié à la nature du climat, ainsi qu'à la servitude politique et au droit civil.

Pour lui, la nature du sol influence également les lois. L'excellence de la terre d'un pays en établit naturellement la dépendance. Les régions fertiles sont des plaines, où rien ne peut être disputé avec le plus fort; bientôt nous nous y soumettons. Et quand on y est soumis, l'esprit de liberté ne peut plus revenir. Les pays ne sont pas cultivés à cause de leur fertilité, mais à cause de leur liberté ... Et les habitants des îles sont plus enclins à la liberté que les peuples des continents.

Montesquieu enseigne que les lois doivent être liées aux autres êtres. Il conceptualise les lois, dans leur sens le plus large, comme les relations nécessaires découlant de la nature des choses. Et dans ce sens, tous les êtres ont leurs lois: la divinité a ses lois, les intelligences supérieures à l'homme ont ses lois, les animaux ont leurs lois, l'homme a ses lois.

En bref, il définit les lois comme les relations qui existent entre elles et les différents êtres et comme les relations de ces différents êtres entre eux. Il affirme que les animaux ont des lois naturelles parce qu'ils sont unis par le sentiment; ils n'ont pas de lois positives, car ils ne sont pas unis par la connaissance.

L'homme utilise son intelligence pour violer continuellement les lois de Dieu et les lois de la nature, découlant de la constitution de notre être.

Contrairement à Hobbes, Montaigne estime que dans la nature, les hommes sont en paix, première loi naturelle, et ne vivent dans la guerre qu'après l'instauration de la société. Enfin, il enseigne que les lois doivent être propres à la population, liées à la nature et liées à la nature physique du pays, à la qualité du terrain et à l'ordre de toutes choses.

1.3.2 Hobbes et le contrat social

Bien que appartenant à la tradition du jus naturalism, Hobbes est considéré comme le précurseur du positivisme juridique. Il adopte la loi naturelle pour renforcer le pouvoir civil. Les principes du jus naturaliste sont évoqués pour atteindre des objectifs subjectivistes.

Selon la justice naturelle traditionnelle, les lois naturelles doivent être respectées avant celles de nature civile. Pour Hobbes, l'obéissance aux alliances et au droit civil est l'obligation de tous, qui périt du droit naturel. Il a consacré ses travaux politiques De cive (1642) et *Leviatã* (1651) à l'étude du droit naturel.

Dans De Cive, il enseigne que

«Les lois peuvent être divisées, en premier lieu, en lois divines et humaines. Les lois divines sont de deux types, selon les deux manières par lesquelles Dieu peut manifester sa volonté aux hommes: naturelle (ou morale) et positive. Naturel est ce que Dieu a manifesté à tous les hommes par sa parole innée et éternelle, c'est-à-dire par la raison naturelle. Le positif est ce que Dieu a révélé par la parole des prophètes [...] Toutes les lois humaines sont civiles.[21]

La loi naturelle est proposée à l'homme par Dieu par la raison, et la loi positive est proposée par l'État. Pour lui, les lois naturelles sont efficaces par nature et cessent d'être efficaces dans la société civile.

L'état d'insécurité persistant manifesté par l'état de nature amène l'homme à vouloir le changer, créant ainsi l'état matrimonial. Ensuite, à l'exception du droit à la vie, l'homme renonce à l'état de nature d'instituer la sécurité et ses obligations, imposées par le souverain par le droit positif. Pour lui, même les concepts de juste et d'injuste dépendent de l'ordonnance du souverain.

Dans l'introduction de *Leviathan,* Hobbes explique que ce terme, appelé "chose publique ou Etat", n'est qu'un homme artificiel, bien que de très haute stature et d'une force beaucoup plus grande que l'homme naturel, pour la protection et la défense duquel il a été imaginé.

On peut dire que le philosophe anglais de Malmesbury, Thomas

---

[21]HOBBES, Thomas. *De cive.* Petrópolis: Vozes, 1993, p. 181.

Hobbes (1588-1679), avec son livre *Leviathan* (1651), était le fondateur de la philosophie du droit individuel moderne, du mythe du contrat social et de l'idée de l'État moderne. C'est lui qui cherche une explication à la constitution de la société civile; C'est la soi-disant *théorie moniste de la souveraineté*, qui défend l'absolutisme politique. *La théorie de l'état absolu,* proposée par Hobbes, est destinée à effacer les restes d'état de la nature, pour lesquels les hommes vivent dans une guerre permanente. Pour un mal radical, un remède radical: l'état de nature de Hobbes n'a pas de lois; C'est une anarchie totale.

Hobbes était un chrétien, ce qui justifie le fait que sa pensée était imprégnée du dualisme ontologique chrétien, explorant la morale chrétienne, l'épicurisme et le stoïcisme.

Dans l'image hobbesienne de l'état de nature, chacun de nous est totalement libre, ne connaît que sa propre loi et a droit à tout. C'est comme ça que les conflits surgissent. Pour lui, l'état de nature est celui d'une guerre perpétuelle, de la peur, de la misère, dans laquelle l'homme est constamment exposé à la violence de son prochain.

Hobbes, influencé par Descartes, applique à l'être humain les principes mécanistes de l'univers. Dans l'introduction de *Leviathan,* il dit que la vie n'est qu'un mouvement et définit l'organisation politique comme le royaume de l'artificialisme.

En fait, il soutient que les êtres humains sont égaux dans l'état de nature et que la règle absolue et la domination des hommes sur les femmes ne reflètent en aucune manière la supériorité innée de certains individus sur d'autres ou d'hommes sur d'autres. les femelles, comme Aristote l'avait prévu. Ces inégalités ont été instituées par le contrat social.

L'examen du travail de ce penseur nous amène à reconnaître sa croyance en l'instinct inné et contradictoire d'agression et de préservation de soi. La structure politique artificielle discipline cette nature sauvage et ne l'élimine pas. Il croit que seul un gouvernement fort peut contrôler les instincts antisociaux de l'homme.

Dans la pensée hobbinienne, le *«jus naturel* est la liberté que chaque homme doit utiliser son propre pouvoir de la manière qui lui convient pour préserver sa propre nature, c'est-à-dire sa vie; et par conséquent faire tout ce que son jugement et sa raison peuvent lui indiquer comme moyens appropriés à cette fin. Et tant que ce droit de tout homme à toutes choses perdurera, il ne peut y avoir pour aucun homme (aussi puissant que soit sage) la sécurité de la vie aussi longtemps que la nature permettra aux hommes de vivre. " Mais la paix ne peut découler que de la seconde loi «qu'un homme doit accepter, alors que d'autres, dans la mesure où il le juge nécessaire pour la paix et la légitime défense, renoncent à son droit à toutes choses. se contenter des autres hommes avec la même liberté que celle que les autres hommes se permettent. »[22]

Hobbes a déclaré que les hommes ne peuvent pas vivre socialement comme des fourmis, car ils sont toujours impliqués dans des compétitions, et entre autres arguments, parce que les créatures irrationnelles, étant satisfaites, ne s'offusquent jamais de leurs semblables. L'accord entre animaux est naturel, alors que pour les hommes, il est artificiel.

Hobbes a imaginé, en fin de compte, l'homme à l'état de nature agissant uniquement sur l'instinct de conservation, en guerre constante avec ses semblables.

Hobbes a une vision utilitaire du langage humain, indispensable à la formation de l'État. Il considère également que c'est un cadeau de Dieu et dit que la langue est le générateur des facultés spécifiquement humaines qui distinguent l'homme de l'animal. Donnant au langage le rôle de formateur des relations sociales et politiques, il affirme qu'il n'y aurait «pas d'hommes, pas d'État, pas de société, pas de contrat, pas de paix, car il n'y a pas de lions, d'ours et de loups»[23].

Ainsi, pour la formation de l'État, un pacte est requis, pour lequel l'adhésion est requise. Ainsi Hobbes a exclu le animaux du pacte social. Il a affirmé qu'il était impossible de

---

[22]HOBBES, Thomas. *Leviatã ou matéria, forma e poder de um estado eclesiástico e civil*. São Paulo: Abril Cultural, 1998, p. 78 (Os Pensadores).
[23]WOELMAN, Sérgio. *O conceito de liberdade no Leviatã de Hobbes*. 2. Ed., Porto Alegre: Edipucrs, p. 30 (Coleção Filosofia).

conclure des pactes avec des animaux, car ils ne comprennent pas notre langue et ne peuvent donc accepter aucune traduction du droit ni transférer aucun droit sur un autre sans acceptation mutuelle. Aucun pacte social n'est possible. Cela signifie que l'état de nature et la guerre restent entre les hommes et les animaux après le contrat social. Ainsi, un animal irrationnel a le droit d'attaquer un être humain, et inversement. Ce paradigme hobbinien explique les conceptions utilitaires de la pensée libérale classique sur les animaux et la nature.

1.3.3 Locke

La théorie du contrat social de Locke, précurseur du libéralisme bourgeois, s'oppose à celle de Hobbes. Il défend l'idée que, dans l'état de nature, les hommes étaient bienveillants les uns envers les autres: ils s'entraidaient et vivaient selon la loi naturelle; la loi naturelle était comme un code établi par Dieu; ils se sont organisés en société pour se défendre contre la possibilité de menace pour leurs biens et leur vie. Dans cette hypothèse, le rôle de l'État se limite au pouvoir de la police, à l'administration de la justice, à la défense de la liberté et de la propriété des administrés.

Locke cherche à démontrer que l'état de nature n'a rien à voir avec l'état de guerre. Cependant, il déclare que dans l'état de nature, une fois que l'état de guerre a commencé, il perdure faute de lois positives et d'un juge impartial. Locke suppose qu'un juge dans son propre cas ne peut être impartial et que la punition tend à être une vengeance. Le principal inconvénient est donc l'absence de juge pour éviter les conflits et la dégénérescence de l'état de nature en état de guerre.[24]

"Lorsqu'il n'existe pas de recours (détermination de la loi)

---

[24]BOBBIO, Norberto. *Locke e o direito natural.* Brasília: Editora da UnB, 1997. Pg. 177, Cap. "O Estado da natureza segundo Locke".

comme dans l'état de nature, en raison de l'absence de lois positives et de juges compétents disposant du pouvoir de juger, une fois que l'état de guerre a commencé, il continue et l'innocent a le droit de détruire un autre quand vous le pouvez [25].

La reconnaissance de l'existence de lois naturelles suppose la reconnaissance de leur obligation. Il existe une source d'obligations différentes des lois positives, dérivées de la loi naturelle.

Locke a fait de l'état de nature un mélange de bien et de mal, et il appartient à l'état matrimonial de maintenir le bien, qui s'exprime en liberté, en égalité et en droit de propriété.

Dans *sa théorie du gouvernement*, Locke s'efforce de démontrer que le droit de propriété est naturel, dans le sens spécifique où il est né et se perfectionne dans l'état de nature, c'est-à-dire avant la planification par l'État. Dans son discours, le terme propriété désigne parfois le pouvoir sur les choses, parfois le droit naturel qui précède d'autres droits.

La *théorie de la propriété* de Locke est une réfutation indirecte des théories de Hobbes et de Pufendorf. L'État hobbesien est institué pour la conservation de la vie et non de la propriété. Avant l'état, personne n'avait rien pour lui-même; tout était commun à tous. à tous. Pufendorf. a défendu la base contractuelle de la propriété, c'est-à-dire qu'elle n'est efficace que pour les hommes; la propriété ne provient pas directement de Dieu (à tel point que chez les animaux, il n'y a pas de droit de propriété, ils consomment et utilisent la propriété avec le consentement de Dieu).

Locke conteste ces théories avec ces commentaires dans le *Deuxième Traité sur le gouvernement civil*:

«On peut peut-être dire que lui (l'homme à l'état de nature) n'avait aucun droit aux noix et aux pommes qu'il s'était approprié de cette manière (c'est-à-dire avec votre travail) en n'ayant pas le

---

[25]LOCKE, John. *Segundo tratado sobre governo civil*. Petrópolis: Vozes, Cap. III, § 20, p. 93.

consentement de tous les hommes? Était-ce peut-être un vol de prendre pour lui-même ce qui appartenait à tous en commun?[26]

Selon la doctrine traditionnelle, le titre de propriété était justifié soit par une occupation, soit par la possession de res nullius, soit par une spécification, par la transformation d'un objet par le travail individuel investi dans celui-ci.

Locke a contesté la théorie de l'occupation en considérant les choses à l'état naturel comme des communes, et non des res *nullius*. Bien que ne faisant pas référence à la théorie de l'occupation, Locke soutient que la justification de la propriété doit être recherchée dans l'œuvre.

> «Bien que la terre et toutes les créatures inférieures soient communes à tous les hommes, chacun est propriétaire de sa propre personne, à laquelle il a des droits exclusifs. Nous pouvons dire que le travail de votre corps et de vos mains est à vous. À toutes les choses tirées de l'état dans lequel la nature les a produites et publiées, il ajoute son travail en leur donnant quelque chose qui leur appartient, et ainsi elles deviennent leur propriété et non pas étranges, comme peut-être il pourrait sembler à première vue que la propriété du travail puisse dépasser la communauté de la terre, car c'est précisément le travail qui fait la différence de valeur en toutes choses [27].

Locke place l'homme, dans son origine, comme le maître de toutes les créatures *inférieures* et peut le faire à sa guise. En principe, tout appartient à tout le monde. Cependant, la force de travail appartient à chacun individuellement, ce qui constitue la première forme de propriété privée. Avec cela, l'homme peut prendre

---

[26]LOCKE, John. *Segundo tratado sobre governo civil. Op. cit.*, Cap. VII, § 28, p. 98.

[27]LOCKE, John. *Segundo tratado sobre governo civil. Op. cit.*, Cap. V, § 27, p. 98.

EDNA CARDOZO DIAS ┠────

possession des fruits de la terre et des créatures. Il appartient à qui chasser ou pêcher l'animal persécuté. Ainsi, Locke a retiré l'animal de la nature, en faisant une propriété privée. La nature extrahumaine n'a ni volonté ni droit; constitue des ressources disponibles pour toute l'humanité. Il appartient à quiconque a la tâche de s'en procurer. En plaçant le travail comme source de richesse et de biens, Locke anticipe Adam Smith et Marx.

Ainsi, après Hobbes et Locke, la nature était sortie du contrat social ou assujettie.

1.3.4 Francis Bacon

Francis Bacon (1561-1626), dans son *Novum Organum,* défend la *théorie de l'induction*, son idée étant que l'expérimentation écrite est le point de départ le plus important de la science et de la constitution du comité de recherche (noyau de Méthode baconienne). Une fois que le but de la science est découvert, dont celui de maîtriser la nature, il ne faut pas seulement rechercher un nombre beaucoup plus grand d'expériences, mais aussi préparer une histoire naturelle et expérimentale. Il a défendu une attitude expérimentaliste envers les animaux et la philosophie de la domination et de la manipulation de la nature. Bacon a terminé ses journées de travail comme il l'avait toujours recommandé: faire des recherches expérimentales, mais n'a rien découvert dans le domaine des phénomènes naturels. [28]

Aujourd'hui, le nouveau paradigme scientifique rejette la pensée baconienne. La vision de la nature est holistique, les propriétés de la pièce ne peuvent être comprises que par la dynamique de l'ensemble. Ce que nous appelons une partie n'est qu'un motif dans un réseau inséparable de relations. Chaque réseau de relations est dynamique. Le nouveau paradigme rejette l'idée selon laquelle les descriptions de phénomènes peuvent être objectives. Les scientifiques ne traitent pas de vérités, mais de descriptions limitées et approximatives de la réalité.

1.3.5 René Descartes

[28]BACON, Francis. *Vida e obra*. São Paulo: Victor Civita, 1979. Novo Organum. Pg.. 38-40 (Os Pensadores).

Descartes (1696-1650), avec sa maxime *Cogito,* pense que je suis, donc je suis [29] réduit l'homme à son esprit. Cela a donné lieu à une formulation extrême du dualisme esprit-matière. Dans son discours de *méthode, il crée la théorie de la machine animale*, inséparable du pansement, donc je le suis. En décrivant la nature des hommes et des animaux, il déclare que les animaux n'ont pas raison et ne peuvent pas parler pour exprimer leurs pensées. Les mouvements d'animaux, pour lui, peuvent être imités par des machines. Le fait qu'il y ait des animaux qui démontrent plus d'industrie que nous ne prouve pas qu'ils ont de l'esprit. C'est la nature qui agit sur eux à travers leurs organes, à la manière d'une horloge composée de toutes les sources. L'homme n'est jamais une machine, car il a une âme. Et la seule fonction de l'âme est la pensée. Les animaux et les plantes n'ont qu'une âme végétative. Et nous ne devrions pas les appeler des âmes car ce ne sont pas des âmes rationnelles.

Descartes a préconisé la méthode expérimentale et a lui-même pratiqué la dissection d'animaux vivants. Avec Descartes, le rationalisme atteint son point culminant. La raison est devenue le seul organe complet pour atteindre la connaissance et la vérité objective. Cette croyance a aliéné l'homme de la nature et d'autres êtres humains, ce qui a entraîné un désordre économique absurde, une division inéquitable des biens et une montée de la violence.

D'une part, nous trouvons chez Galilée, Descartes et Newton des pensées qui ont été à la base de la révolution technologique; de l'autre, la ligne qui commence par Montaigne, Voltaire et Rousseau, qui préconisent une pensée non manipulatrice de la nature.

1.3.6 Voltaire

Voltaire (1694-1778), dans son d*ictionnaire philosophique,* soutient que la maxime «Connais-toi toi-même est un bon précepte, mais que seul Dieu lui même peut mêtre en pratique.L'âme, pour lui, c'est

---

[29]VILLEZ, Michel. *Philosophie de droit.* Paris: Dalloz, 1986, p. 125.

ce qui anime. Nous ne savons pas plus que cela, car notre intelligence est limitée. Il critique le fait que certains philosophes attribuent une âme végétative aux plantes et une âme instinctive aux animaux, car s'il existe en eux un être, il doit exister une forme, qui est la vie. Personne ne sait ce que l'on appelle l'esprit. Pour lui, Dieu nous a donné l'intelligence de ne pas pénétrer l'essence des choses, mais de nous guider sur le chemin du bien.

Voltaire ne comprend pas pourquoi les maîtres demandent où est l'âme de l'animal. La discussion sur l'existence ou non de l'âme de l'animal n'a pas de sens, car l'homme n'a pas de base pour définir ce qu'est l'âme. Pour lui, Dieu est l'âme qui anime toute vie. Si un arbre est capable de recevoir la sève qui circule dans ses fibres, la floraison des bourgeons et la fructification constituent une preuve suffisante de son âme.

Voltaire conteste la pensée de Descartes sur les animaux avec ces arguments:

«Quel idiot de dire que les animaux sont des machines privées de connaissance et de sens, agissant toujours de la même manière, et qu'ils n'apprennent rien, ne se perfectionnent pas, et ainsi de suite. Est-ce seulement parce que je suis doué avec la parole que vous pensez avoir des sentiments, de la mémoire, des idées? Certaines créatures barbares attrapent le chien qui dépasse l'homme dans le sentiment de l'amitié, le cloue à une table, le dissèque encore en vie, pour vous montrer les veines mésentériques. Vous trouvez en lui tous les organes de sensation qui existent en vous. Oserez-vous maintenant prétendre, si vous le pouvez, que la nature a placé tous ces instruments du ressenti animal pour qu'elle ne puisse pas ressentir? Avez-vous des nerfs pour rester impassible? Ne laissez aucune contradiction aussi impertinente de la nature vous arriver.[30]

1.3.7 Jean Jacques Rousseau

Rousseau (1712-1778), dans son discours sur l'origine et

---

[30]VOLTAIRE. *Dicionário filosófico*. São Paulo: Abril Cultural, 1978, p. 96-98.

Fondements de l'inégalité entre les hommes, dit que l'homo sapiens, dans son origine, ne se distingue pas de la nature. Vivez en harmonie avec elle. Cela prend pour acquis le bien de la nature:

«La nature traite généralement tous les animaux soignés avec une prédilection qui semble montrer à quel point elle est jalouse de ce droit. Le cheval, le chat, le taureau, l'âne lui-même ont généralement la construction la plus haute, une construction plus robuste, plus de vigueur, plus de force et plus de courage dans les bois que dans nos maisons; Ils perdent la moitié de ces avantages lorsqu'ils sont domestiqués et on dirait que tous nos soins pour bien traiter ces animaux ne peuvent que les nourrir. Il en va de même pour l'homme: lorsqu'il devient sociable et esclave, il devient faible, craintif et abject; et son mode de vie délicat et efféminé finit par décourager la force et le courage [31].

Rousseau, fasciné par le thème de la *liberté*, pensait que la société était la source de tous les maux et de la dégénérescence de la nature. Pour lui, les humains et les animaux à l'état de nature étaient beaux, en santé et courageux. Il a fait valoir que dès l'instant où quelqu'un a encerclé un terrain et l'a déclaré sien, instituant une propriété privée, l'âge d'or humain a commencé à se corrompre. Pour lui, c'est la société qui a institué les inégalités et les injustices.

"La nature règne chez tous les animaux et la bête obéit." L'homme subit la même influence, mais se considère libre d'accepter ou de résister, et c'est surtout dans la conscience de cette liberté que se manifeste la spiritualité de son âme.[32]

Rousseau n'a jamais cru que la liberté de l'homme consistait en

---

[31]ROUSSEAU, Jean Jacques. *Discurso sobre a origem da desigualdade dos homens*. São Paulo: Nova Cultural, 1997, v. II, p. 62.
[32]*ROUSSEAU, Jean Jacques. Op. cit., p. 64.*

en faisant ce que vous voulez, mais en ne faisant pas ce que vous ne voulez pas. C'est la liberté qu'il a toujours revendiquée.

Rousseau diffère de Descartes sur les animaux, ne s'accordant pas pour dire qu'ils sont des automates, mais programmés par instinct. La différence entre les animaux et l'homme est qu'il est un agent libre. L'un choisit par instinct et l'autre par liberté.

Rousseau a écrit ces dernières années l'une de ses œuvres les plus délicates, *Daydreams of a Lonely Walker,* qui décrit l'harmonie de la nature et constitue un véritable hymne à l'amour des animaux et des plantes.

Dans sa septième promenade, il critique l'étude expérimentale chez les animaux:

> «Comment observer, disséquer, étudier, connaître les oiseaux dans les airs, les poissons dans les eaux, les quadrupèdes plus légers que le vent, plus forts que l'homme et ne souhaitant plus faire de recherche que moi à titre volontaire. courir après eux pour les maîtriser de force? [...] L'étude des animaux n'est rien sans l'anatomie. [...] Je n'ai ni le goût ni les moyens de les garder captifs, ni l'agilité nécessaire pour les suivre dans leur promenade en liberté. Il faudra donc les étudier morts, les déchirer, les bonner, creuser à volonté leurs tripes! Quel horrible décor est un amphithéâtre d'anatomie, de cadavres fétides, de viandes pâteuses et livides, de sang, d'intestins dégoûtants, de squelettes hideux, de vapeurs fétides! Je donne ma parole que ce n'est pas là que J.J. cherchera vos amusements. [...] En fait, je n'avais jamais pensé que tant de science contribuait au bonheur de la vie. »[33]

Rousseau fait également référence aux plantes, considérant les arbres, les arbustes et les plantes comme des ornements de la terre:

---

[33]ROUSSEAU, Jean Jacques. *Devaneios de um caminhante solitário.* Brasília: UnB, 1995, p. 97.

«Vivace de nature et vêtue de sa robe de mariée au milieu du cours d'eau et du chant des oiseaux, la terre offre à l'homme, dans l'harmonie des trois royaumes, un spectacle plein de vie, d'intérêt et de charme, le seul spectacle de monde dans lequel ses yeux et son cœur ne se fatiguent jamais [...] Greyhound les montagnes, plongez dans les vallées, dans les bois, pour voler le plus possible la mémoire des hommes et les attaques des hommes méchants.[34]

Pour Rousseau, la médecine a pris possession des plantes et les considère comme des biens utilitaires, une idée qui n'est pas appropriée pour rendre l'étude de la botanique agréable, faire disparaître la variété de fleurs, assécher la fraîcheur des arbres, rendre les légumes et les ombres insipides et désagréables. Cela montre à quel point les formes de plantes agréables et envoûtantes intéressent peu ceux qui veulent simplement les écraser en pilon. L'intérêt matériel est qu'il cherche tout pour le profit, dit-il. Et complète:

«Rien qui concerne les intérêts de mon corps ne peut vraiment intéresser mon âme. J'ai des extases, des éclats inexprimables au point de se fondre pour ainsi dire dans tous les êtres, de s'identifier à la nature tout entière. Alors que les hommes étaient mes frères, j'ai réalisé des projets de bonheur terrestre; Comme ces projets étaient toujours relatifs à l'ensemble, je ne pouvais être heureux que d'un bonheur public, et l'idée d'un bonheur particulier ne me touchait que lorsque je voyais mes frères ne chercher leur bonheur que dans mon malheur. Donc, pour ne pas les haïr, il fallait vraiment les fuir; puis, cherchant refuge dans la mère commune, je cherchai dans ses bras pour échapper aux attaques de ses enfants, je me sentis seul ou, comme on dit insociable et misanthrope, car la solitude

---

[34]ROUSSEAU, Jean Jacques, *Op. cit.*, p. 93.

la plus folle semble préférable à la compagnie des méchants, qui ils se nourrissent de trahisons et de haine ». [35]

1.3.8 Contrat naturel

Le philosophe français Michel Serres défend l'idée selon laquelle le temps est arrivé de remplacer la théorie du contrat social de Hobbes par la théorie du contrat naturel[36], affirmant que, parce que nous vivons dans une ère mondiale, l'histoire globale entre la nature globale entre dans l'histoire. La nature est devenue un objectif mondial et l'humanité est devenue un nouveau sujet (global) total sur la planète Terre.

Pour Serres, l'histoire commence avec la guerre et la guerre est un État de droit, dans la mesure où elle peut être conceptualisée comme la fermeture et la stabilisation de l'implication violente par des décisions judiciaires. La guerre suppose un accord préalable et cet accord est confondu avec le contrat social. Hobbes s'est donc trompé en affirmant que la guerre de tous contre tous précède le contrat social. Pour Serres, au contraire, c'est la guerre qui nous protège contre la reproduction indéfinie de la violence. Quand tous luttent contre tous, ce qui existe, c'est une violence meurtrière.

L'homme doit rechercher l'état de paix et d'amour. Pour ce faire, il doit renoncer au contrat social primitif, faire un nouveau pacte avec le monde: le contrat naturel.

Par le biais de *Leviathan*, l'étude de Hobbes, nous avons tellement vaincu la lutte pour la vie contre les autres espèces de la flore et de la faune que, une fois atteint un certain seuil, la victoire peut se transformer en défaite.

À ce jour, notre relation fondamentale avec le monde repose sur la guerre et la propriété. Les dévastations que l'homme a laissées à l'état sauvage correspondent aux dévastations qu'une guerre mondiale aurait laissées derrière lui. L'humanité s'est retournée contre le monde et les autres espèces.

---

[35]ROUSSEAU. *Devaneios... Op. cit.*, p. 95-96.
[36]SERRES, Michel. *O contrato natural.* Rio de Janeiro: Nova Fronteira, 1991, p. 51-52.

Les droits de propriété ont une origine excrémentielle. Comme d'autres animaux, qui urinent et défèquent dans leur niche pour marquer leur territoire, l'humanité a fait de la planète une poubelle. La saleté est devenue la marque de l'humanité, le sceau des dirigeants, la race humaine.

L'espèce hominal exclut toutes les autres, les empêchant de se nourrir à cause de la saleté qui a quitté la maison commune sur la planète. Mais la nature n'est pas simplement un être global; il réagit globalement à nos actions locales. Le domaine est temporaire et finit par se transformer en servitude. La Terre menace de nous dominer.

La *Déclaration des droits de l'homme,* à l'instar du contrat social, est restée muette sur le monde et la nature.

Serres préconise la révision conceptuelle de la loi naturelle de Locke, selon laquelle l'homme est le seul sujet de la loi. Le monde qui a été perçu comme notre maître est ensuite devenu notre esclave, puis est devenu notre hôte, et nous devons maintenant admettre que c'est en fait notre symbole.

L'homme, parasite de la nature et du monde, fils des droits de propriété, a tout pris et n'a rien donné. La terre hôte a tout donné et n'a rien pris. Une bonne relation devra être basée sur la réciprocité. Tout ce que la nature donne à l'homme, il doit le rendre. Cela signifie que nous devons ajouter au contrat exclusivement social un contrat naturel de symbiose et de réciprocité, dans lequel notre relation avec les choses renoncerait à la domination et à la possession en admirant l'écoute, la réciprocité, la contemplation et le respect, contrat dans lequel la connaissance ne supposerait plus la propriété ni la domination de l'action.

Un contrat de symbiose implique la reconnaissance par l'humanité des droits de la Terre et de toute la famille planétaire. Le concept que nous faisons de la société ne peut pas coller à la société humaine, mais il doit refléter le contexte général, y compris l'environnement, l'animal, l'homme et le phénomène social.

Si personne n'a jamais lu le contrat social, par contre, la Terre nous parle par sa force et ses interactions, ce qui suffit à faire un contrat.

Le contrat naturel est métaphysique, résultat de la reconnaissance de chaque collectif qui habite un monde global, ainsi que de toutes les autres espèces. Le contrat naturel est aussi global et mondial que le contrat social ou le contrat scientifique. Le contrat naturel est aussi virtuel que les autres, qui n'ont pas été signés non plus. Tout cela nous amène à considérer le point de vue du monde dans sa globalité, le monde avec tout ce qui y vit.

Chapitre 2

PROTECTION DE LA FAUNE DANS LA COMMUNAUTÉ ÉCONOMIQUE EUROPÉENNE ET AUX ÉTATS-UNIS

2.1 PROTEÇÃO DA FAUNA NA COMUNIDADE ECONÔMICA EUROPÉIA

Après les années 1970, la protection de la nature est devenue une préoccupation majeure de la politique environnementale de l'Union européenne.

La politique de l'Union européenne en matière de conservation de la nature sur le territoire de la Communauté repose essentiellement sur deux actes législatifs, la directive 2009/147 / CE du Parlement européen et du Conseil du 30 novembre 2009 concernant la conservation des oiseaux sauvages. Directive de l'Union européenne adoptée en 2009 remplaçant la directive 79/409 / CEE du 2 avril 1979, précédemment modifiée à plusieurs reprises et de façon substantielle. Et la directive 92/43 / CE, adoptée en mai 1992, qui traite de la conservation des habitats naturels ainsi que de la faune et de la flore sauvages – *Directive Habitats.*

La directive *"Oiseaux" et la directive "Habitats"* ont fourni une base législative importante pour la protection des espèces rares et de leurs *habitats* menacés. Les deux constituent le cadre législatif pour protection et conservation des habitats et de la vie sauvage en Europe.

La directive Habitats a mis en place le programme Natura 2000, qui prévoit le zonage écologique des espaces protégés par l'Union européenne. Il comprend:

● Zones de protection spéciale (ZPS): pour la conservation des 182 espèces et sous-espèces d'oiseaux énumérées à l'annexe I de la directive «Oiseaux», ainsi que des espèces migratrices.

● Zones spéciales de conservation (ZCS): pour la conservation de 253 types d'habitat, 200 espèces animales et 434 espèces de plantes énumérées dans les annexes de la directive «Habitats».

2.1.1 Directive 92/43 / CEE du 5/21/1992

La directive 92/43 / CEE, qui traite de la conservation des habitats naturels ainsi que de la faune et de la flore sauvages, a été élaborée compte tenu de la nécessité de donner la priorité à la conservation de certains types *d'habitats* naturels et de certaines espèces, et De plus, en raison du coût des mesures de conservation pour établir une responsabilité commune de tous les États membres, un cofinancement est souvent nécessaire. Cela s'applique avec la directive oiseaux. Cette directive déclare les espèces d'intérêt communautaire en danger, vulnérables, rares et endémiques.

Les espèces prioritaires sont considérées comme celles pour lesquelles la CEE a une responsabilité particulière en raison de l'importance de sa zone d'occurrence.

L'objectif principal de cette directive est de garantir la préservation de la biodiversité par la conservation de leurs habitats naturels ainsi que de la faune et de la flore sauvages sur le territoire européen des États membres où le traité s'applique.

Les mesures prévues par la présente directive tiennent compte des exigences économiques, sociales et culturelles ainsi que des particularités régionales et locales.

EDNA CARDOZO DIAS ▌———

Dans ton art 3, cette directive constitue un réseau écologique européen – *Natura 2000* – pour la conservation des sites spécialement protégés, comme indiqué dans ses annexes.

Conformément à la directive "Habitats", la mise en œuvre du programme *Natura 2000* devrait se dérouler en trois étapes:

Étape n. 1 – Préparation des listes nationales d'habitats et de leurs espèces. Les habitats et espèces énumérés aux annexes I et II de la directive habitats sont reconnus comme menacés dans toute l'Europe. En attendant, leur niveau de conservation dans chaque État membre est différent. Pour cette raison, cette étape du processus consiste en une évaluation des habitats et des espèces de chaque État membre au niveau national. Sur la base de cette recherche, les sites nécessitant une conservation sont identifiés et soumis, sous la forme d'une liste nationale, à la Commission européenne. Le choix des sites protégés est basé sur les critères de sélection énoncés à l'annexe III de la directive.

Étape n. 2 – L'importance communautaire des lieux inscrits sur les listes nationales sera évaluée. La Communauté européenne abrite six régions biogéographiques distinctes, chacune avec ses propres caractéristiques et particularités en ce qui concerne leurs *habitats* et leurs espèces. La date limite pour la démarcation des sites d'importance communautaire était fixée à juin 1998. La sélection de ces zones est effectuée en collaboration avec la Commission et les États membres, conformément aux critères énoncés à l'annexe III.

Étape n. 3 – La création de *zones spéciales de conservation* était prévue. Lorsqu'un lieu est reconnu comme tel par le Conseil, les États membres disposeront de six ans pour formaliser cette déclaration, ou au plus tard en 2004.

Suite à l'adoption de la *directive Habitats* en mai 1992, les deux objectifs de cohésion socio-économique et de conservation de la nature tendent à se rapprocher.

La *directive «Habitats»* établit un cadre juridique pour la protection d'un ensemble de sites en constituant une branche d'aires protégées.

Dans les *zones spéciales de conservation,* l'État membre est tenu d'établir des mesures de conservation conformes aux exigences écologiques des habitats naturels (annexe I) et des espèces (annexe II). L'établissement d'un plan de gestion spécifique au site ou intégré à d'autres plans de gestion, bien que non obligatoire, apparaît comme un moyen de mettre en œuvre la directive.

Les mesures de conservation sont choisies par les États membres. Cela peut se faire par le biais de la réglementation, de la création de réserves privées, de mesures administratives, telles que le financement ou la signature de contrats et d'accords avec les propriétaires fonciers.

Lorsqu'ils proposent des sites pouvant être déclarés zones spéciales, les États membres informent la Commission, en plus de leurs besoins, du montant qu'ils estiment nécessaire en cas de cofinancement communautaire pour leur permettre de remplir les obligations inhérentes à leur conservation et à leur gestion. zones.

Un plan de gestion comprenant un cofinancement par le fonds communautaire *Life-Nature* est déjà à l'essai.

La Commission, en accord avec l'État membre concerné, évalue le montant du financement requis. Les mesures qui ne sont pas couvertes par le plan d'action en raison d'un manque de ressources, ainsi que celles qui, bien qu'intégrées, n'ont pas reçu le cofinancement nécessaire ou ont été partiellement financées, seront réexaminées tous les deux ans. Ces mesures sont préventives.

Un autre élément de la directive dans son art. 6.2, les États membres sont tenus d'éviter toute détérioration des *habitats* et toute perturbation importante des espèces présentes dans les sites protégés.

Dans les arts. 6.3 et 6.4, nous retrouvons le troisième composant du système de protection prévu dans la directive.

Tout projet ou plan non directement lié ou nécessaire à la gestion du site protégé, mais susceptible d'affecter ce site de manière significatifs, individuellement ou en association avec d'autres plans et projets, doivent être correctement évalués en ce qui concerne les impacts qu'ils peuvent avoir sur le site et par rapport aux objectifs de conservation qui le protègent. Si le projet doit porter atteinte à l'intégrité du site, les autorités nationales compétentes ne peuvent concéder une licence sur ce projet que sur la base des hypothèses suivantes:

Premièrement: S'il est démontré qu'il n'y a pas de solution de contournement, cela est démontré de manière convaincante.

Deuxièmement: s'il revêt un intérêt public supérieur, y compris la nature sociale et économique du projet, l'État membre devrait prendre les mesures compensatoires nécessaires pour garantir la protection de la cohérence globale de Natura 2000 en informant la Commission des dispositions prises.

Dans le cas d'espèces prioritaires, des considérations de santé humaine, de sécurité publique ou leurs principales conséquences bénéfiques pour l'environnement peuvent être invoquées, avec l'avis de la Commission, ou pour d'autres raisons impérieuses d'intérêt général.

La directive ne spécifie pas le contenu du plan de gestion des zones protégées, le laissant ainsi aux États membres. Son élaboration n'est pas prévue avant la 3ème étape du processus. Une fois les zones de protection choisies par les États membres et la Commission, les premiers disposeront encore de six ans pour mettre en place un système de protection et élaborer des plans de gestion. Bien que le plan de gestion ne constitue pas une exigence légale de la directive «Habitats», il sera utile et nécessaire pour la conservation et la restauration des futurs sites Natura 2000 dans un état de conservation souhaitable.

La directive indique que les États membres devraient s'efforcer d'encourager la gestion des éléments du paysage d'importance majeure pour la faune et la flore sauvages, éléments essentiels de la migration, de la répartition géographique et des échanges génétiques d'espèces. sauvage.

Protection des espèces - Il est prévu que les États membres prennent les mesures nécessaires pour mettre en place un système protection stricte des espèces animales visées à l'annexe IV dans leur zone de compétence, interdisant:

– toute forme de capture ou de mise à mort intentionnelle d'individus appartenant à l'espèce de la nature;
– la perturbation intentionnelle de ces espèces, en particulier pendant la période de reproduction, de dépendance, d'hibernation et de migration;
– la destruction ou la récolte intentionnelle d'œufs dans la nature;
– détérioration ou destruction des sites de reproduction ou des aires de repos.

Les membres interdisent la possession, le transport, le commerce ou le troc et la mise en vente des spécimens prélevés dans la nature, à l'exception de ceux qui ont été légalement retirés, avant la *directive Habitats*.

Les espèces de plantes énumérées à l'annexe IV sont soumises à un système de protection, les suivantes étant interdites:

– récolte, élagage ou destruction intentionnelle de ceux-ci dans la nature dans leur zone d'occurrence;
– possession, transport, échange ou échange et offre à la vente d'espèces de la nature, à l'exception de celles qui ont été légalement retirées avant l'entrée en vigueur de la dite directive.

L'Annexe V énumère les espèces dont l'exploitation est autorisée, à condition que cela soit compatible avec leur maintien dans un état de conservation favorable. L'exploitation doit être réglementée en fonction des lieux, des périodes, des modes et des règles du jeu. Elle doit être précédée d'un système d'autorisation répertoriant les espèces et fixant des quotas, d'un élevage en captivité dans des conditions contrôlées et d'une évaluation des mesures prises. .

Les mesures prévues dans la *directive «Habitats»* peuvent être levées dans les cas suivants:

– dans l'intérêt de la protection de la faune et de la flore sauvages et de la conservation des habitats naturels;

– prévenir les dommages, notamment aux cultures, au bétail, aux forêts, aux poissons, aux eaux et, dans une certaine mesure, aux biens;

– dans l'intérêt de la santé et de la sécurité publiques, ou pour d'autres raisons impérieuses d'intérêt général, y compris de nature sociale ou économique, et pour des raisons qui ont des conséquences bénéfiques principales pour l'environnement;

– à des fins de recherche et d'enseignement, de repeuplement et de réintroduction de ces espèces et pour les opérations d'élevage nécessaires à des fins de conservation, y compris la reproduction artificielle des plantes;

– autoriser, dans des conditions strictement contrôlées, de manière sélective et dans certaines limites spécifiées par les autorités nationales compétentes, certaines espèces inscrites à l'annexe IV.

Les États doivent faire rapport à la Commission tous les deux ans sur les dérogations et les mesures de contrôle utilisées, ainsi que sur les résultats obtenus.

Les États membres devraient adapter leur législation nationale aux exigences de la directive.

La Commission CEE est assistée par un comité composé de représentants des États membres et présidé par un représentant de la Commission.

Le représentant de la Commission soumet au comité un projet des mesures à prendre. Le comité émet son avis sur ce projet, dans un délai que le président peut fixer en fonction de l'urgence de la question. L'avis est rendu à la majorité. La Commission finalise les mesures du comité.

2.1.2. La primauté du droit européen - Le droit européen joue un rôle important avec les pays de la Communauté économique européenne, qui impose des règles strictes en matière de environnement, réglementations et directives.

Les États membres de la Communauté européenne doivent respecter les directives, en raison des principes généraux du *traité de Rome,* qui vise à mettre en œuvre des politiques communes, notamment dans le domaine de l'agriculture et de l'environnement, et de la similitude de la législation européenne.

Le traité CEE, dans son préambule (articles 164, 189 et 192), établit la primauté du droit européen sur le droit national. Cela confère aux directives européennes un caractère contraignant pour tous les États membres.

La Cour européenne de justice est chargée de veiller à l'application de ces principes.

En cas de violation des directives, des plaintes peuvent être adressées à la CEE, au Parlement européen et à la Cour de justice des Communautés européennes.

La CEE exerce un contrôle sur l'application de ses directives par le biais de ses agents. La plainte est de courte durée et une lettre est adressée à l'État incriminé et à la Cour de justice, qui doivent être condamnés à se conformer à la directive.

L'exercice du droit de réclamation est simple: il suffit d'envoyer une lettre manuscrite ou dactylographiée à la Commission à Bruxelles.

La Cour peut être saisie directement par l'intermédiaire d'un avocat inscrit auprès d'un tribunal de l'un des États membres. La Cour de justice européenne est basée à Luxembourg.

L'individu et les associations peuvent adresser leurs pétitions au Parlement européen, à la commission des pétitions ou à la CEE, et influencer l'établissement des directives.

2.2.2 Les animaux des droits, une nouvelle conception qui a émergé à la Cour suprême des États-Unis.

L'animal comme sujet de droits dans la conception du juge américain Douglas lors du vote dans l'affaire *Sierra Club Morton* (Toward Legal Rights Objets, 445. S. Cal. I. Ver. 450 - 1972), dans laquelle il y avait une demande d'annulation d'une décision du US Forest Service, qui a libéré à la *Mineral King Valley,* une zone presque sauvage pour la construction d'une station de ski:

Le juge Douglas dans son vote a fait valoir que les objets

inanimés ils sont parfois parties au différend. Et tout comme le navire a une personnalité juridique et la société ordinaire est une personne à des fins juridiques, la nature peut être soumise à des droits:

> *«Cela vaut donc pour les vallées, les prairies, les rivières, les lacs, les estuaires, les plages, les crêtes, les fourrés, les arbres, les marécages et même l'air qui ressent la pression destructrice de la technologie moderne et de la vie moderne. La rivière, par exemple, est un symbole de toute vie qui nourrit ou nourrit - poissons, insectes aquatiques, loutres, cerfs, wapitis, ours et autres animaux, y compris l'homme, qui en dépendent ou apprécient leur contemplation, leur et leur ta vie. Le fleuve, en tant qu'interlocuteur, parle de l'unité écologique de la vie dont il fait partie. Ces gens qui ont une relation importante avec ce plan d'eau - qu'il s'agisse d'un pêcheur, d'un canoteur, d'un zoologiste ou d'un bûcheron - doivent pouvoir parler de ces valeurs que représente la rivière et sont menacés de destruction. »*

. . . .

> *Cependant, la voix des objets inanimés ne doit pas être étouffée. Cela ne veut pas dire que le pouvoir judiciaire ignore les fonctions administratives de l'agence fédérale. Cela signifie simplement qu'avant que cette partie inestimable de l'Amérique (comme les vallées, les prairies, les rivières ou les lacs) soit perdue à jamais ou transformée pour être réduite en décombres de notre environnement urbain, la voix des bénéficiaires existants de notre environnement se réjouirait si elle le pouvait. être entendu ... "[1]*

Dans le même ordre d'idées, rapporte le professeur José Alfredo Baracho Junior, dans son livre Responsabilité civile pour les dommages environnementaux, Jurist Stone, dans un article intitulé «Les arbres devraient-ils être debout» -? (California Law Review, n ° 45,

---

[1]STEWART, Richard B, KRIE James E. Environmental law and policy, 2 ed. Indianópolis: Bobbs Merriel, 1978, pgs. 812 a 820

pp. 450-481, 1972) défend l'idée que la protection de l'environnement est un moyen d'accorder des droits subjectifs aux animaux et aux plantes. Dans ce raisonnement, les associations et agents publics qui revendiquent la défense de l'environnement agissent comme leurs représentants.[2]

Pour Stone, bien que les arbres et les plantes ne soient pas des êtres humains, ils sont des individus car ils sont reconnaissables de manière unique. La reconnaissance des droits des animaux et des plantes est une évolution du processus de déclaration des droits, qui s'étend des Blancs aux Noirs, aux Indiens, aux femmes et à d'autres minorités.

Aujourd'hui, l'animal en tant que sujet de droits est déjà conçu par la plupart des juristes du monde entier. L'un des arguments les plus couramment invoqués pour défendre ce point de vue est que, tout comme les personnes morales ou morales ont des droits de personnalité reconnus à partir du moment où elles enregistrent leurs actes constitutifs dans un organisme compétent, et peuvent comparaître en justice pour revendiquer ces droits, les animaux deviennent également sujets de droits subjectifs en vertu des lois qui les protègent. Bien qu'ils n'aient pas la capacité de comparaître en justice pour les réclamer, le gouvernement et la communauté ont reçu le mandat constitutionnel de les protéger. Le ministère public a reçu la compétence juridique expresse de les représenter devant les tribunaux lorsque les lois qui les protègent sont violées. On peut en conclure clairement que les animaux sont soumis à des droits, bien qu'ils doivent être revendiqués pour une représentativité substitutive, de même que des êtres relativement incapables ou incapables, qui sont cependant reconnus comme des personnes.

Ceux qui hésitent à reconnaître les animaux comme sujets de droits ont comme principal argument la conviction que les droits ne peuvent être appliqués qu'aux personnes. Et par conséquent, seules les personnes physiques ou morales peuvent être soumises à des droits.

---

[2]BARACHO JUNIOR, José Alfredo de Oliveira. Responsabilidade Civil por dano ao meio ambiente. Del Rey. Belo Horizonte, 2000.

Mais si nous approfondissons notre réflexion sur les soi-disant droits de la personnalité, nous constaterons qu'ils ne sont rien d'autre que des droits émanant de la personne en tant qu'individu. Ils doivent donc être compris comme des droits découlant de la nature de la personne en tant qu'être vivant dès sa naissance. Un bébé, avant d'être enregistré, est déjà une personne, du moins du point de vue scientifique et humain. En matière de médecine psychiatrique, un individu devient une personne lorsqu'il prend conscience de son individualité. En valorisant la personne en tant qu'être vivant, nous devons reconnaître que la vie n'est pas seulement un attribut de l'homme, mais un bien générique, inné et immanent à tout ce qui vit. Et de ce point de vue, la personne a ses droits imbriqués dans sa condition d'individu, pas seulement comme individu ayant une identité civile. Nous ne pouvons que conclure que les animaux, bien que n'étant pas des personnes humaines ou morales, sont des individus qui ont des droits innés et ceux qui leur sont conférés par la loi, le premier étant au-dessus de toute condition législative.

Si nous comparons les droits d'une personne humaine avec les droits de l'animal en tant qu'individu ou espèce, nous constatons que les deux ont droit à la défense de leurs droits essentiels, tels que le droit à la vie, le libre développement de leur espèce, l'intégrité de leur organisme et leurs droits. ainsi que le droit à aucune souffrance. D'un point de vue éthique et scientifique, il est facile de justifier la personnalité de l'animal. Pour Peter Singer, comprendre le principe d'égalité appliqué ici est si simple qu'il ne nécessite rien d'autre que de comprendre le principe d'égalité d'intérêts. Si nous voulons comparer la valeur d'une vie avec une autre, nous devons commencer par discuter de la valeur de la vie en général.

Chapitre 3

UNE THÉORIE DU DROIT
DE L'ANIMAL EST NÉE

3 - Le droit des animaux est un ensemble de règles, lois et principes qui régissent la protection de l'animal afin d'assurer son intégrité physique et morale, ainsi que sa dignité comme animaux non humains.

Si auparavant les lois protégeant les animaux visaient l'homme lui-même et le droit à la propriété, à partir de 2000, il y a eu un changement de paradigme et l'animal a commencé à être considéré par lui-même.

Les lois sur la protection des animaux ne sont pas nouvelles, mais leur étude dans une perspective autonome et altruiste est récente. Comme pour tous les processus évolutifs, le changement dans la relation des humains avec les non-humains est lié à la révolution postmoderne, à ses nouveaux paradigmes et à l'émergence de nouvelles théories et de nouvelles catégories de droits.

L'objectif de ce chapitre est de contribuer à renforcer l'idée que le droit animal mérite de faire partie d'une branche autonome du droit, et non de continuer à être traité indirectement par le droit de l'environnement. Il cherche également à présenter, comme base de cette autonomie, une théorie des droits des animaux.

3.1 Nouvelles théories et paradigmes scientifiques

Une théorie surgit lorsqu'un nouveau paradigme concernant une connaissance ou une vue donnée des faits remplace le précédent. Cependant, la transition d'un paradigme à un autre ne se produit pas immédiatement avec l'arrivée de la nouvelle idée. La pensée et la science humaines évoluent de jour en jour et de génération en génération, progressivement. Et la dynamique sociale ne conduit pas nécessairement à un changement de paradigme. Il y a toujours beaucoup de résistance au changement de toute sorte. Et pour qu'un paradigme soit consacré comme nouveau, sa reconnaissance par un groupe de scientifiques est nécessaire.

Dans l'ouvrage classique «La structure des révolutions scientifiques», le physicien Thomas S. Kuhn conceptualise le paradigme comme «ce que les membres d'une communauté partagent, et inversement, une communauté scientifique est composée d'hommes qui partagent un paradigme».[1]

Max Planck estime qu'"une nouvelle vérité ne triomphe pas scientifiquement en convaincant ses adversaires et en leur faisant voir la lumière, mais parce que leurs adversaires meurent finalement et qu'une nouvelle génération se familiarise avec elle".[2]

Selon Kuhn, l'avancement et l'acceptation des découvertes ne se produisent que parce que certaines croyances ou procédures précédemment acceptées sont rejetées et remplacées simultanément par d'autres.[3]

> Si la science est le rassemblement de faits, de théories et de méthodes, les scientifiques sont des personnes qui ont contribué, avec ou sans succès, à cette constellation particulière. Le développement devient le processus graduel par lequel ces articles ont été ajoutés, seuls ou en combinaison, au stock toujours croissant qui constitue la connaissance et la technique scientifiques.[4]

---

[1] KUHN, Thomas S. *A estrutura das revoluções científicas*. São Paulo: Perspectiva, 2013. p. 281-282.

[2] PLANCK, Max. *Scientific autobiography and other papers*. Trad. Frank Gaynor. Nova York: Philosophical Library, 1949. p. 33-34.

[3] KUHN, *op. cit.*, p. 145.

[4] *Idem, ibidem.* p. 60.

Dans le domaine de la science du droit, le nouveau paradigme découle du besoin social externe. Mais, comme dans tous les domaines de la science, le nouveau paradigme est toujours précédé d'une crise. Pour Khun, la crise est un prélude approprié à l'émergence de nouvelles théories:

> Le passage d'un paradigme de crise à un nouveau, à partir duquel une nouvelle tradition de science normale peut émerger, est loin d'être un processus cumulatif obtenu par une articulation de l'ancien paradigme. Il s'agit plutôt d'une reconstruction du domaine d'étude à partir de nouveaux principes, une reconstruction qui modifie certaines des généralisations théoriques les plus élémentaires du paradigme.[5]

Cette transition d'un ancien paradigme à un nouveau, Kuhn appelle la révolution scientifique. Pour l'auteur: «Nous considérons les révolutions scientifiques comme des épisodes de développement non cumulatif, dans lesquels un ancien paradigme est totalement ou partiellement remplacé par un nouveau, incompatible avec le précédent.» [6] Il ajoute: «Les révolutions scientifiques commencent par un sentiment. également étroitement limité à une petite subdivision de la communauté scientifique que le paradigme existant a cessé de fonctionner correctement.»[7]

Lorsque la doctrine et le monde académique acceptent le nouveau paradigme juridique, de nouvelles théories sont créées pour expliquer les anomalies dans les relations des hommes entre eux ou entre les hommes et la nature, et celles qui résolvent les problèmes mal résolus par leurs prédécesseurs sont considérées comme réussies. . Et si la nouvelle théorie n'est pas compatible avec l'ancienne, elle doit la remplacer complètement.

Kuhn décrit ainsi la formation d'une théorie:

> En principe, il existe trois types de phénomènes sur lesquels une nouvelle théorie peut être développée. Le premier type comprend les phénomènes déjà bien expliqués par les paradigmes existants. De tels

---

[5] KUHN, Thomas S. *A estrutura das revoluções científicas*. São Paulo: Perspectiva, 2013. p. 169.
[6] *Idem, ibidem,* p. 175.
[7] *Idem, ibidem,* p. 178.

phénomènes offrent rarement des motifs ou un point de départ pour construire une nouvelle théorie. Quand ils le font, ils sont rarement acceptés. Une deuxième classe de phénomènes comprend ceux dont la nature est indiquée par les paradigmes existants, mais dont les détails ne peuvent être compris qu'après une meilleure articulation de la théorie. Les scientifiques concentrent la plupart de leurs recherches sur ces phénomènes, mais ces recherches visent à articuler les paradigmes existants plutôt qu'à en inventer de nouveaux. Ce n'est que lorsque ces efforts d'articulation échouent que les scientifiques rencontrent un troisième type et phénomène: les anomalies scientifiques, dont le trait caractéristique est leur refus obstiné d'être assimilé par les paradigmes existants. Seul ce type de phénomène donne lieu à de nouvelles théories[8].

Nous pouvons dire que la science moderne a commencé avec l'observation des étoiles. Ce n'est que plus tard que la science a tourné son regard vers les affaires humaines et, plus récemment, a commencé à observer l'environnement et les animaux non humains. Il a fallu plusieurs crises - éthiques, sociales et politiques - pour que la science se préoccupe de l'environnement et des animaux.

En effet, les mentors de la pensée entre le XVIe et le XVIIe siècle vont de Copernic (1473-1543) à Isaac Newton (1642-1727). La révolution copernique a développé la théorie du modèle héliocentrique. Galileo Galilei (1564-1642) a fondé la science du mouvement. Francis Bacon (1661-1626) a créé la méthode empirique d'enquête. René Descartes (1596-1650) est le fondateur du rationalisme moderne. Et Isaac Newton a formulé les trois lois de Newton, qui sous-tendaient la mécanique classique.[9]

Dans le domaine de la science juridique, le rationalisme et l'empirisme se trouvent dans les travaux d'Emmanuel Kant (1724-1804): «Critique of Pure Reason» (1781), «Critique of Practical Reason» (1788) et «Critique of Judgment» (1790) .[10]

---

[8]*Idem, ibidem*, p. 183-184.
[9]MAGEE, Bryan. *História da filosofia*. São Paulo: Edições Loyola, 2001. p. 64.
[10]Idem, ibidem, *p. 132.*

Le rationalisme est humaniste et fondamental, il ne concerne pas les autres êtres non humains. L'humanisme considère l'homme comme un être différencié et supérieur sur la planète. Ce paradigme frappait le progrès technologique en mettant l'accent sur le rationalisme empirique et le contrôle et l'exploitation effrénés de la nature.

Dans la science du droit, la théorie cartésienne-newtonienne a influencé l'adoption du positivisme juridique, défendu par Kant, et reflété également dans toutes les lois qui ont régi la vie des êtres humains pendant des siècles.

La science du droit est étroitement liée à cette doctrine depuis de nombreuses années, ce qui, en distinguant les faits et la valeur, a dissocié l'application de la justice de la morale, conformément aux dispositions de la loi. Pour le positivisme juridique, ce qui est dans la loi est juste; une vision strictement objective du droit.

Le paradigme cartésien-newtonien est basé sur le raisonnement logique inductif et déductif et la prévisibilité. Elle repose également sur l'objectivité d'une observation impartiale. Roberto Crema, psychologue et anthropologue au Collège international des thérapeutes et recteur de l'Université internationale de la paix, Brasilia, fait référence à ce paradigme:

> Ce concept dérive de la Révolution scientifique, un mouvement issu de la sphère de la pensée riche et heuristique du XVIIe siècle qui surpasse définitivement le modèle de pensée scolastique médiéval. Les principaux constructeurs de ce nouveau bâtiment conceptuel qui devait prévaloir au cours des siècles suivants étaient Galileo, Bacon et surtout Descartes et Newton, c'est pourquoi le vaste paradigme moderne peut être appelé cartésien-newtonien.[11]

Crema déclare que "Descartes a fractionné l'homme en corps et âme, établissant le dualisme dans la philosophie, qui représentait historiquement, selon Mess, le« dualisme métaphysique radical"[12].

[11]CREMA, Roberto. *Introdução à visão holística* – Breve relato de viagem do velho ao novo paradigma. São Paulo: Summus Editorial, 1988. p. 29-30.

[12]CREMA, Roberto. *Introdução à visão holística* – Breve relato de viagem do velho ao novo paradigma. São Paulo: Summus Editorial, 1988. p. 32.

Le paradigme mécaniste a été sérieusement ébranlé par la recherche sur les phénomènes électriques et magnétiques. C'était grâce à la révolution scientifique du XIXe siècle. On peut dire que la première étape a été franchie par Michael Faraday (1791-1867) et James Clerk Maxwell (1831-1879), dont les études ont donné naissance à l'électromagnétisme et remplacé le concept de force par le champ de force[13].

En 1900, Max Planck (1858-1947) a révolutionné la physique avec sa théorie des quanta, initiant la mécanique quantique. Un autre scientifique décisif pour changer le paradigme de la science fut Albert Einstein (1879-1955), inaugurant la physique moderne, qui est relativiste, atomique et quantique[14].

Pour solidifier les nouveaux paradigmes scientifiques, Werner Heinsenberg (1901-1976), lauréat du prix Nobel de physique en 1932, a introduit dans la physique le principe de l'incertitude, influençant les paradigmes de toutes les autres sciences, y compris les sciences humaines appliquées, y compris le droit.

Un autre chercheur qui a contribué aux changements paradigmatiques dans le monde scientifique était Charles Darwin (1809-1882). Il a lancé la théorie de l'évolution dans le monde, expliquant que l'évolution se produirait par sélection naturelle et sexuelle. Avec cela, il a retiré l'homme du piédestal de la création du roi pour être le résultat de millions d'années d'évolution. Dans le domaine du droit, où le principe selon lequel la justice ne s'applique qu'aux hommes s'applique, si la loi est justice, il n'y a pas de lois pour protéger l'environnement et les animaux.

Les nouveaux paradigmes de la biologie et de la physique ont donné naissance au paradigme systémique lorsque la science a admis que tout est interconnecté. Cela a abouti à de nouvelles visions du monde telles qu'écocentrique et biocentrique. Dans l'écocentrisme, c'est l'écosphère, et non l'homme, qui est au centre de la valeur de l'humanité. L'éthique devient écocentrique, planétaire et systémique. Le paradigme systémique reconnaît l'interdépendance de toutes choses et l'interdépendance de tout ce qui vit. De ce paradigme est née l'idée du respect de la nature et des responsabilités partagées, laissant la

---

[13]CAPRA, Fritjof. *O tao da Física*. São Paulo: Cultrix, 1983. p. 51.
[14]CREMA, *op.cit.*, p. 40.

EDNA CARDOZO DIAS ▮———

pour que le droit de l'environnement devienne une discipline autonome.[15]

Le biocentrisme est une évolution de l'écocentrisme et fait également partie de la vision systémique du monde. La vision biocentrique comprend que toute vie est interconnectée et que la vie est une valeur antérieure à toutes les autres. Comprend que la vie a une valeur générique, ce n'est pas seulement le droit de l'homme, mais de tout ce qui vit. Enfin, pour le biocentrisme, le droit à la vie est le droit suprême de tous les vivants. Il a été fondé par le médecin Robert Lanza (2009), qui attribue à la conscience le rôle fondamental et créateur de l'univers - contrairement à l'idée classique où l'univers crée la vie[16].

Pour Fritjof Capra, le nouveau paradigme peut être appelé holistique, écologique ou systémique. Non seulement il considère quelque chose comme une totalité, mais aussi comment il est intégré dans de plus grandes totalités.[17]

En 2000, dans ma thèse de doctorat, la première au Brésil défendue dans une faculté de droit traitant des droits des animaux, je me suis exprimé sur le nouveau paradigme scientifique qui émergeait, contribuant à faire du droit de l'environnement une branche autonome du droit. , y compris l'étude des droits des animaux et, par conséquent, permettre à la discussion dans le monde universitaire de construire une théorie des droits des animaux.

> La crise planétaire a donné naissance à un paradigme holistique, réorienté par une vision du monde. Holos, en grec, signifie «tout» et l'holistique vise à unir le tout par rapport à ses parties.
> Dans le nouveau paradigme, la science doit concevoir la réalité comme un réseau de relations. Le champ d'action englobe un réseau de relations intrinsèquement dynamiques qui ne traitent pas de vérités exactes."[18]

---

[15]Ver MILARÉ, Édis. *Direito do ambiente*. São Paulo: Revista dos Tribunais, 2011. p. 119.

[16]LANZA, Robert. Biocentrismo. *Pensar Além*. Publicado em 21 de novembro de 2009. Disponível em: <http://pensaralem.wordpress.com/2013/11/21/biocentrismo-robert-lanza-2009/>. Acesso em: 4 set. 2014.

[17]CAPRA, Fritjof. *Pertencendo ao universo*: explorações nas fronteiras da ciência e da espiritualidade. São Paulo: Cultrix, 1991. p. 11.

[18]DIAS, Edna Cardozo. *Tutela jurídica dos animais*. Belo Horizonte: Mandamentos, 2000. p. 344.

Ainsi, sans aucun doute, c'est la crise planétaire et les grandes catastrophes écologiques qui ont permis l'introduction dans le monde juridique du droit de l'environnement et, de manière transversale, du droit animal. La possibilité de la destruction de la planète, de l'extinction d'espèces animales et de la destruction de l'espèce humaine a soulevé, dans le monde scientifique, la discussion sur la nécessité de créer des lois et des normes pour la préservation des espèces, afin d'assurer la survie de l'espèce. l'humanité et les générations futures.

La crise éthique et morale des temps modernes a donné lieu à la nécessité d'établir de nouvelles valeurs pour se rapporter au monde et à d'autres espèces non humaines. La violence a créé le désir d'un monde pacifique et de plus de respect. Cet idéal de respect et de conscience de sa responsabilité individuelle et sociale s'est étendu en général à toutes les races, à tous les êtres. Ainsi, les droits des animaux font désormais partie des valeurs morales de la société, étant aujourd'hui reconnus par les lois et débattus devant les tribunaux, faisant partie des valeurs morales de toutes les nations.

Aujourd'hui, les animaux sont considérés comme titulaires de droits supranationaux, prévus par les traités et conventions internationaux, et font partie de la législation nationale de chaque pays civilisé.

3.2 Théorie des droits des animaux

Bien que l'idée de reconnaître l'existence d'une théorie des droits des animaux soit récente, la première mention du terme «droits des animaux» figurait dans les «Droits des animaux» de Henry Salt.[19]

Lorsque le théologien anglais Humphy Primatt, en 1776, a écrit le livre "Une dissertation sur le devoir de miséricorde et le péché de cruauté envers les animaux", il a parlé du devoir de compassion des hommes. Il ne mentionne pas l'expression «droits des animaux», mais utilise le paramètre de capacité souffrir pour parler de

---

[19]SALT, Henry. *Animals' rights considered in relation to social progress.* Pennsylvania: Society for Animals Rights, 1980.

considération morale.[20]

Le célèbre philosophe anglais, Jeremy Bentham, en 1789, a défendu les mêmes idées dans son livre "An Introduction to the Principles of Morals and Legislation", déclarant que la possession de sensibilité plutôt que de rationalité devrait accorder une considération morale à un ser.[21]

La théorie de la libération animale, introduite par Peter Singer, a été l'un des piliers de la formation de la théorie des droits des animaux. Dans son livre Animal Liberation, publié à l'origine en 1975, Singer dénonce la souffrance des animaux et démontre que les pratiques utilisées par les humains dans leur relation avec les animaux étaient injustes à l'époque. Pour lui, étant des êtres sensibles aux animaux, leurs intérêts doivent être pris en considération ainsi que les intérêts des humains. Pour lui, les animaux doivent être inclus dans la considération morale des humains[22]. Le chanteur a introduit les animaux dans la communauté morale, et la clé de la libération animale pour lui est la considération des intérêts. Et la considération égale des intérêts est due à la capacité des animaux à souffrir.[23]

Dans "Ethique pratique",[24] Singer soutient que les animaux, dotés de sensibilité et de conscience, doivent être traités avec le même respect que les humains. Le principe de l'égalité de considération des intérêts doit être appliqué sans distinction entre les animaux humains et non humains. La capacité de souffrir et de ressentir de la douleur doit être une condition préalable à la mesure des intérêts.

---

[20]PRIMATT, Humphrey. *A dissertation on the duty of mercy and sin of cruelty to brute animals*. London, 1776. *Animal Rights History*. Disponível em: <http://www.animalrightshistory.org/animal-rights-c1660-1785/enlightenment-p/pri-humphrey-primatt/1776-mercy-cruelty.htm>. Acesso em: 16 set. 2014.

[21]LOURENÇO, Daniel Braga. *Direito dos Animais:* fundamentação e novas perspectivas. Porto Alegre: Sergio Antônio Fabris, 2008. p. 354.

[22]DIAS, Edna Cardozo. Bioética e direitos dos animais, *Fórum de Direito Urbano e Ambiental – FDUA*, Belo Horizonte, ano 8, n. 43, p. 16-21, jan/fev. 2009. p. 17-18.

[23]SINGER, Peter. *Libertação animal*. Porto Alegre: Lugano, 2004. p. 3.

[24]*SINGER, Peter.* Ética prática. *3. ed. São Paulo: Martins Fontes, 2002.*

La théorie de l'abolitionnisme animal a pour grand promoteur le philosophe américain Tom Regan. Regan revendique l'extension aux animaux du principe éthique et de la valeur inhérente à chaque individu.[25] Et présente les animaux comme sujets d'une vie, prêchant la fin de toute exploitation de la vie animale.[26]

Décrivant l'abolitionnisme, Heron Gordilho, un spécialiste du sujet, complète:

> Cependant, des juristes tels que Steven Wise, Gary Francione et Jean-Pierre Marguenau sont plus soucieux de donner aux animaux la personnalité juridique pour garantir leur capacité à acquérir des droits et à les défendre devant les tribunaux par l'intermédiaire de leurs représentants.[27]

A partir de 2000, la conception juridique de l'animal comme sujet de droits s'étend à toute la planète. Et autour de cela se formait et renforçait la théorie des droits des animaux. Dans ma thèse de doctorat, soutenue en 2000,[28] j'introduis dans le monde académique du Brésil l'idée de l'animal comme sujet de droits, sur la base d'une condamnation prononcée par la Cour suprême des États-Unis:

> L'animal en tant que sujet de droits dans la conception du juge américain Christopher Douglas Stone, voté dans l'affaire Sierra Club V. Morton (Toward Legal Rights Objets, 445. S. Cal. I. Ver. 450 - 1972), dans laquelle il y avait un Annulation d'une décision du US Forest Service, qui a déminé Mineral King Valley, une zone presque sauvage pour la construction d'une station de ski.
>
> Le juge Douglas Stone, dans son vote, a fait valoir que les objets inanimés sont parfois parties à un litige. Et tout comme le navire a un

---

[25]REGAN, Tom. *The case for animal rights*. Berkeley and Los Angeles: University of California Press, 2004. p. 268.

[26]REGAN, Tom. *Jaulas Vazias*. Porto Alegre: Lugano, 2006.

[27]GORDILHO, Heron José de Santana. *Abolicionismo animal*. Salvador: Evolução Editora, 2009. p. 75.

[28]Defendida na Universidade Federal de Minas Gerais – UFMG, em fevereiro de 2000, tendo como orientador o Prof. Arthur Diniz, tese posteriormente transformada em livro. (DIAS, Edna Cardozo. *Tutela jurídica dos animais*. Belo Horizonte: Mandamentos, 2000. p. 84.)

la personnalité juridique et la société ordinaire est une personne à des fins juridiques, la nature peut également être soumise à des droits.[29]

La même ligne de pensée adopte le professeur José Alfredo Baracho Junior dans son livre "Responsabilité civile pour les dommages environnementaux", citant Douglas Stone, dans un article intitulé "Les arbres devraient-ils tenir debout?" 30 dans lequel l'avocat américain présente l'idée que les normes de protection de l'environnement sont un moyen d'accorder des droits subjectifs aux animaux et aux plantes. Suivant ce raisonnement, les associations et agents publics qui revendiquent devant les tribunaux la défense de l'environnement agissent comme leurs représentants[31].

Pour Stone, bien que les arbres et les plantes ne soient pas des êtres humains, ils sont des individus car ils sont reconnaissables de manière unique. La reconnaissance des droits des animaux et des plantes était une évolution du processus de déclaration des droits, s'étendant des Blancs aux Noirs, aux Indiens, aux femmes et à d'autres minorités[32].

Mais le juriste américain Steven M. Wise, professeur de la discipline du droit des animaux à l'Université de Harvard, les droits fondamentaux qui doivent être reconnus pour les êtres vivants doivent être liés à leur capacité d'autonomie et d'autodétermination. C'est l'autonomie plutôt que la capacité de souffrir qui garantit aux animaux l'accès aux droits fondamentaux. Selon lui, les juges ne prennent pas en compte la capacité de souffrance des animaux lors de l'exécution de leur peine, mais l'autonomie.

---

[29]DIAS, Edna Cardozo. *Tutela jurídica dos animais*. Belo Horizonte: Mandamentos, 2000. p. 84-86. Ver também STONE, Christopher. Should trees have standing? Toward legal rights for natural objects. *Law Review*, California, n. 45, p. 450-481, 1972. *apud* GORDILHO, Heron José de Santana. *Abolicionismo animal*. Salvador: Evolução Editora, 2009.

[30]STONE, Christopher Should trees have standing? Toward legal rights for natural objects. *Law Review*, California, n. 45, p. 450-481, 1972. *apud* BARACHO JUNIOR, José Alfredo de Oliveira. *Responsabilidade civil por dano ao meio ambiente*. Belo Horizonte: Del Rey, 2000.

[31]DIAS, Edna Cardozo. *Tutela jurídica dos animais*. Belo Horizonte: Mandamentos, 2000. p. 86.

[32]*Idem, ibidem*, p. 84-86.

Pour Wise,[33] un être est autonome lorsque:

- A des intérêts;
- Peut intentionnellement essayer de les satisfaire;
- A un sentiment d'autonomie qui lui permet de comprendre, même au minimum, qu'il est celui qui veut quelque chose et qu'il essaie de le réaliser[34].

Si quelqu'un a cette autonomie, dit Wise, il faut lui garantir des droits fondamentaux, qu'il appelle «droits de la dignité". La sensibilité et la conscience sont implicites dans le concept d '"autonomie pratique". Tout comme la loi n'exige pas une pleine autonomie pour reconnaître les droits de l'homme, elle ne peut pas le faire pour accorder des droits aux animaux.

À notre avis, la théorie de Wise tente d'utiliser des critères humains pour la reconnaissance des droits des animaux[35]. Mais nous devons être d'accord avec le fait que les êtres humains incapables ont des droits et sont considérés comme des personnes. Et donc les animaux en tant qu'êtres vivants méritent la même considération juridique.

Le juriste américain défenseur de la théorie abolitionniste Gary Francione, professeur de philosophie et de droit à l'Université Rutgers, pense que le système actuel de *"welfarisme juridique"* suggère de confronter les intérêts humains avec ceux des animaux pour conclure si un animal souffre c'est justifiable. De ce point de vue, les intérêts des animaux sont toujours vus secondairement. Nous choisissons toujours les droits de l'homme comme les plus pertinents. La législation welfariste, tout en préconisant des améliorations, permet à l'animal d'être soumis à des droits de propriété et d'être soumis à la cruauté en matière d'exploitation économique. Pour Francione, la notion

---

[33]Para saber mais, ver WISE, Steven M. Animal thing to animal person – Thoughts on time, place, and theories. *Animal Law*, v. 5. p. 61-68, 1999.

[34]WISE, Steven M. Palestra proferida no I CONGRESSO MUNDIAL DE BIOÉTICA E DIREITO ANIMAL. Salvador: Universidade Federal da Bahia (UFBA), 8 de outubro de 2008.

[35]DIAS, Edna Cardozo. Bioética e direitos dos animais. *Fórum de Direito Urbano e Ambiental – FDUA*, Belo Horizonte, ano 8. n. 43, p. 18, jan./fev. 2009.

archaïque doit être révisée que les animaux sont des choses, des ressources ou des objets. Dans la position welfariste, nous pouvons utiliser des animaux non humains si nous ne leur infligeons pas de souffrances inutiles. Ainsi, les animaux n'ont que les valeurs que nous les réveillons. La réglementation de l'utilisation des animaux ne peut pas le protéger lorsqu'il peut être considéré comme un bien[36].

Selon Gary Francione, l'état de propriété limite sans aucun doute la protection de l'animal. Il déclare que la législation sur le bien-être animal parle de souffrances inutiles, et parler de souffrances nécessaires est une thèse indéfendable. Il avertit que l'animal a sa valeur intrinsèque et que la propriété est une valeur extrinsèque et que si nous le rendons responsable des droits de propriété, nous finirons toujours par l'utiliser à des fins économiques, juridiques, sociales et politiques. Francione conclut que, en tant que propriété, il n'est pas possible d'accorder une attention égale aux animaux par rapport aux humains; elle sera donc considérée du point de vue des intérêts humains[37].

Francione n'épargne aucune critique de la théorie de la similitude du cerveau utilisée pour la reconnaissance des droits des grands singes et des dauphins, la soi-disant "théorie similaire de l'esprit"[38], car il craint que davantage d'expériences ne soient menées pour prouver la similitude du cerveau. En utilisant ces arguments, l'auteur comprend que ceux qui préconisent une législation sur le bien-être animal facilitent la légalisation de l'exploitation animale et prêchent des attitudes extrêmes telles que le véganisme, pour des raisons morales et politiques[39].

À mon avis, la reconnaissance des droits des animaux au Brésil est déjà allée au-delà de la norme morale, puisque la Constitution de la République de 1988 (CR / 88) reconnaît les droits des animaux. Il contient même un commandement de non-cruauté inc. VII de l'art.

---

[36]FRANCIONE, Gary L. *Animals as persons*. New York: Columbia University Press, 2008. p. 153-169.

[37]*Idem, ibidem*, p. 97-105.

[38]FRANCIONE, Gary L. *Animals as persons*. New York: Columbia University Press, 2008. p. 124.

[39]*Idem, ibidem*, p. 108.

225: «VII - protéger la faune et la flore, interdit par la loi, les pratiques qui mettent en danger leur fonction écologique, provoquent l'extinction des espèces ou soumettent les animaux à la cruauté "[40].

Ce qui est le plus nécessaire maintenant, c'est d'adopter une théorie juridique qui reconnaît la valeur intrinsèque de l'animal en tant qu'être vivant et individuel, ainsi que la nécessité de changer son statut juridique. La loi brésilienne classe les animaux sauvages comme un bien commun du peuple, c'est-à-dire un bien diffus indivisible et indisponible, tandis que les animaux domestiques sont considérés par le Code civil comme soumis à des droits réels. Leur nature juridique dans notre législation est un obstacle majeur à un raisonnement différent de celui enraciné dans la conscience populaire, c'est-à-dire que l'animal est un bien, qu'il soit collectif (dans le cas des animaux sauvages), propriété privée ou res nullius. (dans le cas des domestiques).

Au Brésil, l'animal est toujours propriété, qu'il s'agisse d'un bien public / diffus, d'un bien commun du peuple ou d'un animal en mouvement. La différence est que dans le cas du bien commun du peuple, la loi impose des règles d'utilisation plus strictes, car elles ne sont pas disponibles, inaliénables, inapplicables, ont des droits imprescriptibles. Le bien meuble ou immobile est un objet passif d'un propriétaire ou d'un propriétaire qui peut l'utiliser, en jouir, en disposer et le réclamer ou, s'il est nul, nul, se l'approprier. Il est tout à fait vrai qu'il existe des limites prévues par la loi à la propriété d'un animal, et qui garantissent la non-soumission à la cruauté et au droit au bien-être, limites beaucoup plus souples que celles établies pour les relations avec les animaux sauvages.

Une théorie des droits des animaux au Brésil devrait être guidée par l'exemple d'autres pays comme la France, qui classe les animaux non pas comme des choses, mais comme être vivant. Nous devons changer notre Code civil afin que les animaux domestiques et exotiques ne soient pas classés comme des choses, mais comme des animaux sensibles. Le Code civil de 2002, dans sa partie générale, a un titre «Du peuple» - Livre I, et un autre titre *"Des biens"* – livro III,

---

[40]BRASIL. *Constituição da República Federativa do Brasil de 1988*. Disponível em: <http://www.planalto.gov.br/ccivil_03/constituicao/constituicao.htm>. Acesso em: 25 maio 2013.

Edna Cardozo Dias

livre III, y compris les biens meubles: «CC, art. 82: Les biens mobiliers sont les biens qui sont susceptibles de se déplacer eux-mêmes ou de se déplacer par la force étrangère, sans altération de la substance ou de la destination socio-économique" .[41] Et il se fonde sur cette dispositif selon lequel les animaux sont considérés comme des «biens susceptibles de se déplacer eux-mêmes ou de se retirer par la force"; en vue incompatible avec le nouveau paradigme qui se forme.

Il est urgent de créer une troisième catégorie dans notre Code civil, une spécifique aux animaux, les reconnaissant comme des êtres sensibles, distincts des personnes et des biens. Sans aucun doute, le droit moral minimum et le droit à la dignité que chaque animal mérite et que l'animal sensible soit traité légalement comme un être vivant, différent des humains et des biens, et capable d'acquérir des droits.

Et c'est précisément le fait que notre Code civil ne reconnaît que deux catégories - les personnes et les biens - qui amène de nombreux chercheurs à comprendre que l'animal est l'objet de droits (un bien) et non le sujet de droits. Cependant, si les animaux ont des droits supranationaux,[42] droits fondamentaux, [43] droits légaux, [44] et en plus ils peuvent s'adresser aux tribunaux pour substitution[45] ou représentativité[46], il n'est plus question de savoir s'ils sont soumis ou non à des droits. Sujet de droits signifie qu'ils peuvent être titulaires de droits en vertu de la loi et que ces droits devrait être respectés devant les tribunaux.

La théorie que nous adoptons est la «théorie des droits et de la personnalité». Les animaux sont des êtres qui ont leurs propres intérêts, comme avoir la sécurité, pas souffrir, vivre selon les besoins de leur espèce, entre autres. Et en tant que détenteurs de droits, ils méritent d'être classés comme des animaux, ce qui est leur propre

---

[41]BRASIL. *Lei n° 10.406, de 10 de janeiro de 2002*. Institui o Código Civil. Disponível em: <http://www.planalto.gov.br/ccivil_03/leis/2002/l10406.htm>. Acesso em: 13 set. 2014.

[42]Vide Declaração Universal dos Direitos dos Animais.

[43]CR/88, art. 225, § 1°, VII.

[44]Lei de Proteção à Fauna (Lei n° 5.197/67), Lei de Crimes Ambientais (Lei n° 9.605/98).

[45]SILVA, Tagore Trajano de Almeida. *Animais em juízo*. Salvador: Evolução Editora, 2013. p. 162.

[46]*Idem, ibidem*, p. 167.

personnalité pour rendre les animaux à leur dignité, nous devons les retirer de la catégorie des biens. En France, un groupe de 24 intellectuels français a signé un manifeste affirmant que «les animaux bénéficient d'un régime juridique selon leur nature d'être vivants et sensibles et que l'amélioration de leur condition peut suivre son cours équitable, une catégorie à part doit être introduite dans le Code civil. entre les personnes et les biens."[47]

3.3 Animaux ayant droits fondamentaux au Brésil et le droit des animaux comme discipline autonome

Les droits des animaux reconnus par le Brésil dans les traités internationaux ont été incorporés dans notre Constitution et font partie de ses clauses fondamentales.

Les dispositifs qui imposent l'inamovibilité de certains préceptes sont petreos. Ce sont des dispositions qui ne peuvent être abolies par des amendements, constituant le noyau irréversible de la Constitution. Ces préceptes l'emportent sur d'autres intérêts.

Point VII du § 1 de l'art. 225 du CR / 88 a fait des animaux des détenteurs de droits fondamentaux.

> Article 225. Chacun a droit à un environnement écologiquement équilibré qui soit un usage commun des personnes et essentiel à une qualité de vie saine. Le pouvoir public et la communauté sont tenus de le défendre et de le préserver pour les générations presentes et générations futures.
>
> Paragraphe 1. Pour garantir l'efficacité de ce droit, il incombe aux pouvoirs publics:
>
> [...]

---

[47]No original: "Pour que les animaux bénéficient d'un régime juridique conforme à leur nature d'êtres vivants et sensibles et que l'amélioration de leur condition puisse suivre son juste cours, une catégorie propre doit leur être ménagée dans le code civil entre les personnes et les biens". (MANIFESTE. *Pour une evolución du régime juridique de l'animal dans le code civil – Reconnaissant sá nature d'être sensible.* Disponível em: <http://www.30millionsdamis.fr/fileadmin/user_upload/actu/10-2013/Manifeste.pdf>. Acesso em: 18 set. 2014.)

VII - protéger la faune et la flore, interdit, conformément à la loi, les pratiques qui mettent en danger leur fonction écologique, provoquent l'extinction des espèces ou soumettent les animaux à la cruauté.[48]

Lorsque nous parlons de droits fondamentaux, nous parlons des droits reconnus et affirmés par les constitutions des nations. Les droits fondamentaux défendent les valeurs et principes fondamentaux de l'ordre juridique d'un pays. Ils peuvent être regroupés en quatre grandes catégories, à savoir les droits politiques, les droits individuels, les droits sociaux et les droits diffus.

Cette disposition constitutionnelle a ouvert la porte à l'établissement d'une nouvelle nature juridique de l'environnement. Aujourd'hui, le CR / 88, dans son art. 225, reconnaît l'environnement comme un bien commun de la population. Et dans le cadre de l'environnement, la faune brésilienne est un bien commun de la population, un bien diffus à préserver pour les générations futures. Quoi qu'il en soit, il reste une propriété de la nation et de la communauté.

À la lumière de CR / 88, la propriété est subordonnée à sa fonction sociale et à la protection de l'environnement. Pour la loi n ° 6 938 / 81,49, la faune - y compris tous les animaux - est considérée comme une ressource environnementale (art. 3, V). Ainsi, le droit animal a été étudié transversalement en droit de l'environnement.

Cependant, parce qu'il a son propre objet et ses propres principes, nous comprenons que le droit animal possède tous les éléments pour devenir une discipline autonome. Sinon, voyons:

L'art 225 du CR / 88 prévoit dans son paragraphe 1°, les points I à VII, qui incombent au gouvernement de garantir: le droit à la vie et à l'écosystème (point I); le droit de préserver la biodiversité (point II); le droit protection des espèces et des animaux contre la

---

[48]BRASIL. *Constituição de República Federativa do Brasil de 1988.* Disponível em: <http://www.planalto.gov.br/ccivil_03/constituicao/ constituicaocompilado.htm>. Acesso em: 25 maio 2013.

[49]BRASIL. *Lei n° 6.938, de 31 de agosto de 1981.* Dispõe sobre a Política Nacional do Meio Ambiente, seus fins e mecanismos de formulação e aplicação, e dá outras providências. Disponível em: <http://www.planalto.gov.br/ccivil_03/leis/ l6938.htm>. Acesso em: 13 set. 2014.

cruauté (point VII).

Ces dispositifs impliquent l'idée que les animaux ont le droit de:

● Dignité (au-delà de l'humanité), lorsqu'il incombe au gouvernement et à la communauté de garantir la vie, le respect de l'intégrité physique, l'équilibre écologique et la préservation des écosystèmes et la non-soumission à la cruauté;

● L'égalité (au-delà de l'humanité), dans le sens de préserver la vie dans son écosystème, en respectant les différences, en concluant qu'il existe des lois qui menacent des pratiques qui menacent leur équilibre écologique, les mettent en danger d'extinction et que soumettez-vous à la cruauté.

Afin d'atteindre l'égalité dans le domaine du droit des animaux, l'anti-scepticisme doit être renforcé.

Inventé par le psychologue britannique Richard D. Ryder en 1970, le terme spécisme a été utilisé par lui pour décrire la discrimination habituelle qui est pratiquée par l'homme contre d'autres espèces, et qu'un tel préjudice serait "basé sur des différences physiques moralement non pertinentes". [50]Graisse:

> Le mot spécisme tel que nous le connaissons aujourd'hui a été utilisé pour la première fois dans une brochure contre l'expérimentation animale écrite en 1970 par Richard Ryder, professeur de psychologie à l'Université d'Oxford, qui l'a répété plus tard dans son livre Victims of Science.[51]

Ainsi le spécisme est la discrimination d'un individu à cause de son espèce, et l'antispécisme est la reconnaissance de l'égalité des droits selon les différences.

---

[50]No original: "a prejudice based upon morally irrelevant physical differences", (RYDER, Richard. All beings that feel pain deserve human rights: Equality of the species is the logical conclusion of post-Darwin morality. *The Guardian*. Saturday 6 August 2000. Disponível em: <http://www.theguardian.com/uk/2005/aug/06/animalwelfare>. Acesso em: 23 set. 2014.)

[51]GORDILHO, Heron José de Santana. *Abolicionismo animal*. Salvador: Evolução Editora, 2009, p. 16.

● La liberté (au-delà de l'humanité), c'est-à-dire que l'animal vit dans son habitat, avec l'écosystème équilibré et en accord avec ses besoins biologiques et sa sensibilité.

● La légalité (au-delà de l'humanité), qui implique la promulgation de lois pour protéger les animaux et leur environnement.

● Enfin, le principe du devoir général et solidaire de tous - puissance publique et collectivité - pour que ces dispositifs soient remplis et que les animaux soient protégés.

Est-ce au gouvernement et à la communauté de garantir les droits à un environnement équilibré et à une qualité de vie saine, et si la démocratie fait partie d'un état de droits et de devoirs; Nous pouvons conclure que les droits des animaux deviennent le devoir général et solidaire de tous.

Le principe du devoir général et de bienveillance peut être illustré par la théorie de David Favre, professeur à la Michigan State University, qui défend les animaux comme propriété de soi.

> Afin d'éviter un traitement inégal des animaux non humains, Favre déclare que les objets vivants sont auto-propriétaires. Pour lui, certains animaux seraien libre de domaine et de contrôle humains et pourraient voir leurs intérêts représentés par des tuteurs si nécessaire. Les animaux non humains possédant la capacité de diriger et de contrôler devraient être considérés comme appartenant à eux-mêmes.[52]

En plus de traiter le spécisme pendant des années, Ryder a développé et affiné la théorie du *painisme,* en utilisant le terme painience pour désigner la capacité de ressentir la douleur que *possèdent* non seulement les humains mais aussi les animaux. Sa théorie:

> [...] rejette la validité de l'agrégation (l'addition) des douleurs et plaisirs de

---

[52]FAVRE, David. Equitable Self-Ownership for Animals, 2000. p. 475-476. *apud* SILVA, Tagore Trajano de Almeida. *Animais em juízo*. Salvador: Evolução Editora, 2013. p. 185.

divers individus, comme dans l'utilitarisme, soulignant plutôt l'importance morale de chaque individu et en particulier de la «victime ultime" .[53]

Ryder conclut que «la sensation de douleur [douloureuse] est le seul fondement convaincant pour l'attribution de droits ou, en fait, les intérêts d'autrui».

3.4 L'enseignement du droit animal

La discipline du droit des animaux a déjà été enseignée au Brésil dans plusieurs établissements d'enseignement juridique, comme suit: [55]

I - 2001 - Université Pontificale Catholique de Minas Gerais (PUC-MG) - «Tutelle légale des animaux». Discipline transdisciplinaire. Noyau de la pratique juridique. Enseignants: Prof. Edna Cardozo Dias (avocat); Prof. Flávio Augusto Salim Nogueira (vétérinaire) et Prof. Regina Bueno (vétérinaire).

II - 2003 - Université Pontificale Catholique de Paraná (PUC-PR) - "Relation entre l'homme et la nature» - module de la spécialisation lato sensu en droit de l'environnement. Prof Danielle Tetü Rodrigues.

III - Université fédérale de Bahia (UFB) - Cours de extension universitaire (postdoctorat stricto sensu) "Études approfondies de la bioéthique et des droits des animaux». Groupe d'étude lié au CNPQ au «Centre interdisciplinaire de recherche et de extension sur les droits des animaux, l'environnement et la post-modernité - NIPEDA". Prof. Héron Santana Gordilho.

---

[53]DMARSKI. Devemos intervir na predação? Artigos Richard D. Ryder. Tradução Sônia T. Felipe. *Pensata Animal*, n. 20, set. 2009. Disponível em: <http://www.pensataanimal.net/index.php?option=com_content&view=article&id=329: richard-d-ryder&catid=138 >. Acesso em: 24 set. 2014.

[54]No original: "Painience [pain feeling] is the only convincing basis for attributing rights or, indeed, interests to others". (RYDER, Richard. All beings that feel pain deserve human rights: Equality of the species is the logical conclusion of post-Darwin morality. *The Guardian.* Saturday 6 August 2000. Disponível em: <http://www.theguardian.com/uk/2005/aug/06/animalwelfare>. Acesso em: 23 set. 2014.)

[55]Ver SILVA, Tagore Trajano de Almeida. *Direito animal & ensino jurídico*. Salvador: Evolução Editora, 2014. p. 208-215.

EDNA CARDOZO DIAS ▐

IV - Depuis 2008 - Discipline «Droit animal et écologie profonde» à l'Université fédérale de l'État de Rio de Janeiro (UNIRIO) et Groupe de recherche «Centre de droit animal et d'écologie profonde» à l'Université fédérale de Rio de Janeiro (UFRJ) . Profs Fábio Corrêa de Oliveira et Daniel Braga Lourenço.

V - 2009 - Diplôme de troisième cycle en droit de l'environnement au Centre d'études du domaine juridique fédéral (CEAJUFE), discipline «Droit des animaux», module de spécialisation lato sensu en droit de l'environnement. Prof. Edna Cardozo Dias. Coordonnateur de cours Leandro Eustáquio Matos Monteiro.

3.5 Légitimité des droits des animaux

De la théorie de la légitimité du droit de l'espèce humaine à l'oppression et à l'exploitation des êtres inférieurs, même les nouvelles théories des droits des animaux ont fait du chemin. De la déclaration des droits individuels, sociaux et économiques à la reconnaissance des droits diffus, de nombreuses décennies se sont écoulées. La philosophie kantienne dans le domaine de la science juridique a contribué au fait que pendant de longues années, seuls les êtres humains étaient considérés comme eux-mêmes.

Nous avons adopté, et je crois que nous sommes toujours en train de passer à travers, la théorie des devoirs indirects des humains envers les animaux. Dans cette hypothèse, l'animal n'est pas l'objet d'une considération morale directe. Les êtres humains ont le devoir de préserver le bien-être animal tant qu'il n'est pas contraire aux intérêts humains. De ce point de vue, l'obligation légale de l'homme de se conformer aux lois de protection des animaux garantit aux animaux un droit réflexe.

Les théories directes ont commencé à être délimitées de la conception de la défense éthique des animaux et de la réflexion sur le devoir de compassion et le devoir de ne pas pratiquer la cruauté, la théorie de la sensibilité et la théorie de la dormance.

Bien que la loi ne reconnaisse pas les animaux comme des

personnes, il est incontestable qu'ils ont leurs propres droits légaux, différents de des personnes, des choses ou des biens. Si les lois leur garantissent un traitement différent de celui réservé aux choses, une théorie des droits des animaux doit être solidifiée et universalisée afin de reconnaître que l'animal doit être respecté pour son individualité, et qu'il doit être respecté pour lui-même. , comment vivre et cohabiter la planète.

Certaines personnes pensent que la théorie de l'éthique du discours de Jürgen Harbemas serait la mieux adaptée pour faire de la théorie des droits des animaux un consensus dans le monde de la vie, le monde juridique et le monde politique. Un flux de communication entre les citoyens, basé sur un processus discursif libre et démocratique, soutiendrait de plus en plus la reconnaissance des droits des animaux en tant que discipline autonome dans la solidification de la théorie des droits des animaux.

Le droit des animaux ne suffit pas, la justice animale doit exister et il existe un système administratif, procédural et juridique qui garantit ce droit et cette justice. Sans le renforcement d'une théorie des droits des animaux, la justice animale ne sera guère réalisée. Sans la reconnaissance que les animaux ont droit à leurs droits reconnus pour leur valeur intrinsèque en tant qu'êtres vivants, il est peu probable que la justice animale se matérialise.

Des lois spécifiques devraient être appliquées aux animaux, pas la loi des choses. Votre vie doit être protégée sur un pied d'égalité avec la vie humaine; C'est au cœur de la théorie des droits des animaux. Cette théorie doit nous conduire à développer un statut moral et éthique pour les animaux qui nous permette de les concevoir comme propriétaires d'eux-mêmes.

Des lois spécifiques devraient être appliquées aux animaux, pas la loi des choses. Votre vie doit être protégée sur un pied d'égalité avec la vie humaine; C'est au cœur de la théorie des droits des animaux. Cette théorie doit nous conduire à développer un statut moral et éthique pour les animaux qui nous permette de les concevoir comme propriétaires d'eux-mêmes.

Nous ne pouvons pas nier l'importance de la participation populaire grâce à des conseils et d'autres moyens pour l'évolution des politiques publiques. Des contributions profondes ont été apportées à des groupes d'études universitaires, liés ou non à la CNPQ, des thèses de doctorat, des mémoires de master, des TCC dans des cours de premier cycle, ainsi que des séminaires, congrès et publications sur le sujet. Cependant, sans volonté politique et sans amélioration de la législation, nous ne prévoyons pas de progrès décisifs vers la consécration d'une théorie des droits des animaux. Et sans cela, les droits des animaux continueront d'être affaiblis.

Le changement nécessite un chemin long et difficile, mais si nous voulons un monde meilleur pour tous, nous devons payer pour ce changement pour le construire.

Le moment est venu pour les juristes de diriger l'esprit et l'intelligence humains vers des progrès équitables et de faire de la conscience la poursuite de la justice équitable comme objectif. Il n'y aura pas de justice si elle ne s'étend pas à tous les êtres. Les jusanimalistes du monde entier sont unis pour que la science juridique reconnaisse le droit animal comme une discipline autonome et qu'il soit ancré dans la théorie des droits des animaux, qui est déjà une réalité.

Chapitre 4

LE DROIT DE LA FAUNE AU BRÉSIL ET LA NATURE JURIDIQUE DES ANIMAUX

4. LA FAUNE ET LA CONSTITUTION FÉDÉRALE ET LES CONSTITUTIONS DES ÉTATS

La Constitution de la République fédérative du Brésil de 1988 (CR / 1988), dans son art. 225, § 1, inc. VII a fait de la protection des animaux un précepte constitutionnel, leur accordant des droits fondamentaux.

Dès que l'Assemblée constituante a été élu, pour rédiger la Constitution actuellement en vigueur, le mouvement de protection des animaux s'est mobilisé pour inclure la protection des animaux dans son texte.

L'idée a été adoptée par le député fédéral et ancien président de la Commission de l'environnement OAB-SP, Fábio Feldman, qui a agi comme articulateur des segments intéressés à participer à la rédaction de l'art. 225, sur l'environnement, dans CR / 88.

La Ligue de Prévention de la Cruelté envers les Animaux (LPCA) (présidée par Edna Cardozo Dias), en collaboration avec l'Union of Earth Defenders (OIKOS), présidée par Fábio Feldman, et l'Association de protection des animaux de San Francisco de Assis (APASFA).), présidé par D. Alzira, ont crée une pétition pour obtenir 30 000 signatures. Bien que seulement 11 000 signatures aient été obtenues, la protection des animaux a été intégrée par CR / 88 dans son art. 225, § 1, inc. VII.

En incorporant les droits des animaux dans le document CR / 88, les mandants ont fait des animaux des détenteurs de droits fondamentaux.

Lorsque nous parlons de droits fondamentaux, nous faisons référence à des droits reconnus et affirmés par les constitutions des États. Les droits fondamentaux défendent les valeurs et principes fondamentaux de l'ordre juridique d'un pays. Quelle que soit la catégorie, tous les animaux sont protégés dans le document CR / 88.

La Constitution dit dans son art. 225, § 1, VII:

Article 225, § 1: «Il incombe au Gouvernement: "VII –protéger la faune et la flore, interdit, conformément à la loi, les pratiques qui mettent en danger leur fonction écologique, provoquent l'extinction des espèces ou soumettent les animaux à la cruauté".

Après que la Cour fédérale suprême (STF) a confirmé l'action en inconstitutionnalité directe (ADI) 4983, déposée par le procureur général de la République contre la loi 15.299 / 2013 de l'État du Ceará, qui réglementait le vaquejada en tant que pratique sportive et culturelle dans l'État. , Le Congrès national a approuvé l'amendement 96/17 faisant de cet événement un héritage culturel. Selon l'amendement, les sports utilisant des animaux ne sont pas considérés comme cruels, tant qu'ils sont des manifestations culturelles, conformément au paragraphe 1° de l'article 215 de la Constitution, enregistrés comme bien immatériel du patrimoine culturel brésilien. Ces activités devraient être réglementées par une loi spécifique garantissant le bien-être des animaux concernés.

Les Tables de la Chambre des députés et du Sénat fédéral, conformément au § 3 de l'art. 60 de la Constitution fédérale, promulgue l'amendement suivant au texte constitutionnel:

Art. 1° L'art. 225 de la Constitution fédérale entre en vigueur augmenté de Point VII suivant:

"Art. 225.

... .
...

Paragraphe VII: Aux fins de la dernière partie du point VII du paragraphe 1 du présent article, les pratiques sportives qui utilisent des animaux ne sont pas considérées comme cruelles, à condition qu'elles soient des manifestations culturelles, comme le paragraphe 1° de l'art. 215 de cette Constitution fédérale, enregistré comme un bien immatériel qui fait partie du patrimoine culturel brésilien, et doit être réglementé par une loi spécifique qui garantit le bien-être des animaux concernés. »(NR)

Article 2 Cet amendement constitutionnel entre en vigueur à la date de sa publication.[1]

---

[1] *BRASIL. http://www.planalto.gov.br/ccivil_03/constituicao/Emendas/Emc/emc96.htm , cessado em 28 de outubro de 2019.*

Les constitutions des États se sont inspirées par Magna Carta pour disposer du ce sujet. Les animaux trouvent une protection constitutionnelle dans les constitutions des États suivants:

Acre Constitution:

Article 206, § 1, V: «protéger la faune et la flore des pratiques prédatrices et dévastatrices des espèces ou soumettre les animaux à la cruauté».

Constitution d'Alagoas:

Article 171, VI: "Protéger la faune et la flore, interdites, sous la forme de la loi, les pratiques qui mettent en danger leur fonction écologique, provoquent l'extinction des espèces ou soumettent les animaux à la cruauté".

Constitution d'Amazonas:

Article 230, VIII: "Pour protéger la faune et la flore, interdit, conformément à la loi, les pratiques qui mettent en danger leur fonction écologique, provoquent l'extinction des espèces ou soumettent les animaux à la cruauté".

Constitution de Bahia:

Article 214, VII: "Protéger la faune et la flore, en particulier les espèces menacées, en supervisant l'extraction, la capture, la production, le transport, la commercialisation et la consommation de leurs spécimens et sous-produits. qui mettent en danger leur fonction écologique, provoquent leur extinction ou soumettent les animaux à la cruauté. "

Constitution du Ceará:

Article 259, paragraphe unique XI: "Pour Protéger la faune et la flore, interdites par la loi, les pratiques qui mettent en danger leur fonction écologique, provoquent l'extinction des espèces ou soumettent les animaux à la cruauté, supervisent l'extraction, la capture , la production, le transport, la commercialisation et la consommation de leurs spécimens et sous-produits. "

Constitution du Espírito Santo:

Article 186, paragraphe unique, III: «Protéger la flore et la faune, assurer la diversité des espèces, en particulier celles menacées d'extinction, superviser l'extraction, la capture, la production et la consommation de leurs spécimens et sous-produits, interdire les pratiques qui soumettent l'espèce. les animaux à la cruauté. "

Constitution de Goiás:

Article 127, § 1, V: «contrôler et superviser l'extraction, la capture, la production, le transport, la commercialisation et la consommation d'animaux, de plantes et de minéraux, ainsi que l'activité des personnes et des entreprises dédiées à la recherche et à la manipulation de matériel génétique. "

Article 128, VI, seul paragrafe unique: «Les périodes de pêche prédatrice, de chasse et de reproduction, ainsi que la saisie et la commercialisation d'animaux sauvages sur le territoire de Goiás, qui ne proviennent pas de fermes autorisées, sont interdites par la loi. . "

Constitution de Maranhão:

Article 241, II: «Protection de la faune et de la flore, interdiction des pratiques qui soumettent les animaux à la cruauté».

Constitution du Mato Grosso:

Article 263, paragraphe unique, IX: «Pour Protéger la faune et la flore, assurer la diversité des espèces et des écosystèmes, interdit, conformément à la loi, les pratiques qui mettent en danger leur fonction écologique et provoquent l'extinction ou l'objet des espèces les animaux à la cruauté. "

Art.275: «Il est interdit, conformément à la loi, de pêcher pendant la période de frai et de pêcher les carnassiers en toute période, ainsi que la chasse amateur et professionnelle, la saisie et la commercialisation d'animaux sauvages sur le territoire du Mato Grosso, ne provenant pas de autorisé par l'organisme compétent."

Article 276: "Les appréhendés de la chasse, de la pêche ou de la capture interdites des espèces de la faune auront une destination sociale et ne seront pas mutilés, incinérés ou détruits de quelque manière que ce soit."

Constitution du Mato Grosso do Sul:

Article 222, § 2, XV: "Contrôler et superviser l'activité de pêche, y compris celle des abattoirs de poisson, qui ne sera autorisée que par l'utilisation de méthodes de capture adéquates."

Constitution du Minas Gerais:

Article 214, § 1, V: «Protéger la faune et la flore, afin d'assurer la diversité des espèces et des écosystèmes et la préservation du patrimoine génétique, interdit, conformément à la loi, les pratiques qui provoquent l'extinction des espèces. ou soumettre les animaux à la cruauté. "

Constitution du Pará:

Article 255, III: «assurer la diversité des espèces et des écosystèmes, afin de préserver le patrimoine génétique, biologique, écologique et paysager et définir les espaces territoriaux à protéger spécialement.»

Constitution de Paraíba:

Article 227, paragraphe unique, II: «pour Protéger la faune et la flore en interdisant les pratiques qui mettent en danger leur fonction écologique, provoquent l'extinction des espèces ou soumettent les animaux à la cruauté».

Constitution du Paraná:

Article 207, § 1, XIV: "Protéger la faune, en particulier les espèces rares et menacées, interdire les pratiques qui mettent en danger leur fonction écologique ou soumettent les animaux à la cruauté."

Constitution de Pernambuco:

Article 210, III: "Préserver la faune qui habite les écosystèmes transformés et les zones rurales et urbaines, en interdisant leur chasse, capture et destruction de leurs sites de reproduction."
Article 213: "L'État garantit, conformément à la loi, le libre accès aux eaux publiques de l'État pour la désédentation humaine et animale."

Constitution de Piaui:

Article 237, § 1, VIII: "Pour Protéger la faune et la flore, interdites, conformément à la loi, les pratiques qui mettent en danger leur fonction écologique, provoquent l'extinction d'espèces ou soumettent les animaux à la cruauté."

Constitution de Rio de Janeiro:

Article 258, § 1, IV: "Pour Protéger et préserver la flore et la faune, les espèces menacées, les espèces vulnérables et rares, interdisant les pratiques qui soumettent les animaux à la cruauté, par action directe de l'homme sur eux."

Constitution de Rio Grande do Norte:

Article 150, § 1, VIII: "pour Protéger la faune et la flore, interdit, conformément à la loi, les pratiques qui mettent en danger leur fonction écologique, provoquent l'extinction des espèces ou soumettent les animaux à la cruauté".

Constitution de Rio Grande do Sul:

Article 251, § 1, VII: "pour Protéger la flore, la faune et le paysage naturel, interdire les pratiques qui mettent en danger leur fonction écologique et paysagère, provoquent l'extinction des espèces ou soumettent les animaux à la cruauté".

Constitution de Rondônia:

Article 219, I: "Assurer, au niveau de l'État, la diversité des espèces et des écosystèmes, de manière à préserver le patrimoine génétique de l'État."
Article 221, VI: "empêcher et réprimer la pratique qui soumet les animaux à la cruauté".

Constitution de Santa Catarina:

Article 182, III: "Pour protéger la faune et la flore, interdire les pratiques qui mettent en danger leur fonction écologique, provoquent l'extinction des espèces ou soumettent les animaux à un traitement cruel."

Constitution de Sao Paulo:

Article 193, X: «pour Protéger la flore et la faune, ce qui inclut tous les animaux sauvages, exotiques et domestiques, les pratiques interdites qui mettent en danger leur fonction écologique et provoquent l'extinction des espèces ou soumettent les animaux à la cruauté, supervisant la extraction, production, élevage, méthodes d'abattage, transport, commercialisation et consommation de leurs spécimens et sous-produits. »
Article 204: "La chasse sous tous les prétextes est interdite dans tout l'Etat".

Constitution de Sergipe:

232, § 1, V: «pour Protéger la faune et la flore, en particulier les espèces indigènes et / ou menacées, en supervisant l'extraction, la capture, la production, le transport, la commercialisation et la consommation de leurs espèces et sous-produits, interdits. pratiques qui soumettent les animaux à la cruauté. "

Constitution du Tocantins:

110, III: «Protection de la flore et de la faune, en particulier des espèces en voie de disparition, conformément à la loi, les pratiques qui soumettent les animaux à la cruauté sont interdites."

4.1. Concept de la faune – Une grande partie de la doctrine conceptualise la faune comme l'ensemble des animaux propres à une région, une localité, un écosystème ou une période géologique particulière de la planète.

Selon Celso Antônio Fiorillo, «la faune est conceptualisée comme le collectif d'animaux d'une région donnée» [1].

Pour Maria Luiza Machado Granziera:

La faune est l'une des ressources environnementales définies dans la loi 6.938 / 81 et constitue «toute vie animale dans une zone, un habitat ou une strate géologique à un moment donné, avec des limites spatiales et temporelles arbitraires». (Glossaire de l'écologie, 2e éd. Académie des sciences de l'État de São Paulo. Publication ACIESP, n ° 183, 1997, p.113). L'ensemble de la vie animale situé dans un espace donné à un moment donné caractérise la faune, ce qui signifie qu'il convient d'indiquer ces deux variables - le temps et l'espace - pour identifier avec précision de quelle faune il s'agit. [2]

L'auteur poursuit: «À strictement parler, toutes les espèces animales constituent la faune. Cependant, la protection légale de cette ressource environnementale est plus restrictive et s'applique principalement à la faune - terrestre ou aquatique ». [3]

Pour Danielle Tetu Rodrigues:

[...] le terme faune a fait l'objet de nombreuses discussions en raison du manque d'unité conceptuelle entre les différentes lois. A noter qu'en plus du sens constitutionnel de la loi 5.197 dans son art. 1, définit la faune sauvage comme "les animaux de toute espèce, à tout stade de leur développement et vivant naturellement en captivité". Déjà l'art. 29, § 3 de la loi 9.605 / 98, Loi sur les délits environnementaux, prévoit que «sont des espèces de faune sauvage toutes celles appartenant à des spécimens indigènes, migrateurs et tout autre milieu

---

[1] FIORILLO, Celso Antônio Pacheco. *Curso de Direito Ambiental*. 14. Ed. São Paulo: Saraiva, 2013. p. 302.

[2] GRANZIERA, Maria Luiza Machado. *Direito Ambiental*. São Paulo: Editora Atlas, 2009. p. 121.

[3] Idem, ibidem, loc. cit.

aquatique ou terrestre, qui ont tout ou partie de leur cycle de vie se déroulant à l'intérieur des frontières du territoire brésilien ou des eaux juridictionnelles brésiliennes. [4]

D'un point de vue juridique, les animaux, sans discrimination aucune catégorie, sont inclus dans le chapitre Environnement de la Constitution de la République fédérative du Brésil, dont les préceptes assurent leur pleine protection par le gouvernement et la communauté.

Article 225. Chacun a droit à un environnement écologiquement équilibré qui soit un usage commun des personnes et essentiel à une qualité de vie saine. Les pouvoirs publics et la communauté sont tenus de le défendre et de le préserver pour les personnes présentes et générations futures.
Paragraphe 1. Pour garantir l'efficacité de ce droit, il incombe aux pouvoirs publics:
[...]
VII - pour Protéger la faune et la flore, interdit, conformément à la loi, les pratiques qui mettent en danger leur fonction écologique, provoquent l'extinction des espèces ou soumettent les animaux à la cruauté.[5]

Le constituant, bien qu'il n'ait pas conceptualisé la faune, a précisé qu'il ne limitait pas ce concept à la faune sauvage, comme la loi no. 5 197/67 dans son art. 1°.[6]

---

[4]RODRIGUES, Danielle Tetu. *O Direito & animais:* uma abordagem ética, filosófica e normativa. Curitiba: Juruá, 2003. p. 68.
[5]BRASIL. *Constituição de República Federativa do Brasil de 1988.* Disponível em: <http://www.planalto.gov.br/ccivil_03/constituicao constituicaocompilado.htm>. Acesso em: 25 maio 2013.
[6]*BRASIL. Lei n. 5.197, de 3 de janeiro de 1967. Dispõe sobre a proteção à fauna e dá outras providências. Disponível em: <http://www.planalto.gov.br/ ccivil_03/leis/l5197.htm>. Acesso em: 25 maio 2013.*

Le positionnement conformément à cette loi a le célèbre professeur José Afonso da Silva, selon lequel «il ne doit pas inclure les animaux domestiques ou domestiqués, ni ceux de captivité, d'élevage privé ou de zoos, dûment légalisés» dans le concept de faune[7].

On retrouve également le concept de faune dans l'ordonnance no. 93 de l'Institut brésilien de l'environnement et des ressources naturelles renouvelables – IBAMA – du 07.07.1998, qui réglemente l'importation et l'exploitation des spécimens vivants, des produits et des sous-produits de la faune brésilienne et de la faune exotique:

Article 2 - Aux fins de la présente ordonnance, il est considéré:

I - Faune sauvage brésilienne: sont tous les animaux appartenant à des espèces indigènes, migratrices et autres, aquatiques ou terrestres, dont le cycle de vie se déroule dans les limites du territoire brésilien ou des eaux juridictionnelles brésiliennes.

II - Faune sauvage exotique: sont tous les animaux appartenant à des espèces ou sous-espèces dont la répartition géographique ne comprend pas le territoire brésilien et les espèces ou sous-espèces introduites par l'homme, y compris les animaux domestiques à l'état élevé ou élevé. Sont également considérées comme exotiques les espèces ou sous-espèces qui ont été introduites en dehors des frontières brésiliennes et de leurs eaux juridictionnelles et qui sont entrées sur le territoire brésilien.

III - Faune domestique: Tous les animaux qui, grâce à des processus traditionnels et systématiques de gestion et / ou d'amélioration zootechnique, sont devenus domestiqués, présentant des caractéristiques biologiques et comportementales dépendant étroitement de l'homme et pouvant présenter un phénotype variables, différentes des

---

[7]*SILVA, José Afonso da*. Direito Ambiental Constitucional. *São Paulo: Malheiros, 1994. p. 129.*

espèces sauvages qui en sont à l'origine.[8]

La loi sur la politique nationale de l'environnement (loi n ° 6938 du 08.31.81) conceptualise la faune en tant que partie intégrante de l'environnement, ainsi que d'autres ressources environnementales, précisant que les lois protégeant l'environnement s'appliquent à elle. :

Article 3 - Aux fins prévues par la présente loi:
[...]
V - ressources environnementales: atmosphère, intérieur, eaux de surface et souterraines, estuaires, mer territoriale, sol, sous-sol, éléments de la biosphère, faune et flore. (loi n ° 7804 de 1989)[9]

Il est évident que tous les animaux de toutes les espèces sont inclus dans le mot faune, un terme qui désigne toute vie animale.

Les animaux dans leurs différentes catégories – sauvages, indigènes ou exotiques, domestiques ou domestiqués – font partie de la grande variété d'êtres vivants de la biosphère. L'environnement est composé d'êtres vivants (biotiques) et non vivants (abiotiques), qui sont interdépendants pour maintenir l'équilibre des écosystèmes. Parmi les éléments biotiques, la faune fait partie intégrante de l'environnement.

4.2. Nature juridique de la faune

En ce qui concerne la nature juridique de la faune, nous vivons avec superposition de concepts, car, si la Constitution le considère

---

[8]BRASIL. Instituto Brasileiro do Meio Ambiente e dos Recursos Naturais Renováveis. *Portaria n. 93, de 7 de julho de 1998.* Disponível em: <http:// servicos.ibama.gov.br/ctf/manual/html/042200.htm>. Acesso em: 23 maio 2013.
[9]*BRASIL.* Lei n. 6.938, de 31 de agosto de 1981. *Dispõe sobre a Política Nacional do Meio Ambiente, seus fins e mecanismos de formulação e aplicação, e dá outras providências. Disponível em: <http://www.planalto.gov.br/ccivil_03/ leis/L6938compilada.htm>. Acesso em: 25 maio 2013.*

en tant que bien commun du peuple, dans la conception civiliste, les animaux domestiques sont soumis aux droits royaux.

Les animaux domestiques peuvent être la propriété de leurs propriétaires et les animaux abandonnés sont sujets à appropriation. En cas de blessure à un animal domestique, son propriétaire peut réclamer une compensation ou une compensation pour dommage, devant le tribunal civil, à toute personne qui, par une action volontaire ou une omission, une négligence ou une imprudence, agresse votre animal ou lui cause un préjudice.

Au regard de la Constitution de la République, le bien est conditionné à sa fonction sociale et à la protection de l'environnement. Comme nous l'avons déjà dit, pour la loi no. 6.938 / 81, la faune - y compris tous les animaux - est l'environnement.

Cependant, selon le droit civil, les animaux, étant dépersonnalisés, peuvent, à l'exception des animaux sauvages, être classés comme des biens meubles, selon les termes des arts. 82 et 83 du Code civil.[10] La même loi, qui prévoit la propriété en général (art. 1228, § 1), limite le droit de propriété à celui déterminé par les lois spéciales sur la flore, la faune, la beauté naturelle, l'équilibre écologique. et le patrimoine historique et artistique. Cependant, n'interdisez pas la propriété et les autres droits des animaux domestiques.

En ce qui concerne les animaux sauvages brésiliens, précédemment considérés comme res *nullius*, ils sont devenus la propriété de l'Union à partir de la loi no. 5 197, du 3 janvier 1967, étant entendu qu'ils constituent des biens d'usage commun du peuple. Cette compréhension a été consolidée avec la promulgation de la Constitution de 1988, qui considère désormais tous les animaux comme des «biens communs du peuple» (CR / 88, art. 225, caput).

Maria Sylvia Zanella Di Pietro définit le bien commun:

> [...] comme celle de tous les membres de la communauté sur un pied d'égalité, indépendamment du consentement exprès

---

[10]BRASIL. *Lei n. 10.406, de 10 de janeiro de 2002.* Institui o Código Civil. Disponível em: <http://www.planalto.gov.br/ccivil_03/leis/2002/L10406compilada.htm>. Acesso em: 30 maio 2013.

et individualisé de la communauté l'administration publique, bien que son utilisation soit soumise au pouvoir de la police, car il appartient à l'État de réglementer, de superviser et d'appliquer des mesures coercitives pour assurer sa conservation.11

Explique José de Santana Gordilho:

[...] en fait, chaque membre de la communauté a un intérêt diffus pour l'environnement, et bien que cet intérêt ne puisse pas être un droit privé - puisque tous les intérêts protégés ne peuvent pas être un droit - ces règles de droit protéger l'intérêt privé par réflexe.[12]

Luis Paulo Sirvinkas comprend que «la faune est un bien environnemental et intègre l'environnement écologiquement équilibré prévu par l'art. 225 de CF. C'est un bien diffus. Ce bien n'est ni public ni privé. Il est d'usage courant par le peuple. "[13]

Le concept de bien diffus est né dans la seconde moitié du XXe siècle, quand il a également commencé à parler de société de masse. Nous parlons donc d'un bien qui n'est ni public ni privé, mais un bien diffus. Tel est l'intérêt de la protection de la faune; appartient à un seul et à la fois, et son titulaire ne peut être identifié.

Elucida Celso Antônio Pacheco Fiorillo que le fossé entre public et privé a donné naissance à des droits méta-individuels, d'où sont sortis les biens dits diffus. Ainsi l'auteur s'exprime sur le thème:

Ainsi, contrairement à l'État et aux citoyens, au public et au privé, au Brésil, la Constitution fédérale de 1988 a commencé une nouvelle catégorie de biens: les biens d'usage commun des personnes et essentiels à une qualité de vie saine.[14]

---

[11]DI PIETRO, Maria Sylvia Zanella. Direito Administrativo. São Paulo: Atlas, 1999. p. 451.

[12]GORDILHO, José de Santana. Abolicionismo animal. Salvador: Evolução Editora, 2009. p. 136.

[13]SIRVINSKA, Luís Paulo. Manual de Direito Ambiental. São Paulo: Editora Saraiva, 2003. p. 210.

[14]FIORILLO, Celso Antônio Pacheco. Curso de Direito Ambiental. São Paulo: Saraiva, 2013. p. 154.

Édis Milaré nous fait découvrir de nouvelles subdivisions de la faune:

Parmi les nombreuses subdivisions de la faune, on trouve les spécifications suivantes: terrestre, qui habite les surfaces solides de la planète, y compris la faune et la faune ailée, ou avifaune, qui parcourt l'espace atmosphérique; aquatique, la population animale dont l'habitat est l'environnement liquide (océanique, fluvial et lacustre), au sein duquel se trouvent les poissons qui constituent l'ichtyofaune[15].

Les faunes terrestres et ailées sont protégées notamment par la loi no. 5 197, du 3 janvier 1967; eau, par le Code de la pêche, décret-loi no. 221, du 28 février 1967, et par la loi no. 7 643 et le 18 décembre 1987, qui interdit la pêche des cétacés dans les eaux de juridiction brésilienne. La loi sur les délits environnementaux (loi n° 9 605/98) protège également toutes les catégories de faune terrestre ou aquatique (sauvage, domestique, domestiquée ou exotique).

Actuellement, il y a un nombre croissant de doctrinateurs brésiliens, parmi eux cet auteur qui défendent l'idée que les animaux sont considérés comme des sujets de droits constitutionnels et légaux à être représentés devant les tribunaux par le ministère public, une doctrine intitulée "abolitionnisme".

En ce sens, Tagore Trajano de Almeida Silva déclare que:

[...] en partant du principe que les animaux sont effectivement sujets de droits, même s'ils ne sont pas personnifiés, rien de plus naturel auquel ils sont assurés aussi d'une légitimité active ad cause à réclamer, devant les tribunaux, la garantie et la protection de leur patrimoine juridique.[16]

Dans le même sens, Daniel Braga Lourenço dit:

La théorie des êtres dépersonnalisés, fondée sur la distinction conceptuelle entre «personne» et «sujet de droit», s'est avérée, permet donc de se passer de la qualification de l'entité en tant que «personne» afin de sécuriser des droits subjectifs.[17]

---

[15]MILARÉ, Édis. *Direito do ambiente*: A gestão ambiental em foco. São Paulo: Revista dos Tribunais, 2011. p. 301-302.

[16]SILVA, Tagore Trajano de Almeida. *Animais em juízo*. Salvador: Editora Evolução, 2012. p. 127.

[17]LOURENÇO, Daniel Braga. *Direito dos animais*. Porto Alegre: Sergio Antônio Fabris, 2008. p. 509.

4.3. La faune sauvage dans la législation brésilienne

La faune brésilienne est protégée par la loi no. 5.197 / 67, qui détermine que les animaux appartiennent à l'Union, réglemente leur possession et interdit l'utilisation, le harcèlement, la destruction, la chasse ou la cueillette d'animaux sauvages sans l'autorisation de l'organisme compétent.

Cette loi encourage le gouvernement à autoriser les centres de d'élévage privés, conformément aux réglementations en vertu des ordonnances de l'Institut brésilien des ressources naturelles renouvelables (IBAMA). Outre les instruments normatifs fédéraux, les États peuvent édicter des règles relevant de leur compétence et de leur compétence, conformément à la loi complémentaire no. 140/11. Cette loi établit les règles de coopération entre les entités fédérales des actions administratives liées à la protection de l'environnement et transfère à l'État les compétences suivantes en matière de faune – devant l'Union:

> Article 8. Les actions administratives des Etats sont:
> XVIII - contrôler la collecte de spécimens d'animaux sauvages, d'œufs et de larves *destinés à l'établissement de sites de reproduction* et à la recherche scientifique, sauf dans les cas prévus au point XX de l'art. 7e;
> XIX - *approuver le fonctionnement des sites de reproduction* de la faune; (c'est nous qui soulignons).[18]

L'IBAMA a institué trois espèces de centre d'élevage (zones spécialement fermées avec des installations capables de reproduire, d'élever ou de recréer des espèces de la faune):

---

[18]BRASIL. *Lei Complementar n. 140, de 8 de dezembro de 2011.* Fixa normas, nos termos dos incisos III, VI e VII do **caput** e do parágrafo único do art. 23 da Constituição Federal, para a cooperação entre a União, os Estados, o Distrito Federal e os Municípios nas ações administrativas decorrentes do exercício da competência comum relativas à proteção das paisagens naturais notáveis, à proteção do meio ambiente, ao combate à poluição em qualquer de suas formas e à preservação das florestas, da fauna e da flora; e altera a Lei nº 6.938, de 31 de agosto de 1981. Disponível em: <http://www.planalto.gov.br/ccivil_03/leis/lcp/Lcp140.htm>. Acesso em: 30 maio 2013.

écologistes, scientifiques et commerciaux. La conservation et la reproduction commerciale peuvent être des sites de reproduction pour la faune indigène et exotique, avec des règles différentes pour chacun. Les sites de reproduction doivent être autorisés par l'agence compétente. Il résulte de la lecture de la loi complémentaire n °. 140/ 11 que l'approbation du fonctionnement des centre d'élevage et le contrôle de la collecte des spécimens couvrent toutes les espèces instituées par l'IBAMA.

4.4 Centre d'élevage pour la faune indigène

Les centres d'élevage et de conservation sont réglementés par l'ordonnance no. 139-N / 93, de l'IBAMA, transférant à l'État la compétence d'approuver son fonctionnement, conformément à la loi complémentaire no. 140/11. Selon l'art. 1 de l'ordonnance, les sites de reproduction écologistes sont «des zones spécialement délimitées et aménagées, dotées d'installations capables de permettre la création rationnelle d'espèces sauvages brésiliennes, avec une assistance adéquate"[19].

L'ordonnance susmentionnée détermine que seules les Centre d'élevage qui répondent aux exigences énoncées dans le caput de l'art. 1, en outre, il est nécessaire que les intéressés remplissent les conditions suivantes: avoir l'assistance d'au moins un biologiste ou un vétérinaire; disposer d'installations adaptées à l'alimentation animale; avoir au moins un entrepreneur à temps plein; avoir une capacité financière avérée; conserver le fichier journal dans des registres individuels par animal; maintenir un contact en laboratoire

---

[19]BRASIL. Instituto Brasileiro do Meio Ambiente e dos Recursos Naturais Renováveis – IBAMA. *Portaria n. 139-N, de 29 de dezembro de 1993.* Disponível em: <https:/www.google.com.brurl?sa=t&rct=j&q=&esrc=s&source =web&cd=1&cad=rja&ved=0CC0QFjAA&url=http%3A%2F%2 Fwww.ibama.gov.br%2Findex.php%3Foption%3Dcom_phocadownload% 26view%3Dcategory%26download%3D1199%3Ap-_139_93.p%26id%3D 49%3A_-_%26Itemid%3D331&ei=o9vBUdnJGYmI9QTVs4GwBA&usg=AFQjC NG1k7KeSUSt7sw8xJx-oHTVRv5kxQ&sig2=Ii8BpiJV7fIiFq69CuDWTQ>. Acesso em: 30 maio 2013.

pour une analyse clinique afin d'aider au diagnostic et au traitement de la maladie; présenter un système marquage des animaux; sexage de tous les spécimens; autopsier tous les animaux mourants et enregistrer les informations dans le dossier individuel.

Les spécimens provenant de centre avec le bût de conservation ne peuvent pas être vendus, sinon leur enregistrement peut être annulé immédiatement.

4.5 Centre d'élevage pour la faune exotique

La faune exotique est constituée de toutes les espèces qui ne sont pas présentes naturellement sur le territoire, qu'elles aient ou non des populations libres à l'état sauvage.

Selon le concept IBAMA, les animaux exotiques sont ceux dont la répartition géographique ne comprend pas le territoire brésilien. Les espèces ou sous-espèces introduites par l'homme, y compris les animaux domestiques, dans la nature sont également considérées comme exotiques. D'autres espèces considérées comme exotiques sont celles qui ont été introduites en dehors des frontières brésiliennes et de ses eaux juridictionnelles et qui sont entrées spontanément sur le territoire brésilien.[20]

Ordonnance no. 108/94 déclare que les personnes physiques ou morales qui maintiennent des félins panthera; famille des *ursidés; primates* des familles *ponogidae et cercopithecidae;* les hippopotamidés et les prosbocides de la famille doivent être enregistrés auprès de l'IBAMA en tant que gardiens d'animaux exotiques. Il détermine également que l'enregistrement ne sera donné qu'après autorisation de l'agence municipale et de l'État pour ladite possession et sur présentation d'un croquis de la zone et des détails de la pépinière, conformément aux instructions normatives de l'IBAMA. Les créateurs de faune exotique doiventassistance

---

[20]BRASIL. Instituto Brasileiro do Meio Ambiente e dos Recursos Naturais Renováveis – IBAMA. *Portaria n. 93, de 07 de julho de 1998*. Disponível em: <http://servicos.ibama.gov.br/ctf/manual/html/042200.htm>. Acesso em: 30 maio 2013.

permanente d'un vétérinaire, sexage de toutes les espèces, autopsie de tous les animaux et tenue des registres des animaux. [21]

4.6. Centre de reproduction commerciale de la faune brésilienne et exotique

Il n'y a pas d'interdiction de commercialisation d'animaux exotiques, mais leur création et leur entretien sont régis par les ordonnances IBAMA n. 108/94 (réglemente l'obligation et l'enregistrement dans l'IBAMA des gardiens d'animaux sauvages exotiques) et n. 102/98 (standardise les éleveurs commerciaux d'animaux sauvages exotiques).[22]

Les Centre d'élevage commerciale et les spécimens d'animaux sauvages brésiliens et exotiques peuvent être à la fois des individus et des entreprises.

Le don, l'échange, le prêt ou la vente de ces animaux ne peuvent être effectués qu'entre les zoos enregistrés ou en cours d'enregistrement et les gardiens de la faune dûment enregistrés auprès de l'IBAMA

[21]BRASIL. Instituto Brasileiro do Meio Ambiente e dos Recursos Naturais Renováveis – IBAMA. Portaria n. 108, de 06 de outubro de 1994. Disponível em: <https:/www.google.com.brurl?sa=t&rct=j&q=&esrc=s&source=web&cd=1&cad=rja&ved=0CC0QFjAA&url=http%3A%2F%2Fwww.ibama.gov.br%2Findex.php%3Foption%3Dcom_phocadownload%26view%3Dcategory%26download%3D1191%3Ap-_108_94.p%26id%3D49%3A__%26Itemid%3D331&ei=HuHBUbqmG5Ti8gTN1oC4DQ&usg=AFQjCNGGVp67z RF4P4xdtQBKW4VUHffH7w&sig2=drjfH1oHEw3aQGNw1YVF_g>. Acesso em: 1º jun. 2013.

[22]BRASIL. Instituto Brasileiro do Meio Ambiente e dos Recursos Naturais Renováveis – IBAMA. *Portaria n. 102, de 15 de julho de 1998*. Normatiza os Criadores Comerciais de Fauna Silvestre Exótica. Disponível em: <https://www.google.com.brurl?sa=t&rct=j&q=&esrc=s&source=web&cd=1&cad=rja&ved=0CC0QFjAA&url=http%3A%2F%2Fwww.ibama.gov.br%2Findex.php%3Foption%3Dcom_phocadownload%26view%3Dcategory%26download%3D5572%3A1998_portaria-102-98-Criador_Comercial_Fauna_Exotica%26id%3D77%3ALegisla%25C3%25A7%25C3%25A3o_Fauna&ei=YuDBUZzAMYvm8wSq4YHAAw&usg=AFQjCNGJOi_HVSFIoeNu2SfQBCg6wYEApA&sig2=_umW812Y6OOpo FuH55b6ww>. Acesso em: 1º junho 2013.

[23]BRASIL. Instituto Brasileiro do Meio Ambiente e dos Recursos Naturais Renováveis – IBAMA. *Portaria n. 108, de 06 de outubro de 1994*. Disponível em: <https://www.google.com.brurl?sa=t&rct=j&q=&esrc=s&source=web&cd=1&cad=rja&ved=0CC0QFjAA&url=http%3A%2F%2Fwww.ibama.gov.br%2Findex.php%3Foption%3Dcom_phocadownload%26view%3Dcategory%26download%

(IBAMA, Ordonnance n ° 108).[23]Le renouvellement du registre des gardiens de la faune dépend du rapport annuel et les visites publiques ne sont pas autorisées pour ce type de site de reproduction.

Quant à l'importation de faune exotique, elle est également autorisée, à condition que, conformément à l'ordonnance n. 93/98 de IBAMA.[24] Pour les importations d'animaux sauvages vivants, de produits et de sous-produits énumérés aux annexes I et II de la Convention internationale sur le commerce des espèces de faune et de flore sauvages menacées d'extinction (CITES),[25] une délivrance préalable est requise. licence de cet organisme, en plus de la licence d'exportation du pays d'origine et de la licence du ministère de l'agriculture, de l'approvisionnement et de la réforme agraire en ce qui concerne les exigences de police sanitaire du pays d'origine.

L'exemption de cette licence d'importation est accordée aux espèces possédant des caractéristiques biologiques et comportementales dépendant étroitement de l'homme. En cas d'importation sans autorisation en bonne et due forme d'espèces de faune exotiques inscrites aux annexes CITES, l'importateur sera condamné à une amende et les espèces seront renvoyées au pays exportateur.

4.7. Centre d'élevage à des fins scientifiques

Des Centre d'élevage scientifique sont mis en place à la fois pour des Centre d'élevage sites de reproduction d'animaux sauvages du Brésil pour la recherche scientifique sont réglementés par l'ordonnance n. 16/94, de 140/11.

---

[24]BRASIL. Instituto Brasileiro do Meio Ambiente e dos Recursos Naturais Renováveis - IBAMA. *Portaria n. 93, de 7 de julho de 1998.* Disponível em: <http://servicos.ibama.gov.br/ctf/manual/html/042200.htm>. Acesso em: 23 maio 2013.

[25]Promulgada pelo Decreto n. 76.623/75 (BRASIL. *Decreto n. 76.623, de 17 de novembro de 1975.* Promulga a Convenção sobre Comércio Internacional das Espécies da Flora e Fauna Selvagens em Perigo de Extinção. Disponível em: <http://www.planalto.gov.br/ccivil_03/decreto/Antigos/D76623.htm>. Acesso em: 20 jun. 2013).

[26]BRASIL. Instituto Brasileiro do Meio Ambiente e dos Recursos Naturais Renováveis - IBAMA. *Portaria n. 16, de 04 de março de 1994.* Disponível em: <http://www.ibama.gov.br/fauna/legislacao/port_16_94.pdf>. Acesso em: 20 jun. 2013.

La législation stipule qu'en plus de l'obligation d'enregistrement, les expérimentateurs devront maintenir le système de contrôle des fuites d'animaux, fournir des informations sur le lieu, conclure un terme d'engagement garantissant l'entretien des animaux et envoyer à l'IBAMA une copie des travaux à publier, découlant de la recherche. À la fin de l'expérience, les animaux peuvent être transférés vers des institutions apparentées.

La collecte de matériel biologique à des fins scientifiques nécessite une autorisation de l'administration publique, conformément à la loi complémentaire no. 140/11, et ne peut être accordé qu'à des institutions scientifiques publiques ou privées accréditées par lui. Le scientifique qui peut obtenir l'autorisation de posséder un établissement d'élevage scientifique est le professionnel qui effectue des recherches selon une méthode scientifique.

Actuellement, cette autorisation peut être demandée en ligne par le Système d'information et d'autorisation sur la biodiversité (SISBIO), un système automatisé, interactif et simplifié de présence et d'information à distance. En remplissant des formulaires électroniques en ligne, les chercheurs pourront demander, via Internet, des autorisations d'activités à des fins scientifiques ou didactiques (dans le cadre de l'enseignement supérieur).

4.8. Surveillance de l'élevage

L'IBAMA doit maintenir un contrôle constant des sites de reproduction, en leur demandant de soumettre des rapports annuels, ainsi que de maintenir les factures en double.

Quoi qu'il en soit, l'agence peut inspecter le site de reproduction à tout moment. S'il y a des rapports d'irrégularités dans les sites de reproduction ou en cas de défaillance opérationnelle, l'IBAMA reformulera le projet.

Si les irrégularités ne sont pas corrigées dans le délai légal, la durée de saisie et de dépôt des animaux sera établie et la durée d'engagement sera signée, accordant une nouvelle durée. Une fois celui-ci épuisé, il sera possible d'annuler l'enregistrement, en plus des sanctions civiles et pénales, si les irrégularités persistent. Le sort des

EDNA CARDOZO DIAS ┃———

animaux, dans cette hypothèse, sera le transfert vers un autre centre d'élevage, indiqué par l'IBAMA.

4.9. Importation et exportation de la faune et de la faune exotiques du Brésil

L'importation et l'exportation de la faune brésilienne et de la faune exotique sont réglementées par l'ordonnance IBAMA no. 29, 24 mars 1994.27

Il stipule que seuls les animaux de la faune brésilienne des aires de reproduction commerciales peuvent être définitivement exportés.

L'IBAMA peut toutefois autoriser le départ temporaire d'espèces sauvages brésiliennes pour participer à des expositions spéciales, à des événements scientifiques et éducatifs, et conformément aux accords internationaux de conservation. Dans les deux dernières hypothèses, à la discrétion de l'agence, les animaux importés et leurs descendants continuent d'appartenir au gouvernement brésilien.

Les exportations d'animaux sont conformes aux normes CITES28. Dans le cas de la faune exotique, il n'y a pas de restriction sur la qualité des exportations et des réexportations, à condition que les règles de la présente Convention soient respectées.

---

[27]BRASIL. Instituto Brasileiro do Meio Ambiente e dos Recursos Naturais Renováveis - IBAMA. *Portaria n. 29, de 24 de março de 1994*. Disponível em: <http://licenciamento.cetesb.sp.gov.br/legislacao/federal/portarias/ 1994_Port_IBAMA_29.pdf>. Acesso em: 28 jun. 2013.
[27]Convention on International Trade in Endangered Species of Wild Fauna and Flora – CITES (em português: Convenção sobre o Comércio Internacional das Espécies da Fauna e da Flora Selvagens Ameaçadas de Extinção, ou Convenção sobre o Comércio Internacional das Espécies da Fauna e da Flora Silvestres Ameaçadas de Extinção no Brasil). Também conhecida por Convenção de Washington, é um acordo multilateral assinado em Washington DC, Estados Unidos, a 3 de março de 1973, agrupando um grande número de Estados, tendo como objetivo assegurar que o comércio de animais e plantas selvagens, e de produtos deles derivados, não ponha em risco a sobrevivência das espécies nem constitua um perigo para a manutenção da biodiversidade.(WIKIPÉDIA. *CITES* - Convenção sobre o Comércio Internacional das Espécies da Fauna e da Flora Selvagens Ameaçadas de Extinção, Disponível em: <http://pt.wikipedia.org/wiki/ Cites>. Acesso em: 30 maio 2013.)

L'IBAMA tient un registre pour les particuliers ou les entreprises qui exportent régulièrement. L'importation dépend d'une licence de l'IBAMA et du ministère de l'Agriculture, concernant les exigences sanitaires.

Seuls les animaux de la faune domestique énumérés dans l'annexe de l'ordonnance IBAMA n. 29/94. Tous les ports et aéroports doivent contenir cette liste publiée. Parmi les animaux considérés comme domestiques aux fins de l'ordonnance, on trouve: chien, chat, lapin, cochon d'Inde, rat, souris, chinchilla, cheval, âne, porc, bovins, bovins zébus, buffles, ovins, caprins, colverts, oies , oie canadienne, poulet, caille, faisan poulain, paon, pintade, dinde, pigeon domestique, lama, alpaga, chameau, dromadaire, cygne noir ou cygne blanc, perdrix, oie du Nil , canard mandarin, canard de caroline, rossignol du japon, tadorna, perruche à collier ou agaponis, amandine, décapité, melba, granatina-violet ou *purpur, cordon bleu*, sein ou *menister* céleste, orange, moineau, phaecton, étoile pinson, diamant modeste ou bichenovii ou mandarin, aigus masqué ou à queue courte ou à longue queue, quadricolor, tricolor, bicolor, gould diamond, caulker ou caulker-timor, *manon,* catarins, kingfisher, diamond dove, colombe, calopsitte et perruche.

Le 25 juin 2013, la résolution CONAMA n. 457, qui prévoit le dépôt et la garde provisoires des animaux sauvages saisis ou secourus par les agences environnementales du Système national de l'environnement, ainsi que la remise spontanée, lorsqu'il n'y a aucune justification pour les destinations prévues au § 1 de l'art. 25 de la loi no. 9 605, du 12 février 1998.

La résolution, qui a provoqué de nombreuses protestations dans l'environnement, a établi la possibilité pour l'agence de l'environnement de signer un terme de dépôt pour animaux sauvages (TDAS) ou un terme de dépôt pour animaux sauvages (TGAS), dans le cas d'un animal saisi. , animal livré spontanément ou animal secouru.

CONAMA Résolution no. 457/13 définit ainsi le TDAS et le TGAS dans son art. 2e:

[...]

V - Terme de dépôt d'animaux sauvages - TDAS: terme provisoire par lequel le défendeur assume volontairement le devoir d'entretenir et de manipuler correctement l'animal saisi, objet de l'infraction, tant qu'il n'y a pas de destination en vertu de la loi;

VI - Délai préalable de dépôt: délai provisoire, par lequel l'agent de contrôle, au moment de l'établissement de l'Avis de contrefaçon, par justification, confie exceptionnellement l'animal au défendeur, jusqu'à une autre destination, aux termes de la présente Résolution;

VII - Terme Wild Animal Guard - TGAS: terme provisoire par lequel la personne intéressée, qui ne détenait pas le spécimen, dûment enregistrée auprès de l'agence environnementale compétente, assume volontairement le devoir de garder l'animal secouru, livré ou saisi spontanément, sans être destination en vertu de la loi; [29]

Ces hypothèses ne sont autorisées que dans le cas du groupe des amphibiens, reptiles, oiseaux et mammifères de la faune brésilienne, ou des spécimens autorisés à la reproduction et à la commercialisation en tant qu'animal de compagnie conformément à la résolution CONAMA no. 394 du 6 novembre 2007. Veuillez noter que la liste des animaux acceptés comme animaux de compagnie n'a pas encore été établie par l'IBAMA.

4.10. Chasse

La loi no. 5.197 / 67 encourage la création de clubs de chasse et de parcs à gibier, et prévoit trois formes de chasse: sportive ou amateur, commerciale et scientifique. La chasse commerciale est interdite (2e). Les autres sont réglementés par la loi et peuvent être autorisés par l'organisme compétent, sous réserve des exigences de la loi et des ordonnances.

---

[29]BRASIL. Conselho Nacional do Meio Ambiente – CONAMA. *Resolução n. 457, de 25 de junho de 2013*. Dispõe sobre o depósito e a guarda provisórios de animais silvestres apreendidos ou resgatados pelos órgãos ambientais integrantes do Sistema Nacional do Meio Ambiente, como também oriundos de entrega espontânea, quando houver justificada impossibilidade das destinações previstas no § 1º do art. 25, da Lei nº 9.605, de 12 de fevereiro de 1998, e dá outras providências. Disponível em: <http://www.editoramagister.com/legis_24562269_RESOLUCAO_N_457_DE_25_DE_JUNHO_DE_2013.aspx>. Acesso em: 28 jun. 2013.

Cette position de la législation brésilienne a amené la juriste Anaiva Oberst Cordovil à le dire:

> Notre législation relative à la préservation de la faune n'a curieusement pas pour objet la protection. Sa raison d'être ne réside que dans l'anthropocentrisme humain, que ce soit lorsqu'il protège le bien «enfermé», afin que l'être humain ne soit pas privé de ses loisirs, lorsqu'il fait une caricature de bête animalier, inventant ses actions toujours nuisibles aux animaux non humains, créant règles, qui ne sont même pas respectées, dans le but de sembler un moyen digne d'utiliser et d'éliminer la vie des animaux sensibles.[30]

La chasse telle que définie à l'art. 7 de la loi no. 5.197 / 67, est l'utilisation, la poursuite, la destruction, la chasse ou la collecte de spécimens d'animaux sauvages, lorsque cela est autorisé conformément à cette loi.[31]

La chasse amateur est autorisée lorsqu'elle est autorisée par l'IBAMA. La loi prévoyait également la création de clubs de chasse. Les ordonnances de l'IBAMA devraient établir la zone où la chasse peut avoir lieu, la saison de la chasse, les espèces qui peuvent être chassées, l'emplacement et la quantité d'animaux à chasser. Tous les chasseurs doivent être enregistrés auprès de l'IBAMA. Il convient de mentionner la position de l'avocate Luciana Caetano da Silva sur la chasse amateur:

> La chasse sportive, amateur ou récréative, est une pratique compétitive ou simplement récréative pour tester la capacité du chasseur amateur à capturer ses proies, principalement à l'aide d'instruments de chasse (armes, flèches, pièges), mais sans but. tirer des bénéfices de la capture d'espèces.[32]

---

[30]OBERST, Anaiva. Direito Animal. *Rio de Janeiro: Lumen Juris. 2012. p. XIII.*

[31]BRASIL. Instituto Brasileiro do Meio Ambiente e dos Recursos Naturais Renováveis – IBAMA. *Lei n. 5.197, de 03 de janeiro de 1967.* Dispõe sobre a proteção à fauna e dá outras providências. Disponível em: <http://www.planalto.gov.br/ccivil_03/Leis/L5197.htm>. Acesso em: 28 jun. 2013.

[32]SILVA, Luciana Caetano da. *Fauna terrestre no Direito Penal Brasileiro.* Belo Horizonte: Mandamentos, 2001. p. 51.

Il convient de noter que la chasse de subsistance n'est pas expressément mentionnée dans cette loi.

Un autre type de chasse autorisé avec un permis approprié est la chasse scientifique. Cette autorisation est prévue à l'art. 14 de la loi:

Article 14. Une licence spéciale peut être accordée à tout moment aux scientifiques appartenant à, ou indiqués par, des institutions scientifiques, officielles ou officielles, pour la collecte de matériel destiné à des fins scientifiques.[33]

La chasse ne doit jamais être autorisée sans études préalables. Telle est la position de l'enseignant consacré à l'environnement Paulo Affonso Leme Machado:

[...] l'absence de ces études préliminaires ou leur exécution incomplète représentent des dommages ou des dommages potentiels à la faune. Or, ce bien public naturel peut être défendu par une action populaire, y compris l'octroi d'une injonction, afin de ne pas nuire au patrimoine public[34].

La loi autorise la «destruction d'animaux sauvages considérés comme nuisibles» comme chasse de contrôle, et cette autorisation doit être expressément motivée par le gouvernement.

Il y a des restrictions sur la chasse prévues par la loi. Le commerce des spécimens d'animaux sauvages et des produits et objets qui impliquent leur chasse, persécution, destruction ou ramassage est également interdit par le système juridique, sauf dans le cas de spécimens provenant d'une reproduction dûment légalisée (loi n ° 5.197, art. 3, § 1°).

---

[33]BRASIL. Instituto Brasileiro do Meio Ambiente e dos Recursos Naturais Renováveis – IBAMA. *Lei n. 5.197, de 03 de janeiro de 1967*. Dispõe sobre a proteção à fauna e dá outras providências. Disponível em: <http://www.planalto.gov.br/ccivil_03/Leis/L5197.htm>. Acesso em: 28 jun. 2013.

[34]MACHADO, Paulo Affonso Leme. *Direito Ambiental brasileiro*. São Paulo: Revista dos Tribunais, 1991. p. 414.

4.11. Sanctions administratives

Les sanctions administratives pour les infractions liées aux espèces sauvages, qu'elles soient sauvages, indigènes, exotiques ou domestiques, sont prévues dans la loi no. 9.605 / 98, réglementé par le décret no. 6 514/ 08, dans ses arts. 24 à 42 (Section III, Infractions administratives contre l'environnement, Sous-section I, Infractions contre la faune).[35]

Il prescrit dans cinq ans l'action de l'administration visant à enquêter sur la pratique des infractions à l'environnement, à compter de la date de l'acte, ou, en cas d'infraction permanente ou continue, du jour où elle a cessé (art. 21 du décret) N ° 6 514/08).

L'infraction administrative environnementale est considérée comme toute action ou omission qui viole les règles légales d'utilisation, de jouissance, de promotion, de protection et de récupération de l'environnement.

La responsabilité administrative a pour objet l'application de sanctions, qui ne font pas partie du droit pénal, car elles sont appliquées par l'État dans sa fonction administrative. L'art 72 de la loi no. 9.605 / 98 énumère les types de sanctions applicables aux infractions administratives:

Article 72. Les infractions administratives sont punies des sanctions suivantes, dans le respect des dispositions de l'art. 6e:
I - avertissement;
II - amende simple;
III - amende quotidienne;
IV - saisie d'animaux, de produits et sous-produits de la faune et de la flore, d'instruments, de fournitures, d'équipements ou de véhicules de toute nature utilisés pour l'infraction;
V - destruction ou destruction du produit;
VI - suspension de la vente et de la fabrication du produit;

[35]BRASIL. *Decreto n. 6.514, de 22 de julho de 2008.* Dispõe sobre as infrações e sanções administrativas ao meio ambiente, estabelece o processo administrativo federal para apuração destas infrações, e dá outras providências. Disponível em: <http://www.planalto.gov.br/ccivil_03/_ato2007-2010/2008/decreto/ D6514.htm>. Acesso em 28 jun. 2013.

VII - embargo sur le travail ou l'activité;
VIII - démolition des travaux;
IX - suspension partielle ou totale des activités;
X - (Vetoed)
XI - Restriction des droits.[36]

Les autorités compétentes pour l'émission d'un avis d'infraction environnementale et le dépôt d'une procédure administrative sont les inspecteurs des organes du Système national de l'environnement (SISNAMA). Quiconque constate l'infraction peut adresser une représentation à ces autorités qui, après avoir pris connaissance, sont tenues de promouvoir une enquête immédiate, sous peine de coresponsabilité.

Le moyen de découvrir les infractions est le processus administratif, garantissant le droit à une large défense. Le contrevenant dispose d'un délai de vingt jours pour présenter sa défense, et vingt de plus de la condamnation au tribunal supérieur de SISNAMA. L'autorité, en revanche, dispose d'un délai de trente jours à compter de la date d'émission de l'acte d'infraction pour juger de la procédure, qu'il y ait défense ou mise en accusation.

Condamné à une amende, le contrevenant dispose de cinq jours pour le faire. L'imposition de l'amende est basée sur l'unité, l'hectare, le mètre cube, le kilogramme ou toute autre mesure pertinente de l'objet juridique lésé, ainsi que sur la situation économique du contrevenant.

L'amende simple peut être convertie en services de préservation, d'amélioration et de récupération de l'environnement.

Les sanctions restrictives sont la suspension de l'enregistrement, de la licence ou de l'autorisation; annulation de l'inscription; perte ou restriction des avantages fiscaux; perte ou suspension de la participation aux lignes de crédit dans les établissements de crédit

---

[36]BRASIL. *Lei n. 9.605, de 12 de fevereiro de 1998*. Dispõe sobre as sanções penais e administrativas derivadas de condutas e atividades lesivas ao meio ambiente, e dá outras providências. Disponível em: <http://www.planalto.gov.br/ccivil_03/leis/l9605.htm>. Acesso em: 28 jun. 2013.

officiels; et interdiction de contrat avec l'administration publique pour une période maximale de trois ans. Si le contrevenant commet plus d'une infraction, les sanctions seront cumulatives.

Dans la leçon des frères juristes Vladimir et Gilberto Passos de Freitas dans un ouvrage commun:

> La loi 5 197/67, connue sous le nom de Wildlife Protection Act, a introduit dans le système juridique la forme de protection des animaux sauvages.
>
> Il y a eu de nombreuses innovations. Par exemple, le bien est devenu la propriété de l'État (art. 1) et non du chasseur, comme le prévoit l'art. 595 de l'ancien Code civil de 1916, dispositif non repris dans le Code civil de 2002. La chasse professionnelle est interdite (art. 3) et l'activité des scientifiques est disciplinée (art. 14). Dans l'art. 27 (désormais abrogé par la loi 9.605 / 98), en 1988, a élevé certains comportements dans la catégorie des délits[37].

4.12. Répartition des compétences

La Constitution de la République définie dans son art. 23, VII, que la compétence matérielle pour protéger la faune est commune à l'Union, aux États, au District fédéral et aux municipalités. La compétence commune signifie que les organes doivent agir ensemble. Les pouvoirs privés de l'Union sont prévus à l'art. 21 du CR / 88, celles de l'État à l'art. 25, § 1, et ceux de la Municipalité à l'art. 30

La compétence de légiférer sur la faune, la chasse et la pêche est concurrente, selon l'art. 24, VI de CR / 88.

Dans l'art. 225, § 1, la Constitution énumère les responsabilités du gouvernement dans le but de protéger l'environnement, y compris la protection de la faune (inc. VII).

---

[37]FREITAS, Vladimir Passos de; FREITAS, Gilberto Passos de. *Crimes contra a natureza:* de acordo com a Lei 9.605/98. São Paulo: Revista dos Tribunais, 2006. p. 87.

La répartition des compétences est réglementée par la résolution no. 237, du 19 décembre 1997[38] et dans la loi complémentaire no. 140, du 8 décembre 2011.[39]

La loi complémentaire no. 140 établit des normes, conformément aux points III, VI et VII du caput et au seul paragraphe de l'art. 23 de la Constitution fédérale, pour la coopération entre l'Union, les États, le District fédéral et les communes dans les actions administratives résultant de l'exercice de la compétence commune en matière de protection des paysages naturels remarquables, de protection de l'environnement, de lutte contre la pollution en tout leurs formes et la préservation des forêts, de la faune et de la flore; et modifie la loi no. 6,938, 31 août 1981.

En ce qui concerne la faune, voici la loi complémentaire 140/2011:

> Article 7 Les actions administratives de l'Union sont les suivantes:
> XVI - élaborer la liste des espèces de faune et de flore menacées d'extinction et des espèces surexploitées sur le territoire national, à travers des rapports et des études technico-scientifiques, en encourageant les activités de conservation in situ de ces espèces;
> XVII - contrôler l'introduction dans le pays d'espèces exotiques potentiellement envahissantes qui peuvent menacer les écosystèmes, les habitats et les espèces indigènes;
> XVIII - approuver la dissémination de spécimens d'espèces exotiques de faune et de flore dans des écosystèmes naturels fragiles ou protégés;

---

[38]BRASIL. Conselho Nacional do Meio Ambiente – CONAMA. *Resolução n. 237, de 19 de dezembro de 1997*. Disponível em: <http://www.mma.gov.br/port/conama/res/res97/res23797.html>. Acesso em: 28 jun. 2013.

[39]BRASIL. *Lei Complementar n. 140, de 8 de dezembro de 2011*. Fixa normas, nos termos dos incisos III, VI e VII do caput e do parágrafo único do art. 23 da Constituição Federal, para a cooperação entre a União, os Estados, o Distrito Federal e os Municípios nas ações administrativas decorrentes do exercício da competência comum relativas à proteção das paisagens naturais notáveis, à proteção do meio ambiente, ao combate à poluição em qualquer de suas formas e à preservação das florestas, da fauna e da flora; e altera a Lei nº 6.938, de 31 de agosto de 1981. Disponível em: <http://www.planalto.gov.br/ccivil_03/leis/lcp/Lcp140.htm>. Acesso em: 30 maio 2013.

XIX - contrôler l'exportation de composants de la biodiversité brésilienne sous forme de spécimens sauvages de flore, de micro-organismes et de faune, de parties ou de produits qui en dérivent;

XX - contrôler la collecte de spécimens d'animaux sauvages, d'œufs et de larves;

XXI - protéger la faune et les espèces migratrices incluses dans la relation prévue au point XVI;

XXII - exercer un contrôle environnemental de la pêche au niveau national ou régional;

Article 8 Les actions administratives des États sont:

XVII - élaborer la liste des espèces de faune et de flore menacées d'extinction sur le territoire respectif, à travers des rapports et des études technico-scientifiques, en promouvant les activités de conservation de ces espèces **in situ;**

XVIII - contrôler la collecte de spécimens d'animaux sauvages, d'œufs et de larves destinés à l'établissement de sites de reproduction et à la recherche scientifique, sauf dans les cas prévus au point XX de l'art. 7e; [40]

XIX - approuver le fonctionnement des sites de reproduction de la faune;

XX - exercer un contrôle environnemental de la pêche au niveau de l'État;[41]

---

[40]"Art. 7º São ações administrativas da União: [...] VII - promover a articulação da Política Nacional do Meio Ambiente com as de Recursos Hídricos, Desenvolvimento Regional, Ordenamento Territorial e outras;" (BRASIL. *Lei Complementar n. 140, de 8 de dezembro de 2011*. Fixa normas, nos termos dos incisos III, VI e VII do **caput** e do parágrafo único do art. 23 da Constituição Federal, para a cooperação entre a União, os Estados, o Distrito Federal e os Municípios nas ações administrativas decorrentes do exercício da competência comum relativas à proteção das paisagens naturais notáveis, à proteção do meio ambiente, ao combate à poluição em qualquer de suas formas e à preservação das florestas, da fauna e da flora; e altera a Lei nº 6.938, de 31 de agosto de 1981. Disponível em: <http://www.planalto.gov.br/ccivil_03/leis/lcp/Lcp140.htm>. Acesso em: 30 maio 2013),

[41]BRASIL. *Lei n. 9.605, de 12 de fevereiro de 1998*. Dispõe sobre as sanções penais e administrativas derivadas de condutas e atividades lesivas ao meio ambiente, e dá outras providências. Disponível em: <http://www.planalto.gov.br/ccivil_03/leis/l9605.htm>. Acesso em: 28 jun. 2013.

Nous mettons en évidence l'enseignement de Paulo Affonso Leme Machado sur la compétence des entités fédératives par rapport à la faune:

Faune: Dans la collecte d'échantillons, il est noté que l'Union a pour tâche de «contrôler la collecte de la faune, des œufs et des larves (art. 7e XX) et les États ont pour tâche de« contrôler la collecte des la faune sauvage, les œufs et les larves destinés à l'établissement de sites de reproduction et à la recherche scientifique, sous réserve des dispositions du point XX 7 (art. 8, XVIII). "La tâche administrative de l'Union de contrôler la collecte de spécimens d'espèces sauvages n'a pas de limites et étant limité, il peut même englober la recherche scientifique. Deux finalités spécifiques sont indiquées pour l'action administrative des États: le contrôle doit viser l'implantation de sites de reproduction et la recherche scientifique.

La loi complémentaire 140/2011 a imposé une restriction à la compétence des États, visant à observer la compétence plus large de l'Union. La restriction ou limitation imposée a pour fonction d'alerter les actions de l'État, de sorte que je respecte les actions déjà entreprises par l'Union. " [42]

4.13 Action civile publique

D'après la définition de l'environnement et des ressources environnementales de la loi sur la politique nationale de l'environnement (loi 6.938 du 8/31/81), il est conclu que la faune brésilienne est un environnement et, par conséquent, est sous la protection de l'action civile publique. .

Article 3, I, loi 6.938 / 81 – Environnement – *L'ensemble des conditions, lois, influences et interactions de l'ordre physique, chimique et biologique qui permet, abrite et régit la vie sous toutes ses formes.*

---

[42]MACHADO, Paulo Affonso Leme. Legislação Florestal (Lei 12.651/2012) e Competência e Licenciamento Ambiental (Lei Complementar 140/2011). São Paulo: Malheiros, 2012. p. 68-69.

Article 3, V, loi 6.938 / 81 - Ressources environnementales - Atmosphère, eaux intérieures, eaux de surface et souterraines, estuaires, mer territoriale, sol, sous-sol, éléments de la biosphère, faune et flore.

L'action civile peut être déposée par le ministère public, les agences environnementales, et les organismes de protection de l'environnement. Le citoyen ordinaire et l'avocat peuvent l'utiliser parce que, à travers du ministère public, exigean son initiative par la représentation.

Les principales caractéristiques de l'action civile publique sont qu'il s'agit d'une action qui vise la condamnation pécuniaire et cominatoire, c'est-à-dire qu'elle a la possibilité de déterminer le respect de l'obligation de faire ou de ne pas faire. En revanche, il accepte l'ordonnance de précaution pour mettre immédiatement fin à tout acte réputé préjudiciable aux objectifs de la loi elle-même.

4.14 Action populaire

L'action populaire peut être proposée pour invalider tout acte ou contrat administratif nuisible à la faune. Il devrait s'adresser à l'autorité qui a accompli l'acte.

Le citoyen capable de proposer la présente action doit être brésilien, c'est-à-dire jouir pleinement de ses droits civiques et politiques. Seul l'individu avec son titre électoral peut proposer l'action.

5. LA NATURE JURIDIQUE DES ANIMAUX AU BRÉSIL ET DANS D'AUTRES PAYS

5.1. Code civil brésilien

La plupart des codes civils en vigueur adoptent la différenciation entre les personnes et les biens en fonction de leur capacité à être soumis à des droits et des devoirs. Voyons comment le codage du Brésil les classe et où il les insère.

4.5.2.1 Du peuple

Le Code civil brésilien de 2002 (CC / 02) considère comme personnes physiques, les personnes physiques et las morales. Les personnes physiques sont celles qui peuvent acquérir des droits et des devoirs dans l'ordre civil, tels que déterminés par les art. 1er et 2e du Code. (BRÉSIL, 2002).

En revanche, les personnes morales peuvent être de droit public interne ou externe et de droit privé (art. 40). Les entités juridiques du droit public national sont l'Union, les États, le District fédéral et les territoires, les municipalités, les municipalités / associations publiques et les autres entités publiques créés par la loi (art. 41). Les entités juridiques étrangères sont des États étrangers et d'autres personnes régies par le droit international public (art. 42). Les entités juridiques privées sont les associations, les sociétés, les fondations, les organisations religieuses, les partis politiques, les sociétés individuelles à responsabilité limitée (art. 44). (BRÉSIL, 2002).

Il résulte de ce qui précède que les animaux ne relèvent d'aucun des types couverts par la notion de personne, de sorte que de telles dispositions ne s'appliquent pas à la relation des hommes avec les animaux.

Cependant, une «théorie des droits des animaux» émerge déjà et évolue en ce sens que les animaux doivent être légalement reconnus en tant que personnes non humaines (ou êtres vivants sensibles) ainsi qu'en tant que personnes morales ou juridiques et los incapables. Pour ce faire, cependant, une disposition légale est nécessaire, qui dépend d'une politique législative, apparemment éloignée de la mentalité actuelle des législateurs brésiliens.

La nature juridique des animaux dépend de la politique juridique adoptée, car elle ne peut être définie que par la loi. La reconnaissance que les animaux sont des sujets de droits et non des objets de droit, comme c'est le cas pour les personnes incapables et morales, est une question qui doit être consolidée par la doctrine. Cela dépend de la construction d'un nouveau paradigme juridique, dont nous avons besoin et que nous pouvons construire avec nos discours, nos opinions et notre jurisprudence.

Une théorie surgit lorsqu'un nouveau paradigme concernant une connaissance ou une vue donnée des faits remplace le précédent.

La dynamique socialement, nous devons conduire à un changement de paradigme. Et pour qu'un paradigme soit consacré comme nouveau, sa reconnaissance par un groupe de scientifiques est nécessaire. Par conséquent, nous devons continuer à défendre l'idée que les animaux sont soumis à des droits.

Pour un courant jusanimaliste qui émerge dans le monde entier, être soumis à des droits de manière concomitante signifie avoir la capacité d'acquérir des droits, indépendamment de la capacité d'acquérir des obligations. En plus d'être détenteurs de droits de représentativité substitutive, les animaux, dans ce nouveau paradigme, doivent être reconnus comme sujets de droits. La plupart des jusanimalistes reconnaissent l'animal comme un sujet de droit dépersonnalisé. Cependant, le Code civil brésilien a été un obstacle majeur à l'évolution et à l'acceptation de cette nouvelle théorie.

4. 5.2.2 Des biens

Étant donné que les animaux ne sont pas reconnus comme des personnes, le régime juridique des marchandises s'applique à eux, qu'il s'agisse d'animaux sauvages, exotiques ou domestiques. Alors que la nature est considérée comme un bien commun du peuple et un bien public, selon l'art. 225 de la Constitution de la République (CR / 88) et art. 98 et 99 du CC / 02, les nationaux, selon l'art. 82 du CC / 02, sont considérés comme des biens / objets mobiliers. (BRÉSIL, 1988, 2002).

CC / 02 établit trois catégories de biens, avec subdivisions: i) les biens considérés en eux-mêmes (art. 79 à 91): les meubles (art. 82 à 84), les immeubles (art. 79 à 81), fongibles et consommables (85 à 86), divisible et indivisible (articles 87 à 88), singulier et collectif (articles 89 à 91); biens considérés réciproquement: principal et accessoire (art. 92 à 97); selon la propriété: publique et privée (art. 98 à 103). (BRÉSIL, 2002).

Les biens meubles, qui comprennent actuellement les animaux domestiques et exotiques, sont réglementés dans le livre II, section II, du CC / 02, et sont conceptualisés comme ceux susceptibles à leur propre mouvement, ou à leur retrait par la force, sans altération de substance. ou destination socio-économique. En tant que tels, ils sont soumis à des droits réels et ils respectent les règles des droits de propriété, ce qui entrave souvent les décisions de justice qui tiennent compte des besoins, de la nature biologique et de la sensibilité de l'animal.

Déjà dans le cas des animaux sauvages, classés comme biens publics, l'usage commun des personnes par CR / 88, ont la nature juridique prévue aux art. 98 et 99 du CC / 02 et sont des biens spécialement protégés par la loi.

4. 5.2.3. Biens et choses et avantage que les animaux cessent d'être des choses

La distinction entre le bien et la chose est établie par la doctrine de diverses manières.

Pour Fiuza (2007, p. 183), «Eh bien, c'est tout ce qui est utile aux gens. La chose à droite est tout bien économique, dotée d'une existence autonome et susceptible d'être subordonnée au domaine du peuple ».

Déjà dans l'interprétation de Venosa (2013, p. 308), «Dans le domaine juridique, ce doit être ce qui a de la valeur, en en retirant la notion pécuniaire du terme», et les choses «sont la propriété des hommes».

Elle a obtenu Bevilacqua (1955, p. 152) qui:

> [...] le mot chose, bien que sous certaines relations il corresponde, dans la technique juridique, au terme bien, mais s'en distingue pourtant. Il y a des biens légaux qui ne sont pas des choses: la liberté, l'honneur, la vie, par exemple. Et si le mot chose est, dans le domaine du droit, pris dans un sens plus ou moins large, on peut dire qu'il désigne plus particulièrement les produits qui sont, ou peuvent être, soumis à la loi royale.

> Pour la droite, c'est une utilité, mais dans une plus grande mesure que l'utilité économique, parce que l'économie tourne autour de trois points: le travail, la terre et la valeur; tandis que la loi a pour objet d'autres intérêts, tant individuels que familiaux et sociaux.

N'ayant pas de caractère économique, les actifs ne sont pas nécessairement patrimoniaux. Rizzardo (2008, p. 339-340) corrobore également cette distinction:

> Au sens large, le bien peut ou non être inclus dans une relation juridique, mais il ne se termine pas par une appréciation économique. Juridiquement, le bien constitue la chose matérielle ou immatérielle, pas nécessairement de valeur économique.
>
> Il y a donc des biens économiques et des biens non économiques, et en inclut certains qui ne sont pas inclus dans la relation juridique.

Dans la leçon de João Baptista Villela (2006, p.13):

> Dans la loi brésilienne, les animaux, que la doctrine appelle également semoventes, ont toujours été considérés comme des choses. Le Code civil de 2002, récent dans le temps mais vieux en idées, a raté une excellente occasion de corriger cette distorsion. L'Autriche, l'Allemagne et la Suisse, pays dont les codes civils du XIXe siècle les ont déjà modifiés pour établir ce qui pourrait être le début d'une nouvelle catégorisation des personnages sur la scène juridique. Jusqu'à présent, les êtres concernés par la loi étaient fondamentalement divisés en personnes et en choses.

Selon cette compréhension, la matérialité est ce qui la distingue bien des choses. Les biens peuvent inclure la vie, l'honneur, le bonheur et d'autres valeurs non économiques. En d'autres termes, les marchandises peuvent avoir une valeur matérielle ou immatérielle, peuvent ou non avoir une valeur pécuniaire.

Les pays pionniers dans la modification de la nature juridique des animaux sont l'Autriche, l'Allemagne, la Suisse, la France et le Portugal. Les trois premiers indiquent clairement dans leur Code civil que les animaux ne sont pas des choses ou des objets. Le Code civil français reconnaît les animaux comme des êtres sensibles. Examinons ce que chacun de ces codes présente en termes d'évolution vers une législation plus conforme à la «théorie des droits des animaux".

4. 5.3 Législation européenne

Certains pays européens ont avancé leur législation et ont déjà modifié leur code civil en stipulant expressément que les animaux ne sont pas des choses ou des objets, bien qu'ils soient régis s'il n'y a pas de loi spécifique, par le régime juridique des marchandises. Cette mesure symbolique peut être considérée comme une avancée, un premier pas vers l'évolution du statut juridique des animaux, car elle peut conduire à reconnaître que les animaux, bien que non reconnus comme personnes, ne sont pas des objets ou des choses.

4. 5.3.1 Législation de l'Autriche

Le Code civil autrichien (Allgemeines Bürgerliches Gesetzbuch - ABGB) de 1811 a introduit l'art. 285A, qui est entré en vigueur le 1er juillet 1988, stipulant expressément que "les animaux ne sont pas des choses; ils sont protégés par des lois spéciales", ajoutant que les lois qu'ils ont sur les choses« ne s'appliquent que s'il n'y a pas de réglementations divergentes"[43]. (AUTRICHE, 1811, notre traduction).

L'initiative pionnière de l'Autriche était d'une grande importance car il n'y avait aucune limite légale à l'exploitation animale dans aucun pays lorsque la question concernait les droits de propriété. L'animal a toujours été considéré comme un objet dans l'industrie, l'agriculture et d'autres domaines économiques. Pour la première fois, la relation homme-animal était soumise à au moins un principe fixé par la loi. Ce changement n'a pas empêché l'utilisation et l'exploitation économiques de l'animal, mais a établi une limite à respecter par des lois spéciales.

4. 5.3.2 Législation allemande

Le Code civil allemand (BGB) de 1896, au 1er septembre 1990, se lit désormais comme suit:

---

[43]No original: "§285ª Tiere sind keine Sachen; sie werden durch besondere Gesetze geschützt. Die für Sachen geltenden Vorschriften sind auf Tiere nur insoweit anzuwenden, als keine abweichenden Regelungen bestehen".

Division 2 - Choses et animaux

Article 90 - Concept de chose Seuls les objets corporels sont définis par la loi comme des choses. Section 90a - Animaux Les animaux ne sont pas des choses. Ils sont protégés par des statuts spéciaux. Ils sont régis par la loi applicable aux choses, avec les adaptations nécessaires, sauf disposition contraire. (ALLEMAGNE, 1896, c'est nous qui soulignons, notre traduction) .[44]

Comme on peut le voir, le BGB sépare les choses des animaux, qui restent liés au régime juridique des marchandises s'il n'y a pas de loi spéciale. On observe qu'il s'agit d'une séparation négative - «les animaux ne sont pas des choses» - et qu'il n'y a pas de disposition pour un traitement différencié en raison de leurs caractéristiques.

4. 5.3.3 Droit suisse

La Suisse a modifié le statut des animaux dans son Code civil du 1907, introduisant, le 4 octobre 2002, le point II de l'art. 641a:

Quatrième livre: Des droits réels.
Première partie: de la propriété.
Titre dix-huit: Dispositions générales

Article 641 A - Eléments du droit de propriété
I- En général
[1] Le propriétaire d'une chose a le droit d'en disposer librement, dans

---

[44]No original: "Division 2 - Things and animals
Section 90 Concept of the thing
Only corporeal objects are things as defined by law.
Section 90a Animals
Animals are not things. They are protected by special statutes. They are governed by the provisions that apply to things, with the necessary modifications, except insofar as otherwise provided."

les limites de la loi.

2 Il peut le réclamer au détenu et récupérer toute usurpation.

Article 641a (introduit le 4 octobre 2002 et entré en vigueur après avril 2003).

II. Animaux 1 Les animaux ne sont pas des choses.

2 Sauf indication contraire, les dispositions des choses sont également valables pour les animaux.[45]

(Suisse, 1907, notre traduction).

Le processus de modification du Code civil suisse pour modifier le statut juridique des animaux a commencé avec les initiatives des parlementaires François Loeb et Suzette Sandoz, respectivement nommés "L'animal, être vivant» et «Animaux vertébrés". (Animaux vertébrés), tous deux présentés au Congrès national de ce pays.

Après avoir été rejetée au Congrès, la société civile s'est mobilisée en lançant deux initiatives. L'un d'eux, soutenu par la Protection suisse des animaux, la Société des vétérinaires suisses, la Société cynologique suisse et la Fondation pour l'animal en droit, a obtenu 125 000 signatures. L'autre, proposé par Franz Weber,

---

[45]No original: "Livre quatrième: Des droits réels. Première partie: De la propriété. Titre dix-huitième: Dispositions générales.

Art. 641 A. Eléments du droit de propriété I. En général[1]

[1] Le propriétaire d'une chose a le droit d'en disposer librement, dans les limites de la loi.

[2] Il peut la revendiquer contre quiconque la détient sans droit et repousser toute usurpation.

Art. 641a[1] A. Eléments du droit de propriété / II. Animaux

II. Animaux

[1] Les animaux ne sont pas des choses.

[2] Sauf disposition contraire, les dispositions s'appliquant aux choses sont également valables pour les animaux."

comptait plus de 100 000 signatures. (MOGINIER, 2000).

En janvier 2002, la commission des affaires juridiques a présenté au Conseil d'État un rapport contenant l'initiative parlementaire intitulée *Les animaux dans l'ordre juridique suisse*, proposant, entre autres, que la législation ne devrait pas seulement arrêter les animaux en tant que choses et les traiter comme une catégorie distincte (disposition qui est finalement entrée en vigueur dans le Code civil; ainsi que prévoir sa propriété et son mode d'acquisition et réglementer sa disposition dans le chapitre sur les successions (COMMISSION DES AFFAIRES ..., 2002).

Bien que plusieurs propositions aient été acceptées dans le Code civil suisse, il ne tient pas compte de la sensibilité des animaux, un aspect qui a été accepté par le Code civil portugais, comme nous le verrons plus loin.

4. 5.3.4 Droit français, protection affirmative

La France a modifié le Code civil le 28 janvier 2015. Le plus grand mérite de sa législation est que, tandis que l'Autriche, l'Allemagne et la Suisse cherchent à protéger les animaux à l'aide d'un négatif, c'est-à-dire que «les animaux ne sont pas ce sont des choses », ajoute-t-elle, affirmant que la protection affirmative est que les animaux sont des êtres vivants dotés de sensibilité.

Livre II: Marchandises et différentes modifications de propriété

> Article 515-14
> (Créé par la loi n ° 2015-177 du 16 février 2015, art. 2)
> Les animaux sont des êtres vivants dotés de sensibilité. Sous réserve des lois qui les protègent, les animaux sont soumis au régime de

---

[46]No original: "Livre II: Des biens et des différentes modifications de la propriété
Article 515-14
(Créé par LOI n°2015-177 du 16 février 2015 - art. 2)
Les animaux sont des êtres vivants doués de sensibilité. Sous réserve des lois qui les protègent, les animaux sont soumis au régime des biens".

EDNA CARDOZO DIAS

propriété.46 (FRANCE, 1804, notre traduction).

Toujours en France, le code rural et la pêche maritime de 2010 reconnaissait déjà les animaux comme des êtres sensibles, établissant dans ses dispositions générales, au chapitre 4, consacré à la protection des animaux, les éléments suivants:

Section 1 - Dispositions générales
Article L214-1

Chaque animal est un être sensible et doit être placé par son propriétaire.
compatible avec les impératifs biologiques de son espèce.[47]
(FRANCE, 2010, notre traduction).

La protection affirmative offerte par la codification française est le résultat d'un processus impliquant la société civile, les intellectuels et surtout les juristes, qui ont proposé en 2005 une formule, qui a finalement été adoptée par l'Assemblée nationale française. Il est souligné que pour une efficacité réelle, cette protection nécessitera des lois spécifiques conçues pour créer des obligations et des interdictions qui protègent réellement les animaux.

Historique de l'évolution du Code civil français

En 2013, l'ONG française Fondation 30 millions des amies a lancé une pétition sur les réseaux sociaux, à remettre à l'Assemblée nationale française, qui entendait recueillir 1 million de signatures réclamant le changement de statut juridique des animaux dans ce pays. L'organisation a pu recueillir 770 000 signatures, soutenues par 24 intellectuels, dont Jean-Pierre Marguénaud[48], professeur à la Faculté

---

[47]No original: "Section 1: Dispositions générales
Article L214-1
Tout animal étant un être sensible doit être placé par son propriétaire dans des conditions compatibles avec les impératifs biologiques de son espèce".
[48]Autor do livro *Animaux et droits européens au-delà de la distiction entre les hommes et les choses*, Editions A. Pedone/França/2009, diretor da *Revue Semestrielle de Droit Animalier*, Université de Limoges, Professor de Direito privado e de Ciências Criminais da Université de Limoges, Membro do l'Institut de Droit Européen des Droits de l'Homme-I.D.E.D.H. (EA 3976), Université Montpellier.

de droit et des sciences économiques de Limoges.

L'Assemblée nationale française a finalement approuvé la formulation suggérée - «les animaux sont des êtres vivants sensibles» - connue sous le nom d'amendement Glavany, venant en France pour devenir la nation à l'avant-garde de l'amélioration de la législation animale.

Dans l'article *La question du droit juridique de l'animal: Le passage irréversible de l'étape du ridicule à l'étape de la discussion*, prof. Marguénaud cite les opinions de différents auteurs aux opinions divergentes sur la nature juridique des animaux et s'interroge sur la difficulté d'appliquer les modifications mentionnées dans le Code civil. A la lecture de son texte, il est clair que les jusanimalistes, dont Marguénaud lui-même, comprennent que la création d'une catégorie sui generis pour les animaux conforme à leur nature est la plus correcte. Certains scientifiques qui s'opposent au libellé actuel du Code français trouvent absurde de parler de biens mobiles sensibles. (MARGUÉNAUD, 2013).

Dans un autre ouvrage, Marguénaud (2009, p. 50) explique que la protection des animaux est née avec le droit pénal. Selon lui, en France, depuis la loi Grammont (1850) et les lois pénales ultérieures, les animaux sont protégés par leur sensibilité et même contre leur propriétaire qui lui inflige des mauvais traitements.

L'auteur affirme et conclut:

[...] Comment les animaux pourraient-ils continuer à être classés comme meubles ou immeubles, c'est-à-dire comme biens soumis au droit de propriété, si les prérogatives absolutistes du propriétaire sont limitées dans leur propre intérêt?

[...] les propriétaires d'animaux ne sont pas propriétaires au sens habituel du terme, car ces êtres vivants autoprotégés ne sont plus

---

[49]No original: "Comment ces animaux peuvent-ils continuer à êtrer qualifiés de meubles ou d'imeubles, c'est-à-dire de biens soumis au droit de propriété, si les prerogatives absolutistes de celui qui em est officiellement le propriéterais sont limitées dans leur propre intérêt?
[...] c'est peute-être qu"ils n'en sont plus véritablement propriétaires au sens habituel du terme et que ces êtres vivants protégés pour eux même ne sont plus rationellment des biens".

rationnellement bons.[49] (MARGUÉNAUD, 2009, p. 51-52).

En mai 2005, l'avocate française Suzane Antoine, avocate à la chambre d'honneur de la cour d'appel de Paris et membre de la Ligue française des droits des animaux (décédée en mars 2015), a rédigé le rapport Rapport sur le juridique de l'Animal, publié par le ministère de la justice de France, résultat de la proposition conjointe de plusieurs juristes de traiter de l'insertion dans le Code civil d'un nouveau concept d'animal: comment être sensible. (ANTOINE, 2005).

Dans ce rapport, l'auteur cherche un moyen de concilier la nature juridique particulière des animaux avec l'importance de leur rôle économique pour le secteur commercial. Face à la difficulté de créer une catégorie spécifique pour les animaux dans la loi, Antoine réfléchit et suggère:

> Dans le cas où le législateur jugerait inapproprié de créer une catégorie animale entre les personnes et les biens, l'animal restera lié au droit des biens. Si l'animal doit rester dans la catégorie des biens, il doit être classé comme «bien protégé».
>
> Pour qu'un animal rentre dans le droit des biens, sans masquer sa véritable nature, il doit appartenir à une catégorie particulièrement protégée, spécialement créée pour lui, au sein du chapitre des biens.
>
> L'animal serait une propriété protégée appropriée sans personnalité juridique mais ayant une définition juridique précise. Le terme «bien protégé» ne ferait pas référence à la protection des biens mais à la protection de l'intérêt personnel de l'animal. Le droit civil, en harmonie avec le droit pénal, contiendrait ainsi les éléments fondamentaux du

---

[50] No original: "Dans l'hypothèse où le législateur estimerait inopportun de créer une catégorie animale se situant entre personnes et biens, l'animal resterait alors attaché à celle des biens. Si l'animal devait rester dans la catégorie des biens, il faudrait au moins lui donner une qualification de "bien protégé".
Pour que l'animal reste intégré au droit des biens, sans occulter sa véritable nature, il devrait appartenir à une catégorie particulière, spécialement créée pour lui, dans le chapitre des biens.
L'animal serait un bien protégé appropriable, sans personnalité juridique, mais faisant l'objet d'une définition juridique précise. Le terme de bien protégé ferait référence, non pas à la protection de sa propriété, mais à la protection de son intérêt propre. Le droit civil, em harmonie avec les textes du droit pénal, comporterait ainsi les éléments fondamentaux d'um régime juridique de l'animal".

régime juridique d'un animal.[50] (ANTOINE, 2005, p. 29).

Et c'est sur la base de ce rapport que le Code civil français a été modifié. Les autres pays analysés dans cet article ont suivi le même raisonnement et la même idée. Dans leurs codes, ils ont précisé que les animaux sont protégés par des lois particulières. En outre, ils les ont insérés dans les dispositions relatives aux marchandises, à condition qu'elles soient protégées par des lois particulières, mais soulignant que ces dispositions leur sont applicables dans la mesure où il n'y a pas de disposition contraire.

Selon Antoine (2005, p. 30):

> Cela signifie que les animaux sont reconnus comme ayant une place particulière dans la législation. En affirmant que les animaux ne sont pas des choses, ce dispositif les sépare du droit commun des marchandises en se référant à textes protecteurs qui les régissent.[51]

4. 5.3.5 Législation du Portugal

Plus récemment, le Portugal, par la loi no. 8/2017, du 3 mars, a établi un statut juridique des animaux, modifiant, entre autres règles, le code civil et le code pénal de ce pays. Depuis le 1er mai 2017, cette loi ne considère plus les animaux comme des "choses", désormais reconnues comme des "êtres vivants doués de sensibilité et objet de protection juridique". La nouvelle législation couvre tous les animaux, en particulier les animaux de compagnie.

Article 1 Objet

> Cette loi établit un statut juridique des animaux, reconnaissant leur nature d'êtres vivants sensibles, modifiant le Code civil, approuvé par le décret-loi n° 47 344, du 25 novembre 1966, du Code de procédure Civil, approuvé par la loi n° 41/2013 du 26 juin et le Code pénal,

---

[51] No original: "Cela signifie que les animaux sont reconnus comme ayant une place particulière dans la législation. En disant que les animaux ne sont pas des choses, ces dispositions les écartent du droit ordinaire des biens en rappelant l'existence des textes protecteurs qui les régissent".

approuvé par le décret-loi n ° 400/82 du 23 septembre.
Article 2 Modifications du code civil

Les articles 1302, 1305, 1318, 1323, 1733 et 1775 du code civil [...] sont remplacés par le texte suivant:

"Article 1302

[...]

1 - Les choses corporelles, mobilières ou immobilières peuvent faire l'objet du droit de propriété réglementé par ce code.

2-peut également être soumis au droit des animaux de propriété, selon les termes de ce code et de la législation spéciale. (PORTUGAL, 2017, nous soulignons).

En ce qui concerne les animaux de compagnie («animaux de compagnie» en vertu de la loi), la loi stipule qu'ils doivent être «confiés à un ou aux deux conjoints, en tenant compte, entre autres, des intérêts de chaque conjoint et des enfants du couple et aussi le bien-être de l'animal »(article 1793-A), révélant la même préoccupation que celle portée aux enfants de conjoints séparés ou divorcés.

La caractérisation d '«être sensible» exprimée dans son art. 1 est une percée par rapport au codage animal européen abordé ici ct cst un stimulant pour la réalisation du jusanimalisme.

4. 6 Législation brésilienne

La législation brésilienne actuelle sur les animaux révèle un retard par rapport aux dispositions légales de l'Autriche, de l'Allemagne, de la Suisse, de la France et du Portugal sur le même sujet. Dans diverses dispositions de notre Code civil, les animaux sont traités comme des choses. Il faut avancer.

Jusqu'à présent, deux projets de loi sont à l'étude au Congrès avec des propositions pour reconnaître les animaux en tant qu'êtres vivants: PL 6799/2013 et PL 351/2015.

En ce qui concerne certaines législations européennes et les projets de loi en cours de traitement au Brésil, le fait que les animaux soient reconnus comme "non-objets / choses" ou comme "êtres sensibles", même si inséré parmi les biens, il s'agit déjà d'un petit pas vers un changement de paradigme juridique par rapport au droit animal. Ici au Brésil, la faune a déjà une loi spéciale qui la protège, ce qui rend les animaux particulièrement protégés, bien que les animaux de la faune indigène ne soient pas des biens soumis à de vrais droits.

Bien que CR / 88 accorde aux animaux des droits fondamentaux et la loi no. 5.197 / 67 réglementent la protection des animaux sauvages, la conservation des espèces et des écosystèmes étant assurée, en fait les animaux en tant qu'individus ne sont protégés que par le droit pénal. Les droits de propriété sur les animaux ne sont actuellement limités que par le droit pénal, qui les protège des abus.

Ainsi, la reconnaissance juridique que les animaux sont des êtres sensibles et / ou la reconnaissance expresse dans la loi que non les choses, et qu'elles ont un caractère juridique sui generis, renforcerait sans aucun doute l'efficacité des lois animales. la protection des animaux. Ils encourageraient et appuieraient également le pouvoir judiciaire pour faire appliquer le droit des animaux, créant de nouveaux paradigmes d'interprétation dans le domaine du droit civil. Tout comme dans le contexte du droit pénal environnemental, des principes particuliers qui diffèrent du droit pénal classique s'appliquent, il est temps pour le droit civil classique d'envelopper de nouveaux principes en faveur des animaux. Les intérêts des animaux doivent être pris en compte dans l'interprétation et l'application des lois afin qu'elles s'adressent non seulement à l'humanité mais aussi à la biodiversité.

Il est clair qu'il est urgent et nécessaire de modifier le statut juridique des animaux pour qu'ils soient traités comme des êtres vivants; soit par une protection affirmative, reconnaissant que les animaux sont des êtres vivants sensibles, soit par une protection négative, en déclarant que les animaux ne sont pas des choses et ont une nature juridique sui generis. La reconnaissance juridique du fait que les animaux sont sujets de droit dépersonnalisé exclura définitivement l'interprétation selon laquelle les animaux sont objets de droit. La science reconnaît la sensibilité des animaux et la science juridique doit suivre l'évolution des autres sciences.

Chapitre 5

CRUAUTÉ ENVERS LES ANIMAUX

5.1 CODES MORAUX ET SACRALISATION DES ANIMAUX

La terre, notre mère

Les religions ancestrales considéraient l'univers comme une grande mère. Les grandes déesses représentaient la Mère ou le principe générateur de vie. La capacité de concevoir une nouvelle vie humaine, d'accoucher, de produire du lait et de saigner à travers les phases de la lune, a inspiré la peur et le respect. Elle seule avait le pouvoir de produire et de nourrir la vie. Sans elle, la nouvelle vie serait éteinte.

À Babylone, la grande déesse est Ishtar, la mère de Tammuz. Astarté est adoré par les Hébreux, les Phéniciens et les Cananéens, selon la liturgie. En Egypte, nous avons Isis. En Phrygie, nous avons Cybele, identifié plus tard avec les déesses Rea, Gea, Demeter et leurs équivalents romains, Tellus, Ceres et Maia. Mais le plus célèbre est Artémis, connu par les Romains sous le nom de Diane, déesse de la chasse et de la lune.

Le culte de la Grande Mère était la religion la plus répandue dans les sociétés primitives.

La domestication des plantes et des animaux, premier pas vers la construction de sociétés humaines complexes, aurait supposé la fragmentation de la vision sacralisée de la nature.

L'augmentation de la population a conduit l'être humain à domestiquer et le nomadisme est devenu bon pour l'homme. Avec la d' un lien entre l'acte sexuel et la fécondation, un véritable culte du phallus a commencé, qui a abouti à l'origine du patriarcat et à la profanation de la nature.

Avec l'éruption du monothéisme hébreu et son déroulement dans le christianisme et l'islam, le premier pas a été franchi vers la profanation de la nature et sa conception en tant que grande mère.

Dans le monde mystique, l'énergie féminine de l'univers est représentée par les Andes, tandis que l'énergie masculine est représentée par l'Himalaya, pôles négatifs et positifs de la planète et régions de grandes forces magnétiques. Cette énergie féminine a tellement touché les habitants des Andes que ce peuple (les Incas) a identifié notre Terre comme Pachamama, la mère de toute vie, la divinité exaltée du monde, celle qui nous apprend à tout aimer inconditionnellement et nous montre le travaille comme une vertu très élevée, car en aimant tout et en construisant avec le travail, nous devenons sages.

Mircea Eliade, l'un des plus grands penseurs de notre temps et expert en étude comparative des religions, a montré dans "Le sacré et le profane" que les peuples appelés primitifs par les évolutionnistes ont sacralisé tous les aspects de la réalité: le temps, l'espace, la nature non humaine, les sociétés humaines et l'individu lui-même. Pour eux, la nature était une entité constituée d'êtres organiquement liés entre eux et imprégnés de particules d'une seule divinité (panthéisme), ou qui avaient une âme (animisme) ou même habitée par des divinités (polythéisme).[1]

Peuples primitifs et chamanisme

Le chamanisme est un nom générique d'origine sibérienne pour désigner les pratiques des guérisseurs et des sorciers des cultures archaïques - c'est l'un des domaines qui a retenu l'attention des chercheurs modernes de divers domaines. Le chamanisme est un phénomène culturel, social et spirituel extrêmement archaïque. Les manifestations chamaniques les plus anciennes datent du Paléolithique (les rituels de chasse dans les peintures). Il survit presque inchangé

---

[1]ELIADE, Mircea. O sagrado e o profano. Lisboa: Livros do Brasil, s/ d.

EDNA CARDOZO DIAS ▌

en Asie, Océanie, Arctique (Esquimaux) et principalement en Afrique et dans les Amériques.

L'animal a toujours joué un rôle crucial dans le chamanisme. Dans le premier plan archaïque, l'animal et l'être humain ne différaient pas, ils étaient comme une seule entité. Cela peut être vu à partir de peintures rupestres telles que la grotte Très Frères en France (25 000 ° C). Ici vous pouvez voir un chaman vêtu de la peau et de la tête d'un cerf, la queue de l'animal passant entre les les jambes Les innombrables représentations de la grande déesse, Dame des bêtes et la légende du premier chaman, scellent cette communion entre l'homme et la bête.

Le culte de la Grande Déesse est bien avant d'écrire et nous trouvons des peintures rupestres montrant des bisons, des chevaux, des ours, des cerfs et des dizaines d'autres animaux. Ils sont au cœur des rituels de chasse qui s'expriment grâce aux animaux sacrés qui constituent une puissante source de vie, l'énergie vitale même de celui qui la mange. À ce stade, il y avait aussi des représentations fréquentes de la Grande Déesse en tant que Dame des Bêtes (avec leurs animaux sacrés), en tant que déesse mère du hibou, ou en tant que Madone avec son fils sur ses genoux.

On croyait que la femme était enceinte de sang menstruel. C'est pourquoi des sacrifices de sang étaient toujours offerts à la Terre Mère pour demander beaucoup de nourriture. Jusqu'à des millions d'années plus tard, le sacrifice du sang était échangé contre le sacrifice de soi (culpabilité).

Dans la Grèce archaïque, l'image de la grande mère animale nourrit le petit Zeus comme un serpent, une truie ou une vache. Rhéa - Cybèle, aux Romains, est représentée assise sur un trône et flanquée d'animaux.

Les sépultures et les yachts sibériens nous racontent la légende de l'émergence du premier chaman, qui aurait été engendrée par l'aigle (symbole de la conscience) et une femme (identifiée à la liberté). Par conséquent, dès le début, le chaman est un mélange de divin, humain et animal.

Le pouvoir des chamans est directement lié à leurs totems, ou en d'autres termes, à leurs alliés animaux. Pour un chaman, un homme n'est ni meilleur ni plus conscient qu'un animal. Le chaman offre à l'esprit de l'animal le respect et la dévotion, tandis que l'animal offre des conseils et de l'aide. Les animaux, ainsi que les pierres, pour la les chamans ont des esprits puissants, chacun avec leurs propres talents, et sont qualifiés pour aider les gens avec des tâches spécifiques. L'un des principaux cadeaux offerts par le pouvoir des animaux au chaman dans ses tâches est la protection et la tutelle. Ils découvrent souvent leurs animaux de pouvoir en leur permettant de faire surface lors d'une danse spontanée ou en ayant une vue sur l'animal.

Pour les chamans, les crises du monde d'aujourd'hui ne sont pas une surprise. Ils sont le résultat du déséquilibre causé par le manque de respect, et ce déséquilibre conduit finalement à la perte de pouvoir d'un chaman.

Les chamans enseignent qu'en apprenant à communiquer avec les pierres et les animaux, il ne faut pas oublier que la clé du succès est le respect. Pour réussir, nous devons coopérer avec l'environnement.

Pour les chamans andins de fin de siècle XXI, depuis 1992, une nouvelle ère pour le monde a commencé, avec l'arrivée du dixième Pachakuti. Pachakuti signifie «ce qui transforme la terre». Il annonce le début d'une nouvelle ère de transition et de changement. Et elle se caractérise avant tout par la présence de la Mère. Et, selon les Incas, cela ne signifie pas que la femme dominera le monde, mais que l'homme deviendra de plus en plus conscient de la nécessité d'apporter le sentiment de la mère dans son cœur. . Car en effet, l'homme n'aurait besoin d'aucune autre loi que l'amour, puisqu'il nous donne la conscience de la réciprocité et du service, qui doit être le vice de l'être.

Sacralisation des animaux en Egypte

Bien que la première tentative de construction du monothéisme ait été attribuée au pharaon Aquenaten au XIVe siècle, qui à la suite de la fusion des dieux Ra et Amon, tous deux représentés par le soleil, a tenté d'imposer le dieu Ato, l'hymne d'Ato, composé. dit-il, il ne laisse aucun doute qu'il était œcuménique et avait un grand amour pour la nature: «tout le monde fait ses devoirs / tous les animaux sont satisfaits de leurs pâturages; / les arbres et les plantes fleurissent./ les oiseaux qui volent de leurs nids / ont leur ailes déployées à la louange de votre Ra. /

Tous les animaux ils sautent sur leurs pieds / Tout ce qui vole et brille, / Vit quand vous êtes venu à eux./ Les navires voyagent vers le nord et le sud, / Car tout le chemin s'ouvre devant vous / Le poisson dans la rivière est jeté devant votre visage / Vos rayons sont au milieu du grand océan vert. / Que de choses avez-vous faites! / Elles sont cachées à la face de l'homme./ O Dieu, aucun autre n'est égal à vous! / Vous avez vous-même créé le monde selon votre volonté, / Pendant que vous étiez encore seul: / tous les hommes , le bétail et les animaux sauvages, / tout ce qui marche sur la terre de ses propres ailes. »[2]

Dans la civilisation égyptienne, nous trouvons des fresques traitant de la chasse sur le Nil et de l'alimentation des animaux dans les fermes. Parmi les membres de la civilisation égéenne, la corrida était un amusement commun, bien que pratiquée d'une manière plus dangereuse pour l'homme que pour le taureau.

Mais c'est en Égypte même que l'on retrouve la sacralisation des animaux comme cela s'est produit avec le chat. En Égypte, le chat était considéré comme un animal sacré, qui a reçu de curieux hommages après sa mort. Un temple a été érigé pour la déesse chat Batest. Elle était représentée avec un corps de femme et une tête de chat, et elle tenait l'instrument de musique des ballerines dans une main et la tête de lionne dans l'autre, ce qui signifiait qu'à tout moment elle pouvait se transformer en l'une des trois déesses lionnes - Sekmet, Pekhet et Tefnut. . La loi était très stricte avec ceux qui attaquaient les chats. Les chats morts ont été embaumés et offerts à Batest. Des cimetières de chats ont été découverts par des archéologues lors de leurs fouilles en Égypte.

Le temple de Batest a été décrit par l'historien grec Herodoto, qui s'est rendu en Égypte en 450 après JC. Ce temple luxueux était situé dans la ville de Bubasti, sur une île entourée par les canaux du Nil.

Certains attribuent cette appréciation au chat pour son rôle de gardien des greniers en Egypte. D'autres cherchent des raisons plus profondes, donnant au chat le pouvoir d'exorciser l'environnement.

---

[2]Apud Soffiati Arthur. As religiões da crise ambiental da atualidade. Datil. Inédito. Esta versão foi publicada em Pinski Jaime. 100 textos de história Antiga. São Paulo: Hucitac, 1971.

Le temples égyptiens étaient gardés par des chats, à qui les sensibles attribuent des pouvoirs paranormaux, qui devraient être connus des prêtres égyptiens, qui connaissaient bien les lois de la physique et l'art de la magie.

Les Egyptiens adoraient les animaux et diverses figures de divinités théomorphes se trouvent dans les temples égyptiens. Les images signifient que le pouvoir peut être incarné de plusieurs façons. Les représentations semi-humaines des dieux expriment une pensée qui accepte l'homme sans rejeter l'animal.

La découverte du «Livre des morts» révèle des éléments qui ramènent l'ordre éthique et juridique de l'Égypte ancienne à la morale et au droit. Il contient plusieurs règles qui exigent le respect de tout ce qui vit:

"Dès qu'il atteint le salut, l'homme, en présence des divinités, doit leur dire qu'il n'a pas fait souffrir les autres, n'a pas utilisé la violence envers sa famille, n'a pas substitué la justice à l'injustice, n'a pas causé la faim, n'a pas tué, n'a pas commis de péché contre la nature avec d'autres hommes" (El Libro de los Muertos, éd. Cast. Barcelone, 1989, p. 147-151.

L'animal dans l'hindouisme

En Inde, les animaux sont considérés comme sacrés et l'hindouisme adopte l'idée d'un panenthéisme (Dieu est en tout), contrairement au panthéisme (Dieu est tout).

"Ceux qui adoraient le soleil n'étaient pas plus primitifs que ceux qui croyaient à le trouver dans une idole de pierre ou d'or. Ce n'étaient plus ceux qui cherchaient Dieu avec zèle et adoraient la grenouille, par son sens de la fécondation, le serpent qui a le poison, la vie et met son corps en cercle, qui est lui-même le mandala infini de l'univers. Ceux qui adoraient la panthère noire, le loup ou l'éléphant blanc n'ont pas plus tort que ceux qui l'ont humanisé en vénérant les avatars, les prophètes et les saints. Dieu est partout, sous toutes ses formes, car il est l'esprit de la terre et la seule énergie née du néant en l'absence de tout, être lui-

même la vie. "[3]

Le Code védique de l'Inde est basé sur l'unité de la vie. Pour l'hindouisme, la seule différence qui existe entre les animaux et les humains est le degré d'évolution. Les avatars, incarnations des dieux, se présentent sous des formes animales: matsya ou poisson, kurma ou tortue, vararha ou sanglier, *narasimha* ou lion-man, *vamana* ou nain. Le seigneur Ganesha est associé à l'éléphant, Shiva au serpent, Durga au lion, Sarasvati au paon, etc. Beaucoup d'animaux sont sacrés, comme la vache. Le code védique prévient que toute personne qui tue et mange une vache renaîtra comme une vache et sera tuée autant de fois que les poils de l'animal mort. Dans sa vision cosmique, l'hindouisme se présente comme un moyen de salut non seulement pour les êtres humains mais pour tous les êtres vivants.

Bhagavad-Gita, un autre livre sacré hindou, contient 250 000 versets, qui décrivent la grande guerre entre les Kurus et les Pandavas pour la possession de Hastinapu (un symbolisme de la bataille entre le bien et le mal). Dans ce document, Krishna dialogue avec Arjuna et se présente comme le père qui donne la semence - la vie qui vit en tout.

Le Code védique, *Manu-samhitã*, prêche que toute personne qui tue quelqu'un devra être tuée. De même, il existe d'autres lois qui stipulent qu'une personne ne peut même pas tuer une fourmi sans en être tenue responsable. Comme nous ne pouvons pas créer, nous n'avons le droit de tuer aucune entité vivante. Par conséquent, les lois faites par les hommes qui distinguent entre tuer un homme ou un animal sont imparfaites. Selon les lois de Dieu, tuer un animal est aussi répréhensible que tuer un homme.

Le livre du *Dharma,* qui contient un ensemble de lois morales, dit qu'il ne suffit pas d'éviter le mal pour échapper au samsara (la loi de l'action et de la réaction); il faut un activisme spirituel contenu dans la douceur, la générosité, pas de mensonge. Le mérite est le

---

[3]MOLINERO, (Yogakrishnanda). Terralogia, ecologia mágica. Mandala - livreiros/ editores importadores. Ltda. São Paulo, sem data, pg. 11.

produit de l'engagement la totalité de l'homme avec ses semblables et avec toutes les créatures. Le livre de Manu dit que celui qui ne commet pas de violence contre un autre être acumule mérite.

Toujours en Inde, au 6ème siècle avant JC, avec le bouddhisme, la tradition Jain (Jaïnisme) a été fondée par Mahavira Vardhamana. Les membres du mouvement Jain, auquel appartenait Gandhi, fondent leur vie sur la non-violence, sont végétariens et respectent la nature à l'extrême. Dans leur serment, ils renoncent à la destruction des êtres vivants:

"Je renonce à toute destruction d'êtres vivants, qu'elle soit subtile ou grossière, marche ou reste immobile. Je ne tuerai pas moi-même des êtres vivants, je n'induirai personne à cela ni ne consentirai à de tels actes. Tant que je vivrai, je me confesserai et me blâmerai, je me repentirai et je m'excuserai de ces trois péchés, c'est-à-dire agir, commander, consentir, passé, présent et futur, dans l'esprit, dans le corps et dans la parole."[4]

Il existe plusieurs sanctuaires du jaïnisme où les animaux blessés peuvent être soignés. Dans le village de Deshnoke, dans le temple de Karni Mata, les rats errent librement pendant que les dévots prient. Les prêtres du temple et les rats mangent dans les mêmes bols et boivent de l'eau au même endroit. Les prêtres disent que les rats sont les messagers des dieux et que les prêtres du temple, lorsqu'ils mourront, atteindront la libération en étant nés comme des rats. Lorsque les rats meurent, ils renaissent en tant que prêtres.

À la lumière de la Bhagavad-gita (16.1.3) *ahimsã,* ou non-violence, signifie ne pas entraver la vie progressive d'un être. Les animaux progressent également dans leur vie évolutive, transmigrant d'une catégorie de vie animale à une autre. Le fondement le plus large de l'idée d'Ahimsã est que toutes les créatures ont une identité les unes aux autres en tant que forme d'une réalité divine et cosmique. En

---

[4]JAIN, J.C. *Jainismo.* Vida e obra de Mahavira Vardhama. São Paulo: Palas Athena, 1982.

EDNA CARDOZO DIAS ▮

ce sens, toute violence contre une créature brise l'unité.

L'animal dans le bouddhisme

Au 6ème siècle avant JC, le bouddhisme, basé sur les enseignements de Siddhartha Gautama, le prince hindou qui vivait au 6ème siècle avant JC, et est devenu connu sous le nom de Bouddha, l'Eclairé, prêchait déjà la compassion et la miséricorde pour tous les êtres vivants. Bouddha a ordonné de chérir dans le cœur une bienveillance sans bornes pour tout ce qui vit. Il a dit qu'il pratiquait la bienveillance afin de contribuer au bonheur de tous les êtres.

Les cinq préceptes fondamentaux du bouddhisme sont les suivants: ne pas tuer ni blesser personne, ne pas se laisser aller à la luxure, ne pas mentir, ne pas voler et ne pas être intoxiqué par des boissons engourdissantes. Bouddha a toujours dit qu'il fallait chérir dans le cœur une bienveillance sans bornes envers tout ce qui vit et que tous les êtres recherchent leur propre bonheur. Celui qui maltraite la violence à la recherche de son propre bonheur ne jouira pas après la mort. Voici un extrait des Pitakas, lorsque Bouddha parlait à Kutanga, prieur des brahmanes, quand il a demandé aux éclairés pourquoi il méprisait les rites religieux et les sacrifices:

"Le sacrifice de la personnalité vaut bien plus que l'immolation veaux. Quiconque sacrifie aux dieux leurs mauvais désirs et leurs viles passions comprend la futilité de baigner les ailes de l'autel dans le sang d'animaux innocents [...] n'importe qui peut prendre la vie, mais est incapable de donner. Toutes les créatures aiment la vie et se battent pour elle. La vie est un don divin, cher et reconnaissant à tous, même aux plus humbles; c'est pourquoi elle doit être respectée par tout homme pieux, car la piété rend l'homme tendre avec les faibles et noble avec les forts. L'homme implore la miséricorde des dieux et n'a aucune pitié envers les animaux, pour lesquels il est comme un dieu. Tous les êtres vivants sont liés par la parenté, et les animaux que vous tuez vous ont déjà donné le doux hommage du lait, de la laine douce, et ont mis leur confiance entre les mains de ceux qui les ont coupés.

Personne ne peut pas purifier son esprit avec du sang, car si les dieux sont bons, leur sang ne peut pas leur être agréable, et s'ils sont mauvais, il ne suffit pas de les soudoyer. Sur la tête innocente d'un animal, il n'est pas possible de porter le poids d'un seul cheveu des maux et des erreurs auxquels chacun doit répondre personnellement, car chacun doit être responsable envers lui-même, selon l'arithmétique immuable de l'univers. Il distribue le bien pour le bien et le mal pour le mal, donnant à chacun sa mesure selon ses actions, ses paroles et ses pensées et vigilant, précis, immuable, fait de l'avenir le fruit du passé. Heureux serait la terre si tous les êtres étaient unis par les liens de la bienveillance et ne se nourrissaient que de nourriture pure sans effusion de sang. Les grains d'or qui naissent pour tous nourriraient et rempliraient le monde."[5]

L'essence des enseignements de Bouddha est écrite dans trois livres, appelés *Tripatakas Buddhist Canons,* qui ont été écrits par ses disciples. Les divers soutras bouddhistes mettent l'accent sur la vision cosmique de l'univers, comme en témoigne le Sutra du Diamant, dans lequel Bouddha parle à son disciple Subhuti:

"Je dois guider tous les êtres vivants, ceux nés d'œufs, ceux nés de l'utérus, ceux nés spontanément, ceux qui ont une forme et ceux qui n'en ont pas, ceux qui ont la capacité d'abstraire et ceux qui n'en ont pas. à l'abstrait, et à tous les êtres vivants imaginables, enfin, à l'état de tranquillité éternelle et sans souffrance."[6]

L'animal dans le christianisme
Deux mille ans se sont écoulés depuis qu'un homme du nom de Jésus a enseigné à la civilisation occidentale une loi qui prévoyait la protection des mère Terre et animaux. Certains manuscrits datant

---

[5]SING, Chiang. *Mistérios e magias do Tibet.* Rio de Janeiro: Freitas Bastos, p. 169 e 170.
[6]TEXTOS budistas e zen-budistas. São Paulo: Cultrix, 1967.

du IIIe siècle après JC ont été trouvés dans les archives secrètes du Vatican en araméen et dans les archives royales des Habsbourg en slovène, contenant l'enseignement des Esséniens. Ils ont été traduits et publiés en 1928 par Edmond Bordeux Szekely, intitulé L'évangile essénien de la paix. L'auteur a un doctorat en philosophie à l'Université de Paris et a obtenu d'autres diplômes aux universités de Vienne et de Leipzig. Il a également été professeur de philosophie et de psychologie expérimentale à l'Université de Cluj, l'une des principales villes de Transylvanie. Le livre parle de la loi qui régit le jardin de la communauté et du devoir de protéger les animaux:

"Jésus a dit: 'Honore ton Père céleste et ta mère terrestre, et obéis à ses commandements, afin que tes jours soient longs sur la terre.' 'Et immédiatement après, il a été commandé:' Tu ne tueras pas, car la vie est. donné à tous par Dieu, et ce qui est donné par Dieu, personne ne peut le retirer. Car en vérité, je vous le dis, d'une seule mère procède tout ce qui vit sur la terre. Par conséquent, qui tue, tue son frère. Et la Mère Terrestre le quittera et lui refusera ses seins vitaux. Et il sera rejeté par ses anges, et Satan habitera dans son corps. Et la chair d'animaux morts dans votre corps deviendra votre propre tombe. Car en vérité, je vous le dis, celui qui tue se tue, et celui qui mange la chair d'animaux morts mange le corps de la mort. Car dans leur sang, chaque goutte de leur sang devient un poison; Il puera dans leur souffle. dans leur chair bouillira leur chair; dans leurs os leurs os blanchiront; dans leurs intestins leurs intestins pourriront; à leurs yeux, leurs yeux s'élargiront; Dans leurs oreilles, leurs oreilles seront remplies de cire. Et leur mort sera leur mort. Car ce n'est qu'au service de votre Père céleste que vos dettes de sept ans sont pardonnées en sept jours. Cependant, Satan ne vous pardonne rien et vous devrez tout lui payer. Oeil pour oeil, dent pour dent, main pour main, pied pour pied; brûlure par brûlure, blessure par blessure; vie pour vie, mort pour mort. Car le salaire du péché, c'est la mort. Ne tuez pas et ne mangez pas chair de votre proie innocente, afin que vous ne deveniez pas esclaves de Satan. Car c'est le chemin de la souffrance qui mène à la mort. Mais faites la volonté de Dieu, afin que ses anges vous servent dans la vie. Obéissez donc aux paroles de Dieu: Voyez, je vous ai donné toutes les herbes productrices de graines sur la surface de la terre, et tous les arbres, où est le fruit d'un arbre qui donne des graines; et ce sera votre chair. Et à toutes les bêtes de la terre, à tous les oiseaux de l'air et à tout ce qui rampe sur la terre, et là où il y a un souffle de vie, je donne toutes les herbes vertes pour être de la nourriture. Et le lait de toutes les choses qui bougent et qui vivent sur la terre vous servira de nourriture; et comme je leur ai donné les herbes vertes, ainsi je vous donnerai le lait. Mais tu ne mangeras ni la chair ni le sang vivifiant. Je demanderai sûrement à votre sang jaillissant, le sang dans lequel votre âme est; J'exigerai des comptes de tous les animaux assassinés et des âmes de tous les hommes assassinés. Car moi, le Seigneur ton Dieu, un Dieu fort et jaloux, je visite l'iniquité des pères qui est sur les enfants à la troisième ou quatrième génération de ceux qui me déteste; et je fais miséricorde à des milliers de personnes qui m'aiment et gardent mes commandements. Aime le Seigneur ton Dieu de tout ton cœur, de toute ton âme et de toute ta force: tel est le premier et le plus grand commandement. Et le second lui ressemble: Aime ton prochain comme toi-même. Aucun autre commandement n'est plus grand que ceux-ci.

Et après ces mots, tous sont devenu silencieux, sauf l'un d'entre eux qui cria: "Que dois-je faire, Maître, si je vois un animal féroce déchirer mon frère en morceaux dans la forêt?" Vais-je laisser mon frère périr ou tuer la bête féroce? Ne suis-je pas ainsi en train de violer la loi?

Et Jésus répondit: "Il a été dit auparavant: toutes les bêtes qui se déplacent sur la terre, tous les poissons de la mer et tous les oiseaux de l'air sont donnés à ta puissance. En vérité, je vous le dis, de toutes les créatures qui vivent sur la terre, Dieu Il n'a créé que l'homme à son image. Par conséquent, animaux à l'homme, pas homme aux animaux, vous ne violerez pas la loi si vous tuez un animal féroce pour sauver la vie de votre frère. Car en vérité, je vous le dis, l'homme est plus qu'un animal. Mais quiconque tue un animal sans raison, bien que l'animal n'ait pas attaqué, juste pour tuer, ou pour sa chair, ou pour sa peau, ou même pour sa proie, commettra un acte répréhensible, car il est lui-même devenu un animal. féroce. C'est pourquoi sa fin sera la même que celle des animaux féroces. »

Un autre a ensuite déclaré: «Moïse, le plus grand d'Israël, a permis à nos ancêtres de manger la chair des animaux purs, et n'a interdit que la chair des animaux impurs. Pour cette raison, pourquoi interdisez-vous la chair de tous les animaux? Laquelle des lois vient de Dieu? Moïse ou le vôtre?

Et Jésus répondit: «Dieu a donné à Moïse dix commandements à vos ancêtres. Ces commandements sont durs, ont dit vos ancêtres, et ils ne pouvaient pas les respecter. Quand Moïse s'est rendu compte, il avait de la compassion pour son peuple et ne voulait pas qu'il périsse. [...] Moïse brisa donc les deux tablettes de pierre sur lesquelles étaient inscrits les dix commandements, et donna au peuple dix fois dix à la place.

Jésus a poursuivi: «Dieu a commandé à vos aînés, tu ne tueras pas. «Mais ils avaient le cœur endurci et ils ont tué. Moïse a alors souhaité qu'ils ne tueraient pas au moins les hommes et leur a permis de tuer des animaux. Et le cœur de vos aînés s'endurcit encore plus, et ils tuèrent hommes et bêtes de la même manière. Mais je vous dis: Ne tuez pas les hommes, ni les bêtes, ni la nourriture qui entre dans votre bouche. Car si vous mangez des aliments vivants, cela vous donnera la vie, mais si vous tuez vos aliments, les aliments morts vous tueront aussi. Car la vie vient de la vie, et de la mort seule la mort vient. Tout ce qui tue votre nourriture tue également votre corps. Et tout ce qui tue ton corps tue le tien âme Et votre corps devient ce qu'est votre nourriture, tout comme votre esprit devient ce que sont vos pensées."[7]

L'*Évangile essénien de la paix*, bien que non adopté par l'Église catholique apostolique romaine, reste conservé dans la bibliothèque du Vatican. C'est un témoignage qu'à l'époque la protection de l'environnement et des animaux faisait partie des règles morales. Dans l'introduction du livre, Edmond Szekely explique que l'existence des deux versions de cet évangile est due aux prêtres nestoriens qui, sous la pression des hordes de Gengis Khan, ont été contraints de fuir d'Orient en Occident, emportant avec eux toutes les écritures anciennes. et toutes les icônes.

Les anciens textes araméens datent du IIIe siècle après JC, tandis que l'ancienne version slovène est une traduction de ces textes. Les archéologues n'ont pas encore pu reconstituer la manière exacte dont les textes sont sortis de Palestine entre les mains des prêtres nestoriens de l'intérieur de l'Asie[8].

L'animal dans l'islam

Vers les années 500, l'islam, basé sur le livre sacré du Coran dicté par Mohammed Muhammad, a également parlé de la protection des animaux. Les Arabes disent que l'Archange Gabriel est apparu à Mahomet dans les rêves et lui a dit qu'il était un envoyé de Dieu. Il est venu vivre dans la méditation et la prière, et s'est convaincu qu'il était en effet un prédestiné à rendre justice aux hommes. Mohammed est venu pour recevoir des révélations qui étaient appelées en récitations arabes, ou quram. Au total, ils ont été appelés Al Quran et d'où le nom de Quran ou Quran. Il comprend un total de 114 sourates, avec 6262 versets. Le Coran est devenu le point de référence commun de la pensée islamique. Il contient les préceptes de protection des animaux suivants:

---

[7] SZEKELY, Edmond Bordeaux. *O evangelho essênio da paz*. São Paulo: Pensamento, 1981, p.40-43, excertos do prefácio.
[8] SZEKELY, Edmond Bordeaux. *Op. cit.*, p 13.

«Le grand prophète Mahomet a été demandé par ses compagnons si la gentillesse envers les animaux serait récompensée plus tard dans la vie. Il a répondu: Oui, il y a une récompense méritoire pour la gentillesse de chaque créature vivante (Bukari). »

Statut animal - Coran 6:38: "Il n'y a pas d'animal sur terre, ni d'oiseau qui vole avec ses ailes - mais ce sont des communautés comme vous."

Sainteté de la vie - Coran 6: 152 et 17: 3: (Al-Tormidhi et Al-Nasai) - Le Saint Prophète a dit: celui qui tue même un moineau ou un être mineur sans raison valable sera responsable devant Allah: 'quand Lorsqu'on lui a demandé quelle serait une raison valable, il a répondu: "abattre - de la nourriture - ne pas tuer et jeter le cadavre".

Traitement général - Santo Le Saint Prophète a dit à une prostituée que par une chaude journée d'été, il avait vu un chien assoiffé rôder autour d'un point d'eau avec sa langue qui sortait. Elle se pencha, prit de l'eau du puits et donna à boire au chien. Allah a pardonné tous ses péchés pour cet acte de charité (Muslin). »

" Le Saint Prophète a raconté la vision dans laquelle il a vu une femme être punie après la mort parce qu'elle avait confiné un chat pendant sa vie sur terre sans lui donner de la nourriture et de l'eau, ni même le laisser libre de sortir pour manger (Muslin). Blessures physiques - Le Saint Prophète a interdit de battre les animaux ainsi que de les marquer. Il a vu une fois un cheval marqué sur son visage et a dit: Qu'Allah condamne celui qui a marqué l'animal.

Bêtes de somme - " Le Saint Prophète a passé un chameau si affaibli que son dos presque rencontrait l'utérus et a dit: Craignez Dieu dans cet animal - montez-le en bonne santé et libérez-le du travail pendant qu'il ne l'est pas. en bonne santé (Abu Dawud). »

Captivité - «Le Saint Prophète a dit: C'est un grand

péché pour que l'homme emprisonne les animaux en son pouvoir.

Vivisection - «Il existe de nombreuses lois islamiques interdisant les expériences (Al muthla) sur un animal vivant. Ibn Umar a déclaré que le saint prophète a condamné ceux qui ont mutilé une partie du corps d'un animal de son vivant (Almad et d'autres autorités). [9]

L'âme animale et le spiritisme

Bien que la tentative de communiquer avec les morts remonte à l'Antiquité, c'est Allan Kardec qui a formulé les principes essentiels de la doctrine spirite scientifique. Son nom de naissance et Léon Hippolyte Denizar Rivail, né à Lyon en 1804, possédant une vaste culture, était enseignant et pédagogue. Il devint le chef doctrinal d'une science dictée par les esprits et dont il publia les enseignements en 1857 dans le "Spirits 'Book", qu'il signa avec le nom d'Allan Kardec. Il a écrit d'autres livres, tels que le «Livre des médiums» et «L'Évangile selon le spiritisme».

Le spiritisme croit en la loi du karma et à l'évolution progressive de l'esprit. Il est défini dans son évangile comme «une nouvelle science qui vient révéler aux hommes, par des preuves indéniables, l'existence et la nature du monde des esprits et ses relations avec le monde corporel.»[10] Selon Kardec, le spiritisme nous offre la possibilité. communiquer avec les morts qui, à travers les médiums, transmettent des connaissances aux vivants.

Dans le livre des esprits, Kardec dit qu'il existe trois royaumes: les minéraux, les plantes, les animaux et les hommes. Il confirme que les animaux, au delà des instincts, possèdent l'intelligence de la vie matérielle et leur propre langage. Kardec déclare que l'animal survit au corps, bien que son âme soit différente de l'âme de l'homme, conservant son individualité,mais sans conscience de soi. Mort de l'animal, son âme reste errant, est alors classée par les forces des

---

[9] Fragmentos do Alcorão selecionados por Al-Hafiz B. A-Masri. The (Sunni) ex-Iman-Sha Jehan Mosque, Woking, Surrey, England. Datil, inédito.

[10] KARDEK, Allan. O evangelho segundo o espiritismo. Livraria Allan Kardec Editora. São Paulo, pg 3.

EDNA CARDOZO DIAS

choses et c'est pourquoi pour lui il n'y a pas d'expiation (non soumise à la loi du Karma). Pour Kardec, cependant, l'esprit ne se rétroagit pas et l'homme ne pouvait pas se réincarner en un corps animal.[11]

Vaste est la littérature décrivant les pouvoirs télépathiques et prémonitoires des animaux et leur apparition après la mort. Dans votre livre, les *Animaux ont-ils une âme?* Ernesto Bozzano rapporte 130 cas tirés de magazines et d'ouvrages scientifiques d'études métaphysiques et psychiques de la matérialisation animale, de la vision post mortem, des hallucinations télépathiques collectivement perçues par l'animal et l'homme, de nombreuses apparitions d'animaux sous une forme symbolique et prémonitoire, et de phénomènes supranormaux. avec des animaux.

Dans les phénomènes télépathiques, les animaux semblent non seulement jouer le rôle de percipients, mais aussi d'agents. Cela nous amène à conclure qu'il existe une subconscience animale, dépositaire des mêmes facultés supranormales que la subconscience humaine.

Les apparences de formes animales sont généralement identifiées à celles d'animaux qui ont vécu et sont morts dans la localité, et les précipitateurs ont souvent ignoré que ces animaux, vus à ces occasions, avaient jamais existé.

Bozzano conclut que la vie telle qu'elle se manifeste chez un animal n'est que l'expression extérieure d'un esprit qui s'y incarne en puissance, et identique en substance à l'esprit manifesté dans les races humaines les plus basses, passées ou contemporaines, ainsi que dans les races les plus civilisées d'aujourd'hui.

Il y a plusieurs livres qui rapportent des apparitions d'animaux dans des sessions spirites dans lesquelles leurs propriétaires étaient présents ou apparaissaient en compagnie du propriétaire décédé. On parle aussi de l'apparition de l'âme des animaux sur les photos. De nombreux voyants décrivent des visions qu'ils ont eues sur le plan spirituel où les animaux vont après la

---

[11] KARDEC. Allan, op., cit, pg. 255 a 264.

désincarnation. Dans visions, réalisées dans les ramifications (sortie du corps physique), les animaux domestiques sont vus sur le terrain (vaches, bœufs, moutons, chevaux, ânes, tigres, lions, jaguars, girafes, dromadaires, chameaux et oiseaux) vivant en paix et en harmonie. non seulement entre eux, mais avec d'autres entités spirituelles.

Si la vision des âmes humaines est une bonne démonstration en faveur de la survie humaine, elle ne peut être qu'une bonne démonstration de la survie animale.

"Dans son livre" La Genèse "du chapitre" Destruction des êtres vivants les uns pour les autres ", Kardec déclare que" cette lutte est menée pour la satisfaction matérielle primordiale - la nourriture ". Chez l'homme, le besoin matériel et le sentiment moral sont contrebalancés, et il se bat alors non pas pour se nourrir mais pour la satisfaction de son orgueil, de son ambition et de son besoin de dominer, puis le détruit. Mais lorsque le sens moral prévaut, il perd le besoin de détruire et l'homme continue à ne combattre qu'intellectuellement, contre les difficultés et non plus contre les autres êtres. »[12]

5.2 PREMIÈRES LÉGISLATIONS DE PROTECTION DES ANIMAUX

Le progrès intellectuel développé au cours du XVIIIe siècle a entraîné l'émergence de certaines lois protectrices des animaux au XIXe siècle. C'est de Grande-Bretagne que les premières lois à cet effet sont sorties.

Le premier projet de loi qui a vu le jour a été d'empêcher les combats entre taureaux et chiens, présenté à la Chambre des communes en 1800. George Canning, ministre des Affaires étrangères, l'a trouvé absurde et a été rejetée au motif qu'il faudrait l'interdire. puis la boxe13. Le sujet méritait un éditorial dans le Times, qui condamnait l'intrusion de la loi dans les droits de propriété et la façon dont les gens avaient leur temps.

---

[12] KARDEC, Allan. Op. Cit. pg. 67 e 68.
[13] SINGER, Peter. *Liberation animal*. México: Cuzamil, 1985, p. 318.

En 1821, Richard Martin a fait une proposition de loi pour empêcher le mauvais traitement de cheval. Cette proposition a également été rejetée.

Ce n'est qu'en 1822 que Martin triompha avec l'adoption de la première loi sur la protection des animaux. Il a interdit à quiconque de maltraiter l'animal appartenant à quelqu'un d'autre. Pour la première fois, la cruauté envers les animaux est devenue un délit punissable.

En tant que parties prenantes majeures, les animaux ne pouvaient pas postuler devant les tribunaux, la loi n'était pas respectée. La première société de protection des animaux, la *Royal Society for the Prevention of Cruelty to Animals*, a été fondée en Angleterre sous les auspices de la reine Victoria. Il a surgi pour postuler dans la loi l'accomplissement de la loi.

Mais c'est principalement au XXe siècle que le terme sujet de loi a élargi son champ d'application, et les pays ont adopté des lois successives sur la protection des animaux.

Le pèlerin, l'esclave, le domestique, le salaud, le citoyen, sont tous devenus sujets de droits. La loi fait disparaître la distinction entre noirs et blancs. La femme s'est émancipée. Les enfants étaient protégés.

Il est donc naturel que le même homme qui a sympathisé avec ses semblables ait sympathisé avec la souffrance des animaux et adopté des lois pour leur défense.

Depuis la fin du siècle dernier, et surtout au début de ce siècle, la législation de plusieurs pays a inclus la protection des animaux. Les premières références au sujet, qui n'ont cessé d'évoluer, ont été:

● République libanaise (sous mandat français) - Décret du 2 mars 1925, réglementant la protection des animaux.

● Italie - Loi du 12 juin 1913: la réglementation de la protection des animaux confirme et étend les dispositions du Code pénal, prévoyant la cruauté, le surmenage, la torture, l'expérimentation scientifique, les bêtes de somme, la chasse aux oiseaux migrateurs et les mauvais traitements.

● Belgique - Loi du 2 mars 1929: relative à la cruauté, aux mauvais traitements, aux oiseaux chanteurs aveugles, au travail pénible et supérieur, aux combats d'animaux, à la vivisection.

Code pénal belge - arts. 557, § 6, qui prévoit de tuer et de blesser des animaux par malveillance:
— Arrêté royal du 28 juin 1929, qui prévoit le transport et l'abattage des animaux.
— Arrêté royal du 25 octobre 1929, qui traite des oiseaux insectivores."
— Arrêté royal du 20 novembre 1931, qui prévoit le transport de chevaux par chemin de fer.

● Luxembourg - Code pénal, art. 538 à 541 et 557 à 561, qui traite de l'intoxication animale et de la pollution des rivières, de l'abattage des animaux, des conducteurs de véhicules, de la cruauté, des mauvais traitements, des combats d'animaux, des spectacles cruels.

● Espagne - Arrêté royal du 26 décembre 1925, qui considère que dans tous les pays civilisés des efforts doivent être faits pour bien traiter les animaux:

● Portugal - Décret du 16 septembre 1886, incorporé au Code pénal, concernant les empoisonnements, les bêtes de somme, les animaux consommables, les mises à mort et les blessures d'animaux.
- Décret 5.864, du 12 juin 1919, qui fait référence au travail excessif.

● Argentine - Depuis 1891, loi 2 786 du 3 août, qui protège les animaux.

● Angleterre - Depuis 1809, Lord Erskine tente auprès du Parlement d'obtenir justice en faveur des animaux, mais c'est en 1822 que Richard Martin obtient le premier acte en faveur des animaux.

Les premiers actes en Angleterre furent 1849 (animaux domestiques), 1854 (chiens), 1876 (vivisection), 1906 (interdisant l'utilisation de chiens et de chats pour des expériences scientifiques), 1921 (tir au pigeon), acte 1925 (emprisonnement de oiseau dans des cages insuffisantes).

● Allemagne - La première loi, le 26 mai 1926, punit d'emprisonnement et d'amende ceux qui ont traité l'animal avec cruauté.

● Autriche - La sanction de ceux qui maltraitent les animaux en public remonte à 1855.

Hongrie - La loi fondamentale XI de 1879, au § 86, punit de l'emprisonnement et de l'amende toute personne qui a soumis des animaux à des mauvais traitements.

● Suède - Depuis 1988, est à l'avant-garde de *la protection des animaux* avec la loi du 2 juillet sur la protection des animaux. La loi suédoise traite du bien-être des animaux de consommation, en plus des animaux de compagnie, des animaux utilisés pour la course et l'exposition et des animaux à des fins scientifiques.

Cette réussite est largement due à l'écrivain enfant Astrid Lindgren, qui a publié une série d'allégories satiriques révélant le sort des animaux de ferme. Dans une histoire, Dieu visite la terre après une absence prolongée et est profondément déçu par ce qu'il voit.

Avec la nouvelle loi, les troupeaux ont le droit de paître, les poulets ne reçoivent ni hormones ni médicaments, et les éleveurs ont 10 ans pour les libérer des prisons. Les tueries doivent être humanitaires. Quoi qu'il en soit, c'est l'une des meilleures lois sur les animaux au monde.

● Suisse - Certains cantons sanctionnent la maltraitance des animaux depuis la fin du siècle dernier.

Aujourd'hui, la loi fédérale du 9 mars 1978 est l'une des plus avancées de la planète. Il traite des expériences scientifiques impliquant des animaux, le système de logement des animaux, la détention des animaux commerce, transport d'animaux, transport d'animaux et abattage.

Les dispositions pénales concernent la maltraitance des animaux, la négligence, l'abattage cruel, la promotion des combats d'animaux et la conduite d'expériences douloureuses, qui sont des délits passibles d'emprisonnement et d'une amende. Les poursuites pénales et les procès sont du ressort des cantons. Cette loi a été réglementée par le décret du 27 mai 1981.

• France - La loi Grammont du 2 juillet 1850 et le code pénal de 1791, qualifiés de délit d'empoisonnement d'animaux appartenant à des tiers et d'attaques contre des bêtes et des chiens de garde sur le territoire d'un autre, peuvent être cités. La France reconnaît actuellement les animaux comme des êtres vivants sensibles.

Depuis lors, la législation protectrice des animaux n'a cessé d'évoluer et d'améliorer chaque planète.

5.3 CRUAUTÉ ENVERS LES ANIMAUX DANS LA LÉGISLATION BRÉSILIENNE

La première législation brésilienne concernant la cruauté envers les animaux a été le décret 16.590 de 1924, qui réglementait les maisons d'amusement public. Il interdisait la course de taureaux, de griffes et de taureaux, de coqs et de canaris, entre autres divertissements qui causaient des souffrances aux animaux.

Le 10 juillet 1934, à l'inspiration du ministre de l'Agriculture de l'époque, Juarez Távora, le président Getúlio Vargas, chef du gouvernement provisoire, promulgue le décret fédéral 24 645, qui établit des mesures de protection des animaux. Elle avait force de loi, puisque le gouvernement central appelait l'activité lisible. Le 3 octobre 1941, le décret-loi 3688, loi sur les délits criminels (LCP), qui, dans son art. 64, interdit la cruauté envers les animaux. À l'époque, une controverse a surgi sur la révocation ou non du décret de Getúlio par le LCP. La jurisprudence a déclaré en résumé, les préceptes contenus dans l'art. 64 comprennent presque toutes les modalités de cruauté envers les animaux contenues dans l'art. 3 du décret 24.645 / 34.»

Avec la marche à la hausse de la culture et du progrès au Brésil, et la protection des animaux étant liée à divers ministères, de nouvelles lois sont devenues nécessaires, telles que le Code des pêches (loi 221 du 28 février 1967), la loi sur la protection de la faune (Loi 5 197 du 3 janvier 1967, telle que modifiée et loi 7 653 du 12 février 1988), loi sur la vivisection (loi n ° 11 794 du 8 octobre 2008), loi sur les zoos (loi 7 173 du 14 Loi sur les cétacés (loi 7 643 du 18 décembre 1987), loi sur l'inspection des produits animaux (loi 7 889 du 23 novembre 1989), loi sur les délits environnementaux (loi 9 605 du 12 février 1998).

Dans le domaine pénal, la loi ne fait aucune distinction entre la faune sauvage, exotique ou domestique, lorsqu'elle établit son étendue de protection:

La loi no. 9 605, du 12 février 1998,[14] crimes environnementaux subdivisés en cinq sections, à savoir: crimes contre la faune (art. 29 à 37); crimes contre la flore (art. 38 à 53); pollution et autres délits (art. 54 à 61); crimes contre l'urbanisme et le patrimoine culturel (art. 62 à 65); et crimes contre l'administration de l'environnement (art. 66 à 69).

Le sujet actif des infractions pénales environnementales peut être toute personne physique ou morale. Le contribuable est actuellement toute la collectivité, après que la Cour supérieure de justice a annulé le précédent no. 91 / 93.[15]

---

[14] BRASIL. *Lei n. 9.605, de 12 de fevereiro de 1998*. Dispõe sobre as sanções penais e administrativas derivadas de condutas e atividades lesivas ao meio ambiente, e dá outras providências. Disponível em: <http://www.planalto.gov.br/ccivil_03/leis/l9605.htm>. Acesso em: 28 jun. 2013.

[15] BRASIL. Superior Tribunal de Justiça. *Súmula n. 91, de 21/10/1993*. Compete à Justiça Federal processar e julgar os crimes praticados contra a fauna. DJ 26.10.1993 - Cancelada em 08/11/2000. Disponível em: <http://www.dji.com.br/normas_inferiores/regimento_interno_e_sumula_stj/stj__0091a0120.htm>. Acesso em: 28 jun. 2013.

L'action pénale est une initiative exclusive du ministère public, car elle constitue l'infraction d'une action pénale publique[16].

Les principales références à la faune dans la loi no. 9 605/ 98 sont dans les articles suivants:

■ Application d'une pénalité aggravante

Article 15: Les circonstances qui aggravent la peine, lorsqu'elles ne constituent pas ou ne qualifient pas l'infraction:

[...]

m) utiliser des méthodes cruelles pour l'abattage et la capture des animaux.

---

[16] Dans Conflict of Jurisdiction 114.798 / RJ, la Cour supérieure de justice a donc statué sur la compétence en matière de criminalité liée aux espèces sauvages. Voici le vote du député à Maria Thereza de Assis Moura: Premièrement, je connais le conflit, voici, en termes d'art. 105, I, «d», de la Constitution fédérale, il appartient à la Cour supérieure de justice de statuer à l'origine sur les conflits de compétence entre des juges liés à des tribunaux différents, comme c'est le cas ici. Le présent différend concerne la compétence de poursuivre et de poursuivre le crime spécifié à l'art. 29, § 1, III, de la loi n ° 9 605/98, en raison de l'appréhension, dans la maison de l'auteur, d'un spécimen de faune sauvage (oryzoborus angolensis, nom commun: curió). La Cour de justice du premier tribunal spécial de Nova Iguaçu / RJ a décidé de renvoyer l'affaire au Tribunal spécial fédéral sur la base des dispositions du numéro 91 du résumé de cette Cour. Toutefois, il convient de noter que, selon des décisions répétées de la troisième section de cette Cour, ladite déclaration, publiée sur la base de la loi 5 197/67, a été annulée avec l'entrée en vigueur de la loi no 9 605/98. [...] Hormis les dispositions de la déclaration précitée, il reste à définir, à la lumière du cas d'espèce, la compétence pour traiter et juger l'affaire en question. [...] Compte tenu de ce qui précède, je connais le conflit pour déclarer compétent le Tribunal de première instance pénale spéciale du district de Nova Iguaçu / RJ, désormais soulevé. (BRÉSIL. Cour supérieure de justice. Conflit de compétence 114.798 / RJ. Suste: Tribunal fédéral du premier tribunal spécial de Nova Iguaçu - SJ / RJ Susdo: Tribunal de première instance du tribunal pénal spécial de Nova Iguaçu - RJ. Min. Maria Thereza par Assis Moura J. 14.03.2001 Disponible sur: <https://ww2.stj.jus.br/revistaeletronica/Abre_Documento.asp? sLink=ATC&sSeq=14442727&sReg=201002032280&s Data=20110321&sTipo=91&formato=PDF>. Acesso em: 26 jun. 2013.)

﹐ Crimes contre la faune

Article 29: tuer, traquer, chasser, attraper, utiliser des spécimens indigènes ou migrateurs d'animaux sauvages, sans l'autorisation, la licence ou l'autorisation appropriée de l'autorité compétente, ou en désaccord avec celui obtenu.

Peine: détention de six mois à un an et amende.

Paragraphe 1: encourt les mêmes sanctions:

I - qui empêche l'élevage de la faune, sans licence, autorisation ou en désaccord avec les obtenus:

II - qui modifie, endommage ou détruit le nid, l'abri ou l'élevage naturel;

III - qui vend, expose en vue de la vente, exporte ou acquiert, garde, a des captifs ou des dépôts, utilise ou transporte des œufs, des larves ou des spécimens d'animaux sauvages, par voie indigène ou migratoire, ainsi que des produits et objets qui en sont issus, issus de l'élevage. sans autorisation ou sans l'autorisation, la licence ou l'autorisation appropriée de l'autorité compétente.

§2°. Dans le cas d'un gardien domestique d'espèces sauvages non considérées comme menacées, le juge peut, dans les circonstances, ne pas appliquer la sanction.

§ 3° - Les spécimens de faune sauvage sont tous ceux appartenant à des espèces indigènes, migratrices et à toute autre espèce, aquatique ou terrestre, dont tout ou partie de leur cycle de vie se déroule dans les limites du territoire brésilien ou des eaux juridictionnelles brésiliennes.

﹐ Pénalité accrue

§ 4°: La peine est augmentée de moitié, si le délit est commis:

I - contre des espèces rares ou considérées menacées d'extinction, ne serait-ce que sur le lieu de contrefaçon;

II - dans une période interdite à la chasse;

III - la nuit;

IV - avec abus de licence;

V - dans l'unité de conservation;

VI - employant des méthodes ou des instruments capables de provoquer une destruction massive.

Paragraphe 5. La peine est portée à trois fois si l'infraction résulte de la chasse professionnelle.

Paragraphe 6: Les dispositions du présent article ne s'appliquent pas aux actes de pêche.

De l'avis de Passos de Freitas, le § 2 de l'art. 29 de la loi no. 9.605 / 98, a donné lieu à une certaine libéralité de la jurisprudence avec la garde domestique:

> Le paragraphe 2 de l'art. 29 de la loi 9.605 / 98 est directement lié au caput. Il admet, en cas de garde domestique de spécimen (la loi utilise par erreur le mot espèce) sauvage, non considéré comme en danger que le juge n'applique plus la peine. Le législateur a cherché à résoudre l'ancien problème: celui de milliers d'animaux, en particulier les oiseaux, qui sont utilisés dans les maisons comme animaux de compagnie.[17]

De l'avis de Luiz Régis Prado:

> Les expressions «sans l'autorisation, la licence ou l'autorisation appropriée de l'autorité compétente» et «en désaccord avec les résultats obtenus» constituent des éléments normatifs du type, concernant l'absence de cause d'exclusion de l'illégalité qui, actuelle, rendent le comportement licite.[18]

---

[17] FREITAS, Vladimir Passos de; FREITAS, Gilberto Passos de. *Crimes contra a natureza*: de acordo com a Lei 9.605/98. São Paulo: Revista dos Tribunais, 2006. p. 99.

[18] PRADO, Luiz Régis. *Direito Penal do ambiente*. São Paulo: Revista dos Tribunais, 2005. p. 231.

La police environnementale ne peut inculper le contrevenant que si elle a une délégation de pouvoir de l'agence environnementale, sinon elle ne peut délivrer que le rapport de police (BO). Lorsqu'il dispose d'une délégation de pouvoir, il prépare l'Avis d'infraction (AI), lui inflige l'amende correspondante et, en certains cas, peut laisser le propriétaire en tant que dépositaire fidèle de l'animal, compte tenu de la difficulté d'un endroit pour héberger l'animal saisi ou procéder à la libération.

Les endoctrinateurs environnementaux Passos de Freitas nous disent que:

> Il n'est pas rare que l'agent soit pris en train de pratiquer la chasse aux armes à feu sans avoir l'autorisation nécessaire. Dans ce cas, outre le délit environnemental, le contrevenant encourt les sanctions de l'art. 14 de la loi 10 826 du 22 décembre 2003, c'est-à-dire la possession illégale d'une arme à feu, un crime qui ne peut être garanti. [19]

Concernant l'incidence de la cause de l'augmentation, décision du Tribunal régional fédéral de la 4e région:

> Pénalité CRIME CONTRE LA FAUNE. ART 29 DE LA LOI 9.605 / 98. CHASSE DE LA FAUNE. TALONS DE BATAILLE. PLEINE PREUVE. AUTORITÉ DÉMONTRÉE. MAJORANT. Paragraphe 5 ACTIVITÉ PROFESSIONNELLE. PROFIT UNIQUEMENT. LA PEINE CONDÉNATOIRE EST ENTIÈREMENT MAINTENUE.
>
> 1. Les éléments de preuve ont montré que les défendeurs encourageaient la chasse aux prédateurs lorsqu'ils étaient capturés par le contrôle de l'environnement en possession de 36 carcasses de souris plaquées, 96 peaux extraites d'animaux, des munitions de calibre 22 et 14 pièges. 2. Aucun doute

---

[19] FREITAS, Vladimir Passos de; FREITAS, Gilberto Passos de. *Crimes contra a natureza*: de acordo com a Lei 9.605/98. São Paulo: Revista dos Tribunais, 2006. p. 97.

concernant à l'infraction, compte tenu de l'abondance des preuves documentaires et testimoniales. 3. Restant prouvé que l'activité visait à obtenir un profit financier, corriger l'incidence de la cause de l'augmentation prévue au § 5 de l'art. 29 de la loi 9 605/98. 4. Appel dénué.[20]

- Exportation et introduction d'animaux
Article 30: Exportation de peaux et cuirs bruts d'amphibiens et de reptiles, sans l'autorisation de l'autorité environnementale compétente:
Peine: emprisonnement d'un à trois ans et amende.

Article 31: Introduire des spécimens d'animaux dans le pays, sans avis technique favorable et licence délivrée par l'autorité compétente.
Peine: emprisonnement de trois mois à un an et amende[21].

Le terme "brut" désigne les peaux et cuirs non encore fabriqués par l'industrie. Luiz Régis Prado enseigne que ce délit «prévaut sur l'infraction prévue à l'article 334 du Code pénal, en raison de sa spécificité"[22].

L'introduction dans le pays signifie l'introduction dans la juridiction nationale, soit à la surface du sol, comme les eaux

---

[20] BRASIL. Tribunal Regional Federal da 4ª Região. *Apelação Criminal 2003.04.01.030669-0/RS.* Apte: Antonio Renato Martins Costa. Apdo: Ministério Público Federal. Rel. Élcio Pinheiro de Castro. DJU 12.11.2003, p. 606. Disponível em: <http://www2.trf4.jus.br/trf4 controlador.php?acao= consulta_processual_resultado_pesquisa&txtValor=200304010306690&sel Origem=TRF&chkMostrarBaixados=&todasfases=S&selForma=NU&todaspartes= &hdnRefId= a3649b0c95657ea707fe622614745c1d&txtPalavraGerada =hzwd&txtChave=>. Acesso em: 26 jun. 2013.

[21] BRASIL. *Lei n. 9.605, de 12 de fevereiro de 1998.* Dispõe sobre as sanções penais e administrativas derivadas de condutas e atividades lesivas ao meio ambiente, e dá outras providências. Disponível em: <http://www.planalto.gov.br/ ccivil_03/leis/l9605.htm>. Acesso em: 28 jun. 2013.

[22] PRADO, Luiz Régis. *Direito Penal do ambiente.* São Paulo: Revista dos Tribunais, 2005. p. 243.

territoriales et l'espace par air, par bateau ou par avion.

- Mauvais traitements

La première législation sur la protection des animaux, déjà mentionnée Décret no. 24.645 / 34, a défini 31 figures typiques d'abus dans son art. 3e Le droit des infractions pénales, dans son art. 64 (abrogé), parle de cruauté et de travail excessif sans toutefois les définir. Décret no. 6 514/08, qui réglementait la loi sur les délits environnementaux (loi n ° 9 605/08), *ne définissait ni abus ni abus*. Pour cette raison, je défends l'idée que le décret no. 24.645 / 34 n'a été abrogé qu'en partie, et nous devons chercher dans son art. 3° ces définitions. Bien que le site Web de Planalto signale que ce décret est abrogé, je ne suis pas d'accord avec cette abrogation au motif que la loi (décret avec force de loi) ne peut pas être abrogée par décret (cela s'est produit à l'ère Collor - voir note de bas de page).[23]

Dans le domaine pénal, la loi ne fait aucune distinction entre la faune sauvage, exotique ou domestique, lorsqu'elle établit son étendue de protection, lorsqu'elle parle de cruauté. Cela a été exprimé dans la loi.

---

[23] Inicialmente, os atentados contra os animais eram tipificados como contravenção penal, e, geralmente, ficavam impunes, protegidos que estavam pelo Decreto 24.645/34 e pelo art. 64 da LCP.

O Decreto 24.645/34, único diploma legal regulamentador da crueldade contra os animais, sempre teve existência polêmica e nunca teve a força necessária para coibir os delitos. Inicialmente, era alegada a sua revogação pelo art. 64 da LCP, tese rechaçada pela doutrina. Posteriormente, foi revogado pelo ex-Presidente Collor, no infeliz Decreto 11, de 18 de janeiro de 1991. Apesar de esse decreto ter sido revogado pelo Decreto 761, em 19 de fevereiro de 1993, o § 3°, do art. 2°, do Código Civil suscita dúvidas sobre a sua vigência. Apesar de entendermos que o mesmo argumento que levou a jurisprudência e a doutrina a concluírem que o art. 64 da LCP não revogou o decreto 24.645/34, uma vez que uma lei não pode ser revogada por um decreto, tornou-se cada vez mais urgente um novo diploma, cuja vigência fosse pacífica e que estabelecesse penas mais eficazes. Hoje temos a lei 9.605/98.

Quando, por fim, o Congresso Nacional aprovou a Lei de Crimes Ambientais — Lei 9.605, de 12 de fevereiro de 1998 —, acolheu-se a proteção indistinta dos animais, em seu art. 32, além de manter a proteção dos animais silvestres.

Article 32. Pratiquer un acte d'abus, de mauvais traitements, blesser ou mutiler des animaux sauvages, domestiques ou domestiques, indigènes ou exotiques: Peine - détention, de trois mois à un an, et amende.

§ 1 Les mêmes peines s'appliquent à quiconque effectue une expérience douloureuse ou cruelle sur un animal vivant, même à des fins éducatives ou scientifiques, lorsqu'il existe des ressources alternatives.

§ 1-A Lorsqu'il s'agit d'un chien ou d'un chat, la peine pour la conduite décrite dans le caput de cet article sera l'emprisonnement, de 2 (deux) à 5 (cinq) ans, une amende et l'interdiction de la garde., 2020)

§ 2 La peine est augmentée d'un sixième à un tiers si l'animal meurt.[24]

Le 8 octobre 2008, la loi sur l'utilisation des animaux dans les expérimentations, Loi no. 11 794, qui règle le VII du § 1 de l'art. 225 de la Constitution fédérale, établissant des procédures pour l'utilisation scientifique des animaux et abrogeant la loi no. 6,638, du 8 mai 1979. L'élevage et l'utilisation d'animaux dans les activités d'enseignement et de recherche scientifique sur l'ensemble du territoire national doivent respecter les critères établis par la présente loi.

Conformément à la loi no. 11 794/08, les activités de recherche scientifique sont celles liées aux sciences fondamentales, aux sciences appliquées, au développement technologique, à la production et au contrôle de la qualité des médicaments, des médicaments, des aliments, des immunobiologiques, des instruments ou de tout autre animal testé, tels que définis dans la réglementation. propre. Ainsi, pour engager une action pénale dans le cas d'expériences avec des animaux, il est nécessaire de décrire l'expérience réalisée et de prouver l'existence de méthodes alternatives correspondantes.

Dans une décision pionnière, dans Public Civil Action no. 5009684-86.2013.404.7200 / SC, déposé par l'Animal Abolitionist Institute, représenté par l'avocate Danielle Tetu Rodrigues, Université

---

[24] *BRÉSIL. Loi 9605 de 1998. Consulté le 20 décembre 2020.* Prévoit des sanctions pénales et administratives dérivées de comportements et activités nuisibles à l'environnement, et d'autres mesures. Disponible sur: <http://www.planalto.gov.br/ccivil_03/leis/l9605.htm>. Consulté le: 28 juin. 2013.

de Federal de Santa Catarina (UFSC) ne pourra pas utiliser d'animaux dans les cours pratiques du cours de médecine, sous peine de 100 000 $ d'amende pour mauvais usage des animaux. La décision est prise par le juge Marcelo Krás Borges, du Tribunal fédéral de l'environnement de Florianópolis. Le juge a jugé que l'UFSC ne pouvait pas prétendre au manque de ressources pour acquérir et utiliser des moyens alternatifs.

Selon le juge Krás Borges, "le principe de la réserve du possible ne peut être appliqué que lorsqu'il y a un bien juridique à préserver" (décision du 27/05/2013). Pour lui "dans ce cas, l'université économise ses ressources pour, à son tour, donner un traitement cruel aux animaux, en les utilisant dans des expériences scientifiques ou thérapeutiques". Le juge a également cité la jurisprudence concernant les combats de coqs et les spectacles de cirque avec des animaux[25].

Pour sa défense, l'UFSC a affirmé qu'elle remplacerait les animaux par d'autres équipements, mais dépendrait d'une allocation budgétaire. Dans l'appel interlocutoire déposé par l'Université au Tribunal régional fédéral de la 4e région (TRF4), à Porto Alegre, Rel. La Fed Vivian Josete Pantaleão Caminha a décidé que:

> Ainsi, attentif aux règles budgétaires, mais sensible à la nécessité de promouvoir la protection de la faune, dans ses aspects les plus larges, **je maintiens la détermination à ce que l'utilisation d'animaux vivants soit remplacée par des méthodes alternatives dans les cours pratiques et pédagogiques du cours de médecine. , mais je définis le délai de 90 (quatre-vingt-dix) jours pour se conformer à**

---

[25] SANTA CATARINA. Justiça Federal do Estado de Santa Catarina. Vara Ambiental Federal de Florianópolis. *Ação Civil Pública 5009684-86.2013.404.7200/SC*. Autor: Instituto Abolicionista Animal. Réu: Universidade Federal de Santa Catarina – UFSC. Juiz Federal Marcelo Krás Borges. D. 27.05.2013. Disponível em: <https://eproc.jfsc.jus.br/eprocV2/controlador.php?acao=acessar_documento_publico&doc=72136968947092316024 0000000001&evento=72136968947092316024000000001&key=899e7e741429 d9ff52b7f88c924b3e14a18d81bfe188f049444072e609432656>. Acesso em: 26 jun. 2013.

l'ordonnance du tribunal, après quoi amende de 5 000 R $ (cinq mille reais) pour chaque animal mal utilisé, le montant précédemment arbitré étant excessif. (italique dans l'original) .[26]

Un autre événement qui devient courant dans les collèges est d'exiger le droit à l'objection de conscience pour se libérer des expériences sur les animaux dans divers cours qui les pratiquent. L'objection de conscience est le droit de ne pas remplir ses obligations ou d'accomplir des actes contraires à sa conscience.

Le premier procès intenté pour objection de conscience (Action ordinaire n ° 2007.71.00.0198820) a été intenté par un étudiant en biologie de l'Université fédérale de Rio Grande do Sul, décision rendue en appel. Tribunal régional fédéral de la 4e région:

RÉSUMÉ: COURS DE SCIENCES BIOLOGIQUES. PARTICIPATION À DES COURS PRATIQUES AVEC UTILISATION D'ANIMAUX. Objection de conscience.

Il est déraisonnable que, dans le cours de sciences biologiques, l'Université accorde un traitement différencié aux universitaires qui ont l'objection de conscience dans le cours auquel ils sont inscrits, et d'adapter le programme en fonction des convictions personnelles des étudiants, sinon l'institution de surtout quand il n'y a pas de nouvelles de

---

[26] SANTA CATARINA. Tribunal Regional Federal da 4ª Região. *Agravo de Instrumento* 5012997-24.2013.404.0000. Agte: Universidade Federal do Rio Grande do Sul (UFRS). Agdo: Instituto Abolicionista Animal. Rel. Des. Fed. Vivian Josete Pantaleão Caminha. D. 21.06.2013. Disponível em: <https://eproc.trf4.jus.br/eproc2trf4/controlador.php?acao=acessar_documento_publico&doc=41372263488859941110000000358&evento=4137226348885994 1110000000202&key=4f6f36050b30621160e45d0f5d151e7c3985b1f500d94943 dee02c0c81fc742a >. Acesso em: 27 jun. 2013.

abus de l'utilisation d'animaux à des fins académiques, uniquement et uniquement l'obligation légale de l'enseignement, de la recherche et de la formation compétents de diplômés professionnels de classes universitaires renommées en tant que demandeur[27].

La jurisprudence la plus célèbre sur la cruauté n'a pas été rendue devant les tribunaux pénaux. Parmi celles qui sont devenues historiques figurent les décisions de la Cour suprême (STF) sur les combats de coqs et la corrida:

Combat de coq

RÉSUMÉ: ACTION DIRECTE ET NON CONSTITUTIONNELLE - **ÉCRITURE** (LOI FLUMINENSE N ° 2.895 / 98) - LÉGISLATION D'ÉTAT QUI, EN CE QUI CONCERNE L'EXPOSITION ET LA CONCURRENCE, ENTRE CETTE PRATIQUE PENDANT LA CRIPLOSE AVEC LAQUELLE DE CRUALITÉ CONTRE COMBAT DE COQ - CRIME ENVIRONNEMENTAL (LOI N ° 9.605 / 98, ARTICLE 32) - ENVIRONNEMENT - DROIT DE PRÉSERVER SON INTÉGRITÉ (CF, ART. 225) - PRERROGATOIRE QUALIFIÉ PAR SON DROIT DE MÉTAINDIVIDUALITÉ (OU NEUVIÈME DIMENSION) CONSEILLANT LE POSTULAT DE SOLIDARITÉ - PROTECTION CONSTITUTIONNELLE DE LA FAUNE (CF, ART. 225, § 1, VII)

---

[27]SANTA CATARINA. Tribunal Regional Federal da 4ª Região. *Apelação/Reexame necessário n. 2007.71.00.019882-0*. Apte: Universidade Federal do Rio Grande do Sul (UFRS). Apdo: Róber Freitas Bachinski. Rel. Des. Federal Jorge Antonio Maurique. 4ª Turma. DE. 08.11.2010. Disponível em: <http://www2.trf4.gov.br/trf4/processos visualizar_documento_gedpro.php?local=trf4&documento=3787484&hash=5a4c520b588edee3326da5a69b57478f>. Acesso em: 24 maio 2013.

- Dépénalisation du combat de coqs en tant que manifestation culturelle - Reconnaissance de l'inconstitutionnalité de la loi de l'État contestée - Mesures directes prises. LOI D'ÉTAT AUTORISANT LES EXPOSITIONS ET LES CONCOURS ENTRE LUTTE CONTRE LES RACES - L'INSTITUTIONNALISATION DE LA PRATIQUE DE CRUAUTÉ CONTRE LA FAUNE - L'INCONTITUTIONNALITÉ.

Décision

La Cour, à l'unanimité et à la suite du vote du rapporteur, a rejeté les exceptions préliminaires et, sur le fond, également à l'unanimité, a accueilli l'action directe pour déclarer l'inconstitutionnalité de la loi n ° 2 895, du 20 mars 1998, de l'État de Rio de Janeiro. Le président, le ministre Cezar Peluso, a voté. Justement absente, Mme Ellen Gracie. Plénière, 26 mai 2011.[28]

FARRA DO BOI

CULTURE - MANIFESTATION CULTURELLE - STIMULATION - RAISONNABILITÉ - CONSERVATION DE LA FAUNE ET DE LA FLORE - ANIMAUX - CRUALITÉ. L'obligation de l'Etat de garantir à tous le plein exercice des droits culturels, encourageant la valorisation et la diffusion des manifestations, ne dispense pas du respect de la norme du point VII de l'art. 225 de la Constitution fédérale, qui interdit la pratique de soumettre éventuellement les animaux à la cruauté. Procédure divergente de la norme constitutionnelle dénommée farra do boi "virée du bœuf".

---

[28]BRASIL. Supremo Tribunal Federal. *Ação Direta de Inconstitucionalidade 1856/RJ*. Reqte: Procurador-Geral da República. Intdo: Governador do Estado do Rio de Janeiro. Intdo: Assembleia Legislativa do Estado do Rio de Janeiro. Rel. Min. Celso de Mello. Tribunal Pleno. J. 26.05.2011. Dje 14.10.2011. Disponível em: <http://www.stf.jus.br/portal/jurisprudencia/listarJurisprudencia.asp?s1= %281856%2ENUME%2E+OU+1856%2EACMS%2E%29&base=baseAcordaos &url=http://tinyurl.com/c7orrln >. Acesso em: 30 jun. 2013.

EDNA CARDOZO DIAS |————

Jugement

Ayant vu, rapporté et discuté ces dossiers, les ministres de la Cour suprême fédérale, en deuxième classe, conviennent, conformément au procès-verbal de l'arrêt et des notes sténographiques, à la majorité des voix, d'entendre l'appel et de le faire droit, conformément au vote du rapporteur, a battu le ministre Mauricio Corrêa. Brasilia et juin 1997. Neri da Silveira.[29]

Une autre décision qui mérite d'être mentionnée concerne le cas du Belo Horizonte Zoonoses Center - MG, accusé d'avoir tué les animaux collectés avec du gaz suffocant. À l'époque, le ministère public de Minas Gerais avait déposé une action civile publique. Dans le cas d'un appel spécial, porté devant la Cour supérieure de justice, la décision suivante a été obtenue:

JUGEMENT ADMINISTRATIF ET ENVIRONNEMENTAL - CENTRE DE CONTRÔLE DE LA ZOONOSE - SACRIFICE DES CHIENS ET DES CHATS ERRANTS SAISIE PAR

ADMINISTRATION - POSSIBILITÉ LORSQUE INDISPENSABLE POUR LA PROTECTION DE LA SANTÉ HUMAINE - PRÉVU POUR L'UTILISATION DE MÉDIAS BRUTS. interdit des moyens cruels

1. La demande doit être interprétée conformément à la demande formulée dans l'exordial dans son ensemble, car l'acceptation de la demande extraite de l'interprétation logique-systématique de la pièce initiale n'implique pas de jugement extra petita.

2. La décision dans les embargos contrefaits n'a pas imposé une charge plus lourde à l'appelant, mais a simplement clarifié et illustré les méthodes par lesquelles l'obligation pouvait

---

[29] BRASIL. Supremo Tribunal Federal. *Recurso Extraordinário 153531/SC*. **Recte: APANDE-Associação Amigos de Petrópolis Patrimônio Proteção aos Animais e Defesa da Ecologia e outros. Recdo: Estado de Santa Catarina. Rel. Min. Francisco Rezek. Rel. p/ Acórdão: Min. Marco Aurélio. Segunda Turma. J. 03.06.1997.** Disponível em: <http://redir.stf.jus.br/paginadorpub/ paginador.jsp?docTP=AC&docID=211500>. Acesso em: 29 maio 2013.

être C'est pourquoi il n'y a pas eu violation du principe d'interdiction de la reformatio in pejus.

3. L'objectif principal et prioritaire des centres de lutte contre les zoonoses est d'éradiquer les maladies pouvant être transmises des animaux aux humains, telles que la rage et la leishmaniose. Par conséquent, les mesures de contrôle de la reproduction des animaux, que ce soit par injection d'hormones ou par stérilisation, devraient être une priorité, car, selon le rapport technique de l'Organisation mondiale de la santé, elles sont plus efficaces dans le domaine des zoonoses.

4. Dans des situations extrêmes, où la mesure devient indispensable pour la protection de la santé humaine, l'extermination des animaux doit être autorisée. Cependant, dans de tels cas, l'utilisation de méthodes cruelles est interdite, sous peine de violation de l'art. 225 des FC, de l'art. 3 de la Déclaration universelle des droits des animaux, art. 1 et 3, I et VI de l'arrêté fédéral no. 24,645 et art. 32 de la loi no. 9.605/1998.

5. Il ne peut être admis que, sur la base du pouvoir discrétionnaire, l'administrateur se livre à des pratiques illégales. Il est même possible d'avoir la liberté de choisir les méthodes à utiliser, s'il existe des moyens équivalents parmi les moins cruels, ce qui n'est pas la possibilité d'exercer le devoir discrétionnaire qui implique de violer la finalité légale.

6. En casu, l'utilisation de gaz asphyxiant dans le centre de contrôle des zoonoses est une mesure de cruauté extrême, impliquant une violation du système réglementaire de protection des animaux et ne peut pas être justifiée comme un exercice du devoir discrétionnaire de l'administrateur public.

Fonction spéciale improvisée.[30]

---

[30]BRASIL. Superior Tribunal de Justiça. *Recurso Especial n. 1.115.916-MG*. Recte: Município de Belo Horizonte. Recdo: Ministério Público do Estado de Minas Gerais. Rel. Min. Humberto Martins. 2ª Turma. J. 01.09.2009. Disponível em: <https://ww2.stj.jus.br/revistaeletronica/Abre_Documento.asp?sLink=ATC&sSeq=5764421&sReg=200900053852&sData=20090918&sTipo=91&formato=PDF>. Acesso em: 1º jun. 2013.

EDNA CARDOZO DIAS

La criminalisation de la pêche est prévue par la loi no. 9.605 / 98, dans les cas suivants:

Article 33. Provoquer, par l'émission d'effluents ou le transport de matières, la disparition de spécimens de faune aquatique existant dans les rivières, lacs, barrages, lagunes, baies ou eaux du Brésil:

Peine - emprisonnement d'un à trois ans, ou amende, ou les deux cumulativement.

Paragraphe unique. Encourt les mêmes sanctions:

I - ceux qui provoquent la dégradation des étangs, étangs ou stations aquacoles du domaine public;

II - qui exploite les champs naturels d'invertébrés aquatiques et d'algues, sans licence, autorisation ou autorisation de l'autorité compétente;

III - qui ancrent des bateaux ou jettent des débris de toute nature sur des crustacés ou des bancs de coraux, dûment marqués sur une carte marine.

Article 34. Pêche à une époque où la pêche est interdite ou dans des lieux interdits par l'organisme compétent:

Peine - emprisonnement d'un an à trois ans ou amende, ou les deux peines cumulativement.

Paragraphe unique. Les mêmes sanctions s'appliquent à ceux qui:

I - espèces de poissons à conserver ou spécimens plus petits que ceux autorisés;

II - pêcher des quantités supérieures aux quantités autorisées ou en utilisant du matériel, des équipements, des techniques et des méthodes non autorisés;

III - transporte, commercialise, profite ou industrialise des spécimens provenant de la collecte, de la capture et de la pêche interdites

Article 35. Pêche avec:

I - explosifs ou substances qui, au contact de l'eau, produisent un effet similaire;

II - substances toxiques ou autres moyens interdits par l'autorité compétente:

Peine - emprisonnement d'un an à cinq ans.[31]

Par pêche, on entend (art. 36, loi n ° 9.605 / 98) tout acte tendant à retirer, extraire, collecter, attraper, saisir ou capturer des espèces des groupes de poissons, crustacés, mollusques, légumes hydrobes. Peu importe qu'ils soient ou non économiquement avantageux.

Conformément aux dispositions de l'art. 2e du décret no. 221/67, Code des pêches, la pêche peut être commerciale, sportive ou scientifique. La pêche commerciale a pour objet des actes commerciaux. Le sport est celui pratiqué avec la ligne à main, la plongée ou tout autre moyen autorisé; le scientifique est uniquement destiné à la recherche par des institutions ou des personnes autorisées.

Les sanctions pour la pêche aux explosifs et aux substances toxiques sont plus sévères car ces délits peuvent détruire la faune sauvage et la santé humaine en raison des graves conséquences environnementales.

Luiz Régis Prado cite la jurisprudence suivante sur les délits de pêche:

> Crimes contre l'environnement - art. 34 de la loi 9 605/1998. Accusé que, dans une période interdite, en utilisant tarrafa, et surpris avec seulement cinq poissons équivalent à un demi-kilo. La configuration Reconnaissance du principe d'insignifiance - Impossibilité: - configure l'infraction de l'art. 34 de la loi 9.605 / 98, la conduite de l'accusé qui, à l'aide d'un filet, est capturé pendant une période interdite, avec seulement cinq poissons équivalant à un demi-kilo, étant impossible de reconnaître le principe de l'insignifiance, puisque dans un tel cas les pratiques l'agent du crime contre

---

[31] BRASIL. *Lei n. 9.605, de 12 de fevereiro de 1998.* Dispõe sobre as sanções penais e administrativas derivadas de condutas e atividades lesivas ao meio ambiente, e dá outras providências. Disponível em: <http://www.planalto.gov.br/ccivil_03/leis/l9605.htm>. Acesso em: 28 jun. 2013.

l'environnement, peu importe le nombre de poissons capturés, pas même les prises. (TACrimSP-AC 1334243/5 - 2nd Cam. Rel. Oliveira Passos - j. 30.01.2003).[32]

En plus des délits de pêche, les éléments suivants:

Pénalité CRIME ENVIRONNEMENTAL. PÊCHE PRÉDATOIRE POUR UNE PÉRIODE ET UN LIEU INTERDITS. ART 34, CAPUT ET PARAGRAPHES I ET II. SIMPLE, DE LA LOI N ° 9 605/98. MER TERRITORIALE. COMPÉTENCE DE LA JUSTICE FÉDÉRALE. PRINCIPE D'INSIGNIFICANCE. INAPPLICABILITÉ.

1. Les crimes perpétrés à la jetée Barra de Rio Grande / RS, qui sont situés sur la côte de la mer territoriale brésilienne, car ils affectent bien l'Union, relèvent de la compétence de la justice fédérale, conformément à l'art. 109, IV, du CF / 88 et art. 1 de la loi n ° 8 617/93.

2. La pêche prédatrice pratiquée à un moment et dans un lieu interdits est indépendante de la quantité de spécimens capturés, c'est-à-dire de la pertinence du résultat, étant donné que les dommages environnementaux ne peuvent pas être quantifiés et que le principe d'insignifiance est inapplicable.[33]

L'abattage de l'animal n'est pas considéré comme un délit dans les cas suivants:

Article 37: Ce n'est pas un crime d'abattre un animal

---

[32] PRADO, Luiz Régis. *Direito Penal do ambiente*. São Paulo: Revista dos Tribunais, 2005. p. 287.

[33] RIO GRANDE DO SUL. Tribunal Regional Federal da 4ª Região. *Apelação Criminal 200471010027670/RS*. Apte: Ministério Público Federal. Apdo: Marco Antonio Fagundes de Araújo. Rel. Luiz Fernando Wowk Penteado. 8ª Turma. DJU 29.06.2005, p. 831. Disponível em: <http://www2.trf4.gov.br/trf4/processos/visualizar_documento_gedpro.php?local=trf4&documento=669020&hash=bc58f927ec5eda7cd8bfee16c209836d>. Acesso em: 25 maio 2013.

lorsque effectué:

I - dans un état de besoin, pour satisfaire la faim de l'agent ou de sa famille;

II - protéger les cultures, les vergers et les troupeaux contre l'action prédatrice ou destructrice des animaux, à condition que cela soit légalement et expressément autorisé par l'autorité compétente;

III - opposé son veto

IV - parce que l'animal est nocif, tant qu'il est caractérisé par l'organisme compétent.[34]

■Mortalité animale

Article 54: provoquer des pollutions de toute nature à un degré tel qu'elles peuvent entraîner ou peuvent entraîner des atteintes à la santé humaine, ou entraîner la mort d'animaux ou une destruction importante de la flore.

Peine: emprisonnement de un à quatre ans et amende.
Crime coupable:
Peine: détention, de six mois à un an, et amende.

■Diffuser la maladie ou le ravageur

Article 61: Disséminer les maladies ou les ravageurs ou les espèces qui peuvent endommager l'agriculture, le bétail, la faune, la flore ou les écosystèmes.

Peine: emprisonnement de un à quatre ans et amende.

5.3.1 Expérience douloureuse chez les animaux

Loi 9 605, du 12 février 1998, dans son art. 32, § 1, décrit

---

[34] BRASIL. *Lei n. 9.605, de 12 de fevereiro de 1998.* Dispõe sobre as sanções penais e administrativas derivadas de condutas e atividades lesivas ao meio ambiente, e dá outras providências. Disponível em: <http://www.planalto.gov.br/ccivil_03/leis/l9605.htm>. Acesso em: 28 jun. 2013.

EDNA CARDOZO DIAS |

comme un crime la conduite d'une expérience douloureuse ou cruelle chez un animal vivant, même à des fins didactiques ou scientifiques, lorsque des ressources alternatives sont disponibles[35].

La réalisation d'une expérience douloureuse chez des animaux vivants est appelée vivisection, qui consiste à utiliser des êtres vivants, principalement des animaux, pour étudier les processus de vie et les maladies, et toutes sortes de manipulations subies par les êtres vivants dans divers types de tests et d'expériences. . Certaines pratiques sont:

● *Test d'irritation oculaire de Draize* - Les shampooings, les pesticides, les herbicides, les produits de nettoyage et l'industrie chimique sont testés sur les yeux de lapins conscients. Ce test existe depuis 1944. Les substances sont testées sur les yeux de lapins albinos piégés dans un dispositif de confinement qui ne reçoivent pas d'analgésiques, et le test dure plusieurs jours, pendant lesquels la cornée et l'iris sont examinés pour vérifier l'ulcération, le saignement, l'irritation, l'enflure et la cécité. Le test de Draize est également scientifiquement condamné, car les yeux de lapin sont structurellement différents des yeux humains.

● *DL 50, dose létale à 50%* - Introduit en 1927, il consiste à administrer aux animaux une dose de certains produits tels que pesticides, cosmétiques, médicaments, nettoyants pour vérifier la toxicité. La mort survient dans 50% des demandes. La forme courante est la prise orale forcée à l'aide d'un tube qui va dans l'intestin. D'autres formes incluent les injections, l'inhalation forcée de vapeurs et l'application de substances sur la peau. Les signes d'intoxication comprennent des larmes, de la diarrhée, des saignements oculaires et buccaux, des convulsions. Aucun médicament n'est administré pour soulager la souffrance des animaux. Les résultats varient d'une espèce à l'autre et d'un individu à l'autre.

● *Tests de toxicité de l'alcool et du tabac* - Même si vous connaissez déjà les effets nocifs de l'alcool et du tabac sur votre corps,

---

[35]Lei 9.605/98, art, 32, §§ 1° e 2°.

les animaux sont obligés d'inhaler de la fumée et de s'enivrer puis disséqués.

• *Expériences de psychologie* - Bon nombre des expériences les plus cruelles sont menées dans le domaine de la psychologie dans l'étude comportementale. Ces expériences comprennent la privation de la protection maternelle et la privation sociale dans l'infliction de la douleur pour observer la peur; l'utilisation de stimuli aversifs, tels que les chocs électriques, pour l'apprentissage; et dans l'induction d'animaux dans des états psychologiques stressants. Les animaux sont également soumis à des opérations de prélèvement d'une partie du cerveau pour observer les changements de comportement. Les chocs électriques, la douleur, la privation de nourriture et l'eau sont utilisés pour l'apprentissage. L'induction du stress est utilisée pour tester des médicaments connus tels que les antidépresseurs, les somnifères, les sédatifs, les stimulants et les tranquillisants.

• *Expériences d'armement* - Les animaux sont soumis aux rayonnements des armes chimiques et biologiques ainsi qu'aux décharges d'armes traditionnelles. Ils sont également exposés aux gaz et sont abattus dans la tête pour étudier la vitesse des missiles. L'excuse est que ces tests sont effectués pour des raisons défensives, mais en réalité, ils peuvent toujours être utilisés à des fins offensives. Et rien ne justifie l'utilisation d'animaux de guerre, dont la seule responsabilité incombe à l'espèce humaine. Il n'est pas justifié d'infliger de la douleur à l'animal dans le but de nous détruire.

D'autres tests absurdes sont ceux qui prétendent démontrer des faits connus, en utilisant des méthodes modernes telles que l'ordinateur et la vidéo. L'utilisation du curare comme anesthésique est également très cruelle car l'animal est paralysé mais pleinement conscient et sensible. Il est également d'usage d'utiliser le même animal pour plus d'une expérience ainsi que pour des expériences prolongées, ce qui est inadmissible.

• *Recherche dentaire* - Les animaux sont obligés de maintenir un régime alimentaire nocif avec des sucres et des habitudes alimentaires erronées pour éventuellement développer une carie dentaire et avoir des gencives et des arcades dentaires détachées supprimé. Tout cela après avoir su que la prévention et l'hygiène sont le fondement de la santé dentaire.

● *Test de collision* - Même sans pouvoir obtenir un permis de conduire, les animaux sont projetés contre des murs en béton. Des babouins gravides et d'autres animaux sont brisés et tués dans cette pratique. Les tests avec des poupées de pointe, associés au bon sens du conducteur, peuvent offrir de bien meilleurs résultats.

● *Dissection* - Les animaux sont disséqués vivants dans les universités et la même expérience est répétée des milliers de fois lorsque des vidéos et d'autres méthodes audiovisuelles sont disponibles aujourd'hui.

● *Pratiques médico-chirurgicales* - Bien que le chevet soit la meilleure école, des millions d'animaux subissent une intervention chirurgicale dans les écoles de médecine. Le service de zoonose fournit généralement à ces collèges des chiens et des chats, qui seront utilisés par les étudiants dans la formation chirurgicale des fractures, des sutures et de la résection d'organes. Beaucoup meurent pendant la chirurgie (s'ils saignent trop ou à cause de l'incompétence des étudiants), d'autres reçoivent une dose d'anesthésie insuffisante et souffrent de toutes les douleurs de l'opération.

5.3.2 Méthodes alternatives

Lorsqu'il existe des méthodes alternatives, la vivisection devient un délit au sens de la loi 9.605 / 98.

Les techniques alternatives sont celles qui utilisent la chimie, les mathématiques, la radiologie, la microbiologie et d'autres moyens pour éviter l'utilisation d'animaux vivants dans les expériences de laboratoire.

Après avoir trouvé impossible d'adapter à l'homme les informations obtenues à partir d'expériences sur des animaux vivants, en raison de la spécificité des espèces, il s'est efforcé de trouver des méthodes d'expérimentation plus efficaces. Les méthodes qui remplacent la vivisection utilisent un grand nombre de disciplines, dont

Il s'agit notamment de la biogénétique, des mathématiques, de la virologie, de la biochimie, de la radiologie, de la microbiologie, de la chromatographie en phase gazeuse et de la spectrométrie de masse. Nous pouvons souligner; parmi les méthodes développées: culture tissulaire, utilisation de micro-organismes et invertébrés inférieurs, élaboration de modèles mathématiques, enquêtes publiques et études épidémiologiques. Les modèles informatiques, le génie génétique, les œufs de poule, le placenta humain, les modèles mécaniques, les modèles mathématiques et l'audio visuel sont des méthodes alternatives disponibles pour la science.

● *Culture cellulaire* - Les cultures cellulaires sont de plus en plus utilisées par les laboratoires industriels et de recherche (en particulier pour les vaccins) au début des tests. La *culture cellulaire* est appelée la technique de culture de cellules isolées en dehors de leur environnement normal. Ces cellules proviennent de sources humaines, animales et végétales. Les tissus humains peuvent être obtenus lors d'opérations chirurgicales, de biopsies et d'autopsies, ou prélevés sur des fœtus ou des placentas. Les tissus animaux peuvent être récupérés dans les abattoirs ou les animaux de laboratoire abattus sans cruauté. Les cellules peuvent vivre, croître et se multiplier en recevant des nutriments en dehors de leur environnement naturel. Certains ont un potentiel de vie limité, d'autres peuvent vivre indéfiniment, ce qui permet des études de plusieurs mois. Un seul donneur est requis. La culture cellulaire est également moins coûteuse et produit des résultats scientifiques plus fiables. L'inconvénient est que le milieu de culture artificiel peut provoquer des transformations structurelles et biochimiques dans les cellules ou la perte de certaines fonctions spécifiques. Des recherches supplémentaires sont nécessaires pour surmonter cet obstacle.

● *Utilisation combinée de tests* - Une deuxième technique impliquant la culture de tissus vivants est la *culture organique*. Comme son nom l'indique, il nécessite la conservation d'une partie ou de la totalité d'un organe en verre afin de sauvegarder sa structure fondamentale et ses caractères biochimiques. Les cultures biologiques sont plus difficiles à conserver et ne sont utilisables que pendant quelques semaines.

Les bactéries et les organismes unicellulaires sont souvent utilisés comme instruments expérimentaux.

L'utilisation de ces tests en combinaison avec d'autres méthodes telles que les tests chimiques, la modélisation mathématique et les enquêtes épidémiologiques non seulement réduira le nombre inacceptable d'animaux employés dans les écoles, les laboratoires industriels et les universités dans les centres de recherche, mais sera bénéfique pour les étudiants, les hommes de science et le grand public.[36]

La pharmacologie quantique peut utiliser la mécanique quantique et, en comprenant la structure moléculaire et l'informatisation, chercher des explications sur le comportement des médicaments en fonction de leurs propriétés moléculaires.

● *Recherche épidémiologique* - La principale alternative, sans aucun doute, est l'étude des maladies humaines chez des individus infectés ou des populations spécifiques. Ce type de recherche utilise des volontaires, des études de cas cliniques, des rapports d'autopsie et une analyse statistique combinés à une observation plus précise. Il permet d'observer les facteurs environnementaux liés à la maladie, ce qui n'est pas possible chez les animaux confinés.

● *Techniques d'imagerie non invasive* - Le développement de techniques non invasives telles que la CAT, l'IRM, la TEP et la

---

[36] Carta mundial dos estudantes por uma ciência e uma biologia sem violência
1. Como estudante, ser-me-ão reconhecidos o direito e a possibilidade de estudar e exercer uma ciência que não implique nenhuma violência.
2. Ser-me-á dada a possibilidade desta escolha materialmente, intelectualmente e moralmente.
3. Eu terei direito a uma cláusula de consciência para recusar práticas experimentais violentas que me sejam impostas e que infrinjam a Declaração Universal dos Direitos dos Homens e a Declaração Universal dos Direitos do Animal.
4. Não se poderá exercer sobre mim, em um estabelecimento de ensino, sanções disciplinares ou administrativas, porque eu invocarei esta cláusula de consciência.
5. Ser-me-á, também, reconhecido o direito de objetar contra aplicações violentas da Ciência nas quais tentem me implicar.
6. Eu agirei com dignidade na minha reivindicação do direito ao estudo e ao exercício de uma ciência não violenta.
7. Eu invocarei a presente Carta contra práticas experimentais violentas sobre o homem e sobre o animal que me sejam impostas nos meus estudos ou na minha profissão.
8. Eu defenderei e divulgarei o espírito desta Carta para que a Ciência seja um caminho de compreensão, de simpatia e de paz para a humanidade, o animal e a natureza.

SPECT a révolutionné la recherche clinique. Ces appareils permettent d'évaluer les maladies humaines chez les patients. Par exemple, ces scanners ont été utilisés pour établir un diagnostic précoce dans l'évaluation de la maladie d'Alzhheimer, de la maladie de Huntington, des tumeurs musculo-squelettiques, de la maladie de Parkison et des maladies cérébrovasculaires. Ils ont également contribué à la connaissance du corps dans les sciences fondamentales.[37] Le CAT utilise des ordinateurs pour reconstruire des images tridimensionnelles du corps humain par rayons X. L'imagerie par résonance magnétique (IRM) vous permet de visualiser des images détaillées de l'intérieur du corps. humain sans injection de substances radioactives. Le tomographe à émission de positrons (TEP) et le tomographe informatisé à émission de photons uniques (SPECT) sont utilisés dans les études sur les maladies cérébrovasculaires et les troubles psychiatriques.

● *Test AMES* - Inventé par le Dr Bruce Ames de l'Université de Californie à Berkeley, ce test in vitro vérifie les cancérogènes à l'aide de la bactérie salmonelle, qui produit un cancer chez l'homme et d'autres mammifères. Le test dure environ 2-3 jours et est beaucoup moins cher que le modèle animal.[38]

● *Placenta* - Le placenta humain, qui est généralement jeté après la naissance d'un enfant, peut être utilisé pour la chirurgie microvasculaire et pour les tests de toxicité des produits chimiques, des médicaments et des polluants. Il n'a aucun coût et le matériau est 100% humain.[39]

● *Quanta Pharmacology* - C'est une technique informatisée utilisée dans la chimie théorique de l'étude de la structure moléculaire des médicaments et de leurs récepteurs dans le corps. En utilisant les connaissances existantes, il est possible de prédire à travers la structure du médicament l'effet sur l'organe humain ci-dessus.

---

[37] BASTOS, Rosely Acosta. *Frente brasileira da abolição da vivissecção*. Rio de Janeiro, 1999. mimeo., Inédito.

[38] BASTOS, Rosely, *Op. cit.*

[39] BASTOS Rosely, *Op. cit.*

„ *Eyetex* - Au lieu du test d'irritation oculaire Draize, il prévoit l'utilisation d'une protéine liquide qui imite la réaction de l'œil humain.

„ *Chromographie et spectroscopie* - Il est utilisé pour séparer les médicaments au niveau moléculaire afin d'identifier leurs propriétés et peut détecter la trajectoire des médicaments et leurs dommages aux humains.

„ *Corrositex* - Il s'agit d'un test in vitro pour évaluer le potentiel de corrosivité cutanée de divers produits chimiques. Développée par *In Vitro International Inc.*, cette technique permet de tester un ou plusieurs produits chimiques (médicaments) sur une barrière cutanée artificielle en collagène. Au-dessous de cette couche se trouve un liquide contenant un colorant indicateur PH, qui change de couleur lorsqu'il entre en contact avec la chimie testée. La corrosivité chimique est déterminée par le temps qu'il faut pour pénétrer la peau artificielle et provoquer un changement de couleur.

Au Brésil, en 2014, le Conseil national pour le contrôle de l'expérimentation animale (CONCEA), lié au ministère des Sciences et de la Technologie, a reconnu 17 méthodes alternatives. En 2012, le Réseau national de méthodes alternatives a été créé.

Les méthodes alternatives doivent être validées, et au Brésil, l'entité responsable est le Conseil brésilien des méthodes alternatives-BraCVAM.

Le Centre brésilien de validation des méthodes alternatives (BraCVAM) est une institution issue du partenariat entre Fiocruz et l'Agence nationale de surveillance de la santé (Anvisa). Il est le premier en Amérique latine à valider et coordonner des études pour remplacer, réduire ou affiner l'utilisation de sujets de tests en laboratoire.[40]

---

[40] https://www.incqs.fiocruz.brindex.php?option=com_content&view=article&id=1152:concea-recebe-recomendacoes-do-bracvam-para-reconhecimento-de-metodos-alternativos-ao-uso-de-animais-emlaboratorios&catid=114&Itemid=166. Acessado em 20 de julho de 2018.

Déclaration sur l'éthique expérimentale – L'Institut international de biologie humaine de Paris et la Ligue internationale des droits des animaux de Gênes ont proclamé, lors du Congrès international, qui s'est tenu à Gênes du 12 au 20 juin 1981, une Déclaration sur l'éthique expérimentale.

Le document proclame que tous les êtres vivants naissent égaux. Les inégalités entre espèces ou spécimens, entre races ou racisme constituent des crimes contre la vie. L'homme de science doit se consacrer au respect de la vie humaine ou non humaine et cette technologie de substitution est la seule compatible avec les droits du vivant.

5.3.3 Enquête policière

Dans les crimes commis contre la faune, procède comme prévu dans la loi sur les délits environnementaux et dans l'art. 6, II, du CPP, appréhendant les instruments et tous les objets qui se rapportent au fait. Cette saisie peut être effectuée préalablement à l'action de l'autorité judiciaire par les agents de l'administration, appuyée par l'art. 25 de la loi 9.605 / 98:

> "Loi 9.605 / 98, art. 25: Une fois l'infraction vérifiée, ses produits et instruments seront saisis et les registres respectifs établis."

Une fois l'infraction vérifiée, ses produits et instruments seront saisis et les registres respectifs seront établis. Un soutien juridique à la saisie peut être demandé à l'art. 25 de la loi 9.605 / 98 et à l'art. 245, § 6 du CPP:

> "Art. 245, § 6, CPP: La découverte de la personne ou de la chose recherchée sera immédiatement saisie et placée sous la garde de l'autorité ou de ses agents".

Les animaux seront relâchés dans leur *habitat* ou livrés à des zoos, fondations ou entités similaires, à condition responsabilité de techniciens qualifiés. Les produits périssables seront donnés à des institutions scientifiques, hospitalières, criminelles et autres organisations caritatives. Les produits et sous-produits de la faune non périssables seront détruits ou donnés à des institutions scientifiques, culturelles ou éducatives. Les instruments utilisés dans la pratique de l'infraction seront vendus, garantis leur décaractérisation par recyclage (loi 9.605 / 98, art. 25 et alinéas).

Si la saisie n'est pas effectuée immédiatement, procédez sous forme d'art. 240 et suivants du CPP, chercher un domicile ou une perquisition personnelle pour saisir des armes, des munitions et des instruments utilisés pour commettre un crime ou destinés à des fins criminelles; trouver les objets de preuve nécessaires; rassembler des éléments de croyance, etc.

S'il est impossible de relâcher les animaux dans leur habitat naturel ou de les livrer à des zoos, fondations environnementales ou entités similaires, les animaux peuvent être confiés au curateur, sous forme d'art. 2, § 6, a, du décret 6.514, de 22 de juillet de 2008, qui réglemente la loi sur les délits environnementaux.

Dans le cas de la pêche, la consommation de votre produit n'est pas interdite, et le produit saisi peut être donné. Cependant, le don ne doit être effectué qu'après l'envoi du matériel pour examen criminel. L'élimination des équipements, équipements, instruments et équipements saisis (par l'inspection de l'IBAMA ou les agences associées) dans le cadre de la pêche illégale suit les normes de l'Ordonnance / IBAMA n. 44-N, du 12 avril 1994, aux fins suivantes: aliénation, retour, destruction, don ou libération. Le retour sera appliqué lorsque la période de saisie temporaire des marchandises saisies selon les conditions de retour sera écoulée. La vente aux enchères (si elle est administrative) suivra la loi 8.666 / 93, le cas échéant, et sera appliquée si les instruments saisis ont été utilisés dans la pêche non interdite et s'ils constituent des produits du commerce non interdit, après 180 jours sans être recherchés. et ne font l'objet d'aucune action administrative ou judiciaire. La destruction des instruments sera effectuée en établissant dans chaque cas le terme détaillé de l'événement. Ce n'est que dans des situations particulières qu'il peut se produire sur place. A Minas Gerais, outre l'inspection

IBAMA et son accord, la police forestière, le la pêche est effectuée simultanément par l'Institut forestier de l'État et la police civile.

Les éléments de preuve dans la détermination des actes illicites prévus par la législation environnementale obéissent en général aux règles du CPP (art. 155 à 250).

5.3.4 Action criminelle

Dans les délits prévus par la loi 9.605 / 98, l'action pénale est publique et inconditionnelle.

Pour les délits moins offensifs (emprisonnement pouvant aller jusqu'à un an), l'application immédiate proposée de la peine restrictive de droit ou d'amende prévue à l'art. 76 de la loi 9099 du 26 septembre 1995 ne peut être formulée que tant qu'il y a eu composition préalable des dommages, visée à l'art. 74 de la même loi, sauf en cas d'impossibilité avérée. Lorsque la peine ne dépasse pas un an de prison, le jugement compétent est celui des petites causes. Ici, il faut être conscient du fait que dans le cas de l'extinction de la peine prévue par la loi 9099/95, cela, dans le cas des délits environnementaux, dépendra de la réparation du dommage, sauf en cas d'impossibilité. Un rapport confirmant les dégâts sera établi et le délai pourra être prolongé. La déclaration d'extinction de la peine dépendra également dudit rapport pour trouver réparation du préjudice.

Lorsque la peine devrait dépasser une période d'un an, la compétence de l'État ou du Tribunal fédéral, selon le cas.

Dès qu'ils en ont connaissance, la police civile rédige un état détaillé de l'incident et le renvoie immédiatement à la Cour des petites créances, le cas échéant, avec le plaignant et la victime, en demandant les expertises nécessaires. La composition des dommages-intérêts civils peut également être homologuée par ce tribunal et sera effective en tant que titre à exécuter par le tribunal civil compétent.

Parce qu'il s'agit d'une cruauté envers les animaux d'une action publique inconditionnelle, tout citoyen peut recourir au ministère public, qui est le titulaire de l'action pénale, par le biais d'une représentation. Vous pouvez également vous adresser directement à la Cour des petites créances (le cas échéant) pour présenter une représentation orale, qui sera réduite à terme. La matérialité du crime peut être prouvée par un rapport médical, des témoins, des photos ou des preuves équivalentes. Il est à noter qu'en cas d'action publique inconditionnelle, l'autorité est tenue d'agir indépendamment d'une plainte.

5.4 HISTOIRE DE CARACTÉRISATION DE LA CRUAUTÉ ENVERS LES ANIMAUX COMME UN CRIME

Initialement, les attaques contre les animaux étaient qualifiées d'infraction pénale et restaient généralement impunies, protégées par le décret 24.645 / 34 et l'art. 64 du LCP.

On peut dire que la modernisation de la législation sur la protection des animaux est due à l'engagement du troisième secteur qui, à travers les associations civiles, a établi des contacts fréquents avec les agents législatifs visant à intégrer cette protection dans le système juridique.

La Ligue pour la prévention de la cruauté envers les animaux (LPCA), depuis sa création en 1983, participe à l'avancement de la législation environnementale au Brésil. Notant qu'en règle générale, la répression des mauvais traitements infligés aux animaux et des agressions contre la faune ne s'est pas concrétisée dans la pratique, l'objectif de modernisation de la législation occupe désormais la première ligne de la LPCA. Pour atteindre ses objectifs, la Ligue a travaillé en permanence avec les médias, les autorités et d'autres entités environnementales au Brésil.

En 1984, à la suite de la réforme du Code pénal, nous avons demandé au professeur Jair Leonardo Lopes, alors président du Conseil de politique pénale et pénitentiaire, de lui remettre une proposition de criminalisation des attaques d'animaux. Cependant, à cette occasion, le Code pénal n'a été modifié que dans sa partie générale, c'est pourquoi la proposition n'a pas pu être utilisée.

En 1988, les attaques contre les animaux sauvages indigènes étaient caractéristiques des arts. 27 et 28 de la loi n° 5.197 / 67, jusque-là en tant que délit, ont vu leur libellé modifié pour en faire un délit et, en vertu de l'art. 34, dans un crime inapplicable (BRÉSIL, 1967).

En 1989, le LPCA a publié un bulletin contenant la proposition d'un projet de loi sur l'incrimination des pratiques de cruauté envers les animaux, qui a été remis, personnellement, à Brasilia, à une centaine de députés de différentes parties et au ministre de la Justice Bernardo Cabral.

Lorsque, en 1993, une commission a été créée au ministère de la Justice pour étudier à nouveau la réforme de la partie spéciale du Code pénal, le projet LPCA a de nouveau été remis à ses membres - Jair Leonardo Lopes, Evandro Lins e Silva , Wanderlock Moreira, Francisco Assis Toledo, Renée Ariel Dotti - et les conseillers des sous-sections de l'Ordre des avocats du Brésil (OAB), ainsi que du Comité fédéral de l'environnement de l'OAB.

Par la suite, les avocats de l'environnement ont fait valoir que le droit de l'environnement étant une branche particulière du droit, les violations de l'environnement devraient être répertoriées dans leur propre législation. Ainsi, une commission interministérielle a été constituée, composée des avocats écologistes et pénalistes les plus distingués, liés aux ministères de l'environnement et de la justice. Sous la présidence du juge Gilberto Passos de Freitas, le rapporteur était le ministre de la Cour supérieure de justice, Antônio Hermann Benjamin.

La proposition d'inclure la criminalité animale dans la loi a été transmise en 1996 par le LPCA au juge du chef de la Commission. Il a rapidement accédé à la demande, soumettant l'idée à la discussion dans la dite Commission. Comme l'approbation de Des. Gilberto Passos de Freitas, en présence de Dr Sônia Fonseca, en tant que représentant du LPCA, et de Dr Vanice Orlandi, de l'Union internationale pour la protection des animaux (UIPA-SP).

Le premier obstacle à surmonter a été d'offrir des éléments de conviction aux membres de la Commission, qui étaient contre l'inclusion de la *protection des animaux* dans la loi sur les délits environnementaux. Le mouvement a fait la promotion d'un grand *lobby* et le LPCA a édité le livre Animal Liberticide, contenant des rapports de crimes contre les animaux commis avec plus d'une centaine de photographies illustratives avec des légendes explicatives. Ce matériel a été distribué non seulement à la commission juridique, mais aussi aux Délégués et les sénateurs, qui voteront plus tard sur le projet de loi. La victoire est venue avec l'art. 32 de la loi sur les délits environnementaux - loi 9605 du 12 février 1998:

Article 32 - Pratiquer la maltraitance, les mauvais traitements, les blessures ou les mutilations d'animaux sauvages indigènes ou exotiques, domestiques ou domestiques:

Peine - détention de trois mois à un an et amende.

§ 1 - Les mêmes sanctions s'appliquent à ceux qui effectuent des expériences douloureuses ou cruelles sur des animaux vivants, même à des fins didactiques ou scientifiques, lorsqu'il existe des ressources alternatives.

§ 2 - La peine est augmentée d'un sixième à un tiers si la mort de l'animal survient. (BRÉSIL, 1998)

On peut dire que la protection juridique des animaux trouve son origine dans le droit pénal. Dans cette branche, les animaux sont protégés même contre leurs propriétaires, s'ils sont mal traités. Sa sensibilité est prise en compte.

Concernant la faune, en 1988, avec la création du programme Our Nature, les attaques contre les animaux sauvages étaient considérées comme des délits sans possibilité de caution. Le programme a criminalisé la chasse et le commerce illégal d'animaux sauvages, laissant les animaux sauvages définis comme ceux vivant en liberté. La loi a abandonné les animaux sauvages pendant la migration, ainsi que les animaux exotiques et domestiques. La loi n'a pas eu l'effet escompté. Comme il n'était pas appliqué, le trafic d'animaux a été utilisé pour couvrir le trafic de drogue et le blanchiment d'argent.

En fait, les amendements introduits par la loi 7 653/88 et la loi 5 197/67 ont rarement été respectés, car les figures typiques créées ont profondément révolté la société, ce qui a conduit à des plaisanteries et à un déni de juridiction par de nombreux juges. Les procureurs ont été les premiers à être sensibles à la cause animale et à l'environnement en général.

De 1988 à 1998, en raison d'un critère de politique pénale établi à la discrétion du législateur brésilien, différentes sanctions ont été prévues pour les mauvais traitements infligés aux animaux, selon leur classification: indigène, exotique ou domestique. Cela a été unifié avec la loi 9.605 / 88.

5.5 CRIMES DU 20E SIÈCLE

Au Brésil et dans le monde, des millions d'animaux sont attaqués par l'homme. L'homme primitif a attaqué l'animal en chassant ou en se défendant. Aujourd'hui, les formes de cruauté sont devenues de plus en plus raffinées, avec l'aide de la technologie et de la science, et avec la complaisance des religions.

Des milliers d'animaux sont torturés frauduleusement dans des laboratoires, où ils sont soumis à toutes sortes d'embarras physiques et psychologiques pour tester des armes, des cosmétiques, des pesticides, des drogues, des médicaments, des électrochocs et toutes sortes de privation et de punition pour des études comportementales.

Des milliers d'animaux sont condamnés à la réclusion à perpétuité dans les cirques et les zoos, contraints d'exécuter des nombres incompatibles avec leur nature biologique.

Des milliers d'oiseaux et d'animaux sauvages sont capturés dans leur pays d'origine et privés de leur liberté dans le seul but de réaliser des profits.

Des milliers d'animaux sont chassés, tués ou blessés, souffrent et meurent lentement, piégés ou frappés par l'arme de l'homme, assoiffés, affamés, peinés et gangrénés, dans les forêts.

Des millions d'animaux domestiques et sauvages sont élevés dans des systèmes de confinement, ne voyant jamais la lumière du soleil sauf le jour de leur mort, lorsque l'homme utilisera sa chair ou sa peau.

Des millions d'animaux sont transportés sur de longues distances dans des convois et des cages surpeuplés et mal ventilés, vivant la vie quotidienne de stress, de faim, de peur et de mort.

Des millions d'animaux sont abattus, saignés et charnus tous les jours de consommation entièrement conscients par des méthodes brutales. Les chevaux ont les pieds sciés de sorte que la chair perd son odeur avec la transpiration induite par la douleur, puis est abattue.

Des millions d'animaux meurent dans des combats sanglants tels que les combats de coqs, les combats de canaris et les combats de chiens, ou sont torturés dans des rodéos, des vachers et d'autres événements juste pour le plaisir de l'homme. Dans le tir au pigeon, les animaux sont tués dans le seul but que l'homme exerce son objectif.

À Santa Catarina, chaque année, les bœufs sont suppliés à mort lors d'une cérémonie appelée *Farra do Boi.*

Il y a d'innombrables barbaries commises par l'homme. Nous en avons sélectionné quelques-uns pour notre étude: combats de coqs, canaris et chiens, rodéos et bouviers, tauromachie, corrida, courses de chiens de lévriers et l'utilisation d'animaux pour la production de lactosérum et la caisse de chevaux 814 .

5.5.1 Cruauté dans les combats de coqs et les Canaries

Au Brésil, depuis 1934, avec la publication du décret fédéral 24.645, les combats de coqs étaient interdits. L'article 3, XXIX, de ce décret se lit comme suit:

> "Art. 3e: Les éléments suivants sont considérés comme des mauvais traitements:
> XXIX: Effectuer ou promouvoir des combats entre des animaux de la même espèce ou d'espèces différentes, la tauromachie et le simulacre de tauromachie, même dans un lieu privé. "

Le décret 24.645 / 34 est né avec force de loi car il a été rédigé par le gouvernement provisoire. Le décret 19 398/30 dit dans son art. 17:

> "Les actes du gouvernement provisoire seront contenus dans des décrets publiés par le chef du même gouvernement."

Il s'avère que le chef du gouvernement provisoire de l'époque a alors fait appel à l'activité légiférante pendant la période où la situation a prévalu généré par le décret 24.645 / 34. Ce qui se passe, nous semble-t-il, c'est qu'au moment de son apparition, il était encore inhabituel d'utiliser le décret-loi nomen juris, dont la figure est apparue avec la Constitution de 1936, à tel point que dans son texte le mot loi apparaît dans son art. 18, article XVII de l'art. 3ème, art. 8e, 10e, 13e, 14e, 16e et 17e.

Pour confondre les petits savants galiciens, de mauvaise foi, ils ont invoqué le décret 1.233 / 62 (soutenu par le premier ministre d'alors Tancredo Neves) pour dire que ce diplôme avait abrogé le combat de coqs. Il s'avère que le décret abrogé par le décret 1.233 / 62 était le décret 50.620 / 61 (décret du président d'alors Jânio Quadros qui interdisait les combats de coqs). Il n'a pas pu révoquer, car il n'a pas révoqué le décret 24.645 / 34. Alors, regardons l'art. 1er du décret 1.233 / 62:

"Le décret 50.620 / 61 est abrogé."

Plus une loi ne peut être abrogée par décret.

À l'époque, la loi sur les délits criminels n'avait pas abrogé le décret 24.645 / 34, ses dispositions n'étant pas contraires: *leges ad ultérieurs pertinents, nisi contrarias sunt.*

Avec le même argument selon lequel une loi ne peut pas être abrogée par un décret, nous comprenons que jusqu'à ce que la loi 9.605 (loi sur les délits environnementaux) ait son art. 32 réglementé, c'est-à-dire, énumérer que les cruautés sont protégées par cet article, l'art. 3 du décret 24.645 / 34, qui recense 31 figures typiques de maltraitance dans son renflement.

Le 26 octobre 1970, l'avocat Sérgio Nogueira Ribeiro[41] s'est rendu à l'Institut brésilien des avocats - RJ signalant que le 28/2/70 la police avait interdit le siège du Centro Esportivo Carioca, situé à Rua Chantecler 76, à São Cristóvão, à Rio de Janeiro, après avoir arrêté et inculpé dans la loi des personnes qui faisaient la promotion des combats de coqs et des paris en espèces. Cependant, en renvoyant l'affaire devant

---

[41] RIBEIRO, Sérgio Nogueira. *Crimes passionais e outros temas.* Rio de Janeiro: Itambé,1975, p. 83-88.

un tribunal, qui a reçu non. 51 402, et a dévalé le 17e tribunal correctionnel, le juge, dans un jugement rendu le 29/08/70, a rejeté l'accusation et a acquitté les prévenus pour avoir compris que les combats de coqs ne constituaient pas une cruauté envers les animaux. Et a demandé un avis à cet institut.[42]

---

[42] Honoré par la nomination du Dr Otto Vizzeu Gil, qui a présidé cette session de la Maison Veneranda le 15 de cette année, je vais maintenant me référer à la nomination présentée par l'avocat Sérgio Nogueira Ribeiro, datée du 1er août et signée par notre collègue Laércio Pellegrino et Othon Sidou.

Selon le promoteur, du 7 au 9 juillet de cette année, dans la rue du Centre sportif d'Alcântara, São Gonçalo, Rio de Janeiro, - malgré les protestations des associations de protection des animaux, avec le gouverneur de l'État, Raymundo Padilha - un tournoi national de combat de coqs auquel auraient participé environ deux mille concurrents.

Développant avec érudition et longuement les fondements de sa proposition, jusqu'aux fondements de sa proposition, le Dr Sérgio Nogueira Ribeiro s'est appuyé sur des précédents éthiques, doctrinaux, jurisprudentiels et législatifs pour conclure que la soi-disant lutte contre les coqs est illégale au Brésil et invite par conséquent le Instituto dos Advogados do Brasil à transmettre au ministre de la Justice une lettre demandant à Son Excellence de recommander à tous les gouverneurs la fermeture immédiate et définitive des combats de coqs, conformément à la loi et au sentiment de pitié qui doit caractérisent chaque être humain.

A la lumière des débats que la proposition a suscités lorsqu'elle a été approuvée à la majorité lors de la session de la journée en cours et bien que cette approbation montre déjà qu'elle est statutaire, je comprends toujours qu'il m'appartient, en tant que Rapporteur, de clarifier, PRÉLIMINAIREMENT, qu'au point 2 du § 1 de l'art. . 1, comprend parmi les objectifs de l'Institut, celui de «collaboration avec les pouvoirs publics dans l'amélioration de l'ordre juridique, par le biais de représentations, d'indications, de demandes, de suggestions», etc.

Il ressort de la simple lecture de cette disposition que la proposition en question est prévue dans les statuts de cette Assemblée. Cela dit, passons au mérite de la proposition:

Ce n'est pas la première fois que cet institut aborde des questions fondées sur la loi Juarez Távora, ainsi nommée parce que c'est à l'époque où il était ministre de l'Agriculture et inspiré par cet illustre Brésilien, que le président Getúlio Vargas, alors chef du gouvernement provisoire, a promulgué la Décret 24 645 du 10 juillet 1934 instituant des mesures de protection des animaux.

En effet, le précédent s'est produit lorsque le signataire a demandé et obtenu la protection de cette Assemblée contre la tentative prévue d'abroger partiellement cette loi, afin que la corrida puisse être légalisée. C'était alors notre président, le regretté collègue Justo Mendes de Moraes, en tant que maire de la ville de Rio de Janeiro (alors District fédéral), son cousin, ou le général Ângelo Mendes de Moraes, très déterminé à mener les soi-disant «courses de taureaux». Il lui semblait que cela rendrait plus lumineuses les célébrations du quatrième centenaire de cette ville.

Le projet de dérogation à une partie de la loi citée avait déjà été approuvé par la Chambre des représentants (numéro 763, 1950) et c'est grâce au soutien massif de cette Chambre que, dans une lettre envoyée au sénateur Melo Viana, alors à la présidence du Sénat, que L'affaire a été réexaminée et le Sénat de la République n'a pas été autorisé à accepter le point de vue de la Chambre des représentants lors d'une session mémorable qui a eu lieu le 27 juillet 1950.

Brillamment rapporté par le sénateur Luiz Tinoco et avec le soutien des autres membres du Comité, à savoir les sénateurs Waldemar Pedrosa, Augusto Meira, Atílio Vivacqua, Joaquim Pires, Aluísio de Carvalho et Ferreira de Souza, ce dernier éminent professeur de droit et membre de cette Chambre , le projet a-t-il été rejeté sur la base de notre proposition, ainsi mentionné dans la présentation du sénateur rapporteur, dans le passage suivant:

«Il est également important de prêter attention à l'importante décision prise par l'Institut brésilien des avocats qui, en tant que membre du Parlement, a décidé de transmettre au Sénat sa contribution en la matière.

La plénière de ce respectable Sodalicius a approuvé, à la majorité expressive, l'avis de sa commission permanente du droit pénal, contrairement à la tauromachie au Brésil.

Toute règle qui impose une punition ou une sanction doit être qualifiée de juridiquement pénale! Toutefois, l'indication de la corrida a été transmise par l'Institut des avocats à sa commission du droit pénal, conformément à la bonne doctrine. Voici, cet organe spécialisé et technique offre à la plénière son avis contre ces jeux, avis renforcé par les composantes du corps maximum d'avocats brésiliens.

Le sénateur rapporteur a poursuivi:

«Nous avons reçu des appels de tous les coins du pays pour connaître la proposition. Si la conviction juridique et l'humanitarisme ne suffisent pas, la sincérité de ces exhortations devra nécessairement être prise en compte. Ce sont des associations de protection des animaux; ce sont d'autres entités; Ce sont des patriciens anonymes et inconnus qui font appel à notre compréhension et à notre équilibre.

Nous sommes dégoûtés de concevoir l'hypothèse simple que l'homme peut lui-même servir d'objet en s'éveillant des instincts inférieurs, en sommeil par la civilisation et en souffrance par la culture.

En conclusion, la Commission a décidé:

«La marche à la hausse de la culture et des progrès du Brésil ne peut être entravée par de telles initiatives, qui constituent la faute des principes de générosité et de noblesse inhérents à notre peuple. Et en tant que représentant de ce peuple, dont nous avons reçu le mandat législatif, nous préférons nous en tenir à leurs souhaits. Nous répondons ainsi aux appels qui nous ont été et nous sont toujours adressés à travers un nombre considérable de messages.

En conséquence, pour des raisons juridiques et morales, nous proposons une opinion contraire au Projet.

Pour le rejet.

Ruy Barbosa Hall le 27 juillet 1950. »

Annexe, en tant que partie intégrante de ce rapport, p. 6 071 du Journal du Congrès national du 2 août 1950, contenant l'avis du Comité sénatorial, transcrit ci-dessus.

L'histoire a ensuite été largement diffusée par la presse, comme on le voit à partir de la 2e p. Extrait du Diário de Notícias du 22 juillet 1950, sous le titre: L'Institut des Avocats du Brésil est contre la corrida, où la proposition du signataire est transcrite, renforcée avec le soutien qu'elle a ensuite reçu de nos défunts collègues Baltazar da Silveira , Pena e Costa, Letacio Jansen et autres, qui ont également reçu l'avis favorable de la commission du droit pénal, qui était alors composée des avocats Serrano Neves, Dario Almeida Magalhães et Dyonisio da Silveira, ayant voté l'avocat Evandro Lins e Silva, ancien ministre. de la Cour suprême. Vous trouverez également ci-joint une copie de cette publication en tant que partie intégrante de celle-ci.

Mes archives contiennent des dizaines de publications, dont une délicieuse charge de Périclès (l'ami du jaguar), dans le magazine O Cruzeiro, 5 août 1950 (annexe 3).

Des dizaines et des lettres de soutien d'associations de protection des animaux et de personnes de tous horizons, en colère contre la possibilité d'une corrida au Brésil, m'ont été envoyées par dizaines.

Bien sûr, bien qu'il y ait une analogie entre ce vieux cas de corrida et celui de combats de coqs, parfois soulevé, il y a des différences à souligner. Dans le cas de la tauromachie, nous avons un homme (ou un groupe d'hommes) qui lutte contre un animal avec tous les avantages qui lui confèrent de la rationalité et avec tous les raffinements de malveillance qui leur donnent des armes dites de mêlée pour saigner et caresser le pauvre animal. pris au piège, entraîné dans une attitude d'agression désespérée, dans une lutte futile pour sa survie, car sa mort est certaine.

Dans le cas des coqs, nous avons deux oiseaux de la même espèce qui se battent pour l'instinct, stimulés par l'illusion du prix qui ne leur est pas donné, c'est-à-dire la possession de la femelle idéale, comme cela se produit dans la plupart de l'échelle zoologique où le mâle se bat pour le Femme Rien ne ressemble à la tauromachie, qui est un combat provoqué artificiellement sans la moindre récompense ou illusion de récompense sexuelle pour le pauvre taureau. En outre, nous devons également considérer que la corrida était une habitude nettement anti-brésilienne. Il a contredit nos traditions et a tenté de l'infiltrer dans les habitudes sportives du Brésil, avec tous les raffinements de sa perversion et de son sadisme typiques. Les combats de coqs, bien qu'éthiquement répréhensibles, n'atteignent pas, à mon avis, la finesse de la cruauté que la musique et la mise en scène taurines ne suffisent pas à dissiper. Le combat de coqs, cependant, est largement implanté comme une dépendance et une habitude de notre peuple - en particulier l'homme rural avec un choix d'amusement moindre que l'homme urbain - et tel que le président Jânio Quadros, qui en un minimum de temps a réussi à atteindre un ridicule, il a été critiqué de manière moqueuse pour avoir, comme le rappellent nos trois collègues signataires de la proposition, promulgué le décret 50.620 du 18 mai 1961, interdisant inutilement le fonctionnement des combats de coqs. » Ce décret a été abrogé par n. 1. 233 du 22/06/62, compte tenu de la pression exercée par les soi-disant Galistes sur le gouvernement parlementaire de l'époque. Mais cette révocation n'a nullement changé l'art. 3 du décret 24.645 précité, du 10/7/34, relatif à la protection des animaux, qui considère les combats de coqs comme des mauvais traitements.

Ainsi cet Institut, convoqué à nouveau pour défendre les animaux et provoqué cette fois par la sensibilité d'une illustre patricienne, talentueuse et digne, Mme Lya Cavalcanti, présidente de l'Association pour la protection des animaux, qui - soit dit en passant, soit dit en passant de remerciements récents - tant de choses ont coopéré avec nous lorsque l'épisode de la corrida a eu lieu, ne peut pas, à mon avis, mais venir à la suite

CONCLUSION:

Depuis que la loi dite Juarez Távora est en vigueur, le décret précité no. 24.645, du 10 juillet 1934, qui place tous les animaux existants dans le pays sous la tutelle de l'État (art. 1) et, par conséquent, les assiste en justice par des représentants du ministère public, leurs substituts légaux et membres. les sociétés de protection des animaux (§ 3 de l'article 2); définissant la loi comme un mauvais traitement (art. 3), une série d'actes, tels que:

"Moi, je commets un acte d'abus ou de cruauté sur un animal;
:..

IV, frapper, blesser ou mutiler volontairement tout organe ou tissu de sauvegarde autre que la castration pour les animaux domestiques uniquement, ou d'autres opérations effectuées uniquement pour le bénéfice de l'animal et celles nécessaires à la défense de l'homme, ou dans l'intérêt de la science;
....

VI, à ne pas donner la mort rapide, exempte de souffrances prolongées, à tout animal dont l'extermination est nécessaire à la consommation ou non;
....

XXIX, mener ou promouvoir des combats entre animaux de la même espèce ou d'espèces différentes, la tauromachie et le simulacre de tauromachie, même dans un lieu privé;
....

XXX, jetant des oiseaux et d'autres animaux dans des salles de concert et les affichant pour la chance ou les cascades.

Etablissant également la loi sur les délits criminels (décret-loi n ° 3 688 du 3 octobre 1941):

"Art. 64 - Traiter cruellement un animal ou le soumettre à un travail excessif:
Peine - Emprisonnement simple, de dix jours à un mois, ou amende de dix à cinquante cents.
....

§ 2 - La peine sera appliquée avec une demi-majoration si l'animal est soumis à un travail excessif ou brutalement traité, exposé ou exposé au public.

Tout cela démontre au contraire que les combats de coqs sont illégaux et bien sûr aussi anti-caritatifs.
En conséquence, il me semble être bien fondé et, par conséquent, j'apporte tout mon soutien personnel à la proposition des trois collègues susmentionnés, acceptant comme bonne, valable et opportune la suggestion finale d'indiquer qu'ils demandent à la Chambre de transmettre leur lettre à l'honorable ministre. Justice, lui demandant, avec l'appui des textes juridiques cités, une recommandation à tous les gouverneurs des États (et j'ajouterais à Son Excellence le Gouverneur de l'État de Rio de Janeiro, notamment, pour la tenue du «Tournoi national». des combats de coqs »), la fermeture immédiate et définitive des combats de coqs sur tout le territoire national, dans le respect de la loi et du respect de la pitié, sans laquelle l'homo sapiens, en plus de perdre sa sagesse, cesse d'être humain et transforme - dans ce mode d'adoration et d'appréciation de la convoitise de la violence et du mal - l'être le plus dangereux et le plus vil à l'échelle zoologique.
Rio de Janeiro, 17 août 1973. Thomas Leonardos - Rapporteur."

En 1990, la loi municipale 4.149 / 90, qui autorisait l'exécution de combats de coqs dans cette municipalité, a été approuvée pour une certaine période à Salvador.

Une telle loi blessait frontalement l'art. 214, point VII, de la Constitution de l'État de Bahia, comme suit:

"L'État (de Bahia) et les municipalités sont tenus, par le biais de leurs organes d'administration directs et indirects:

VII - protéger la faune et la flore, en particulier les espèces menacées, en supervisant l'extraction, la capture, la production, le transport, la commercialisation et la consommation de leurs spécimens et sous-produits, en interdisant, en vertu de la loi, les pratiques qui mettent en danger leur utilisation. fonction écologique, provoquent leur extinction ou soumettent les animaux à la cruauté. "

S'il incombe à l'État et aux municipalités de protéger les animaux, afin qu'ils ne soient pas soumis à la cruauté, il est interdit d'éditer des lois qui encouragent tout le contraire.

Avec ces arguments, la Ligue pour la prévention de la cruauté envers les animaux a adressé une représentation au bureau du procureur général de cet État, puis le procureur général Carlos Alberto Dutra Cintra a déposé un ADIn auprès de la Cour de justice de cet État le 30 / 1/91, pour la déclaration d'inconstitutionnalité de la loi interne de Salvador 4.149 / 90.

L'ADIn a été confirmé par la Cour plénière de la Cour de justice de Bahia. Jatahy Fonseca, et le menu suivant:

"Action directe d'inconstitutionnalité. Combats de coqs. Provenance

La loi municipale qui régit les combats de coqs est parce

qu'elle soumet les animaux à la cruauté (art. 214, VII, de la Constitution de l'État et art. 225, § 1, point VII, de la Constitution fédérale)."[43]

[43]Cour de justice de Bahia
Cour plénière.
Action directe d'inconstitutionnalité 880-8 (Salvador)
Requérant – Procurador do município de Salvador
Rapporteur - Des. Jatahy Fonseca

> Action directe d'inconstitutionnalité. Cockfight. Provenance
> La loi municipale qui régit la lutte contre les coqs est inconstitutionnelle car elle soumet les animaux à la cruauté (art. 214, VII, de la Constitution de l'Etat et art. 225, § 1er, point VII, de la Constitution fédérale).

JUGEMENT

Après avoir vu, examiné, rapporté et discuté le cas présent de l'action directe contre l'inconstitutionnalité no. 880-8 (Salvador), où le ministère public est le requérant et la ville de Salvador est requise,
CONVIENNENT à l'unanimité des juges membres de la Haute Cour de l'Etat de Bahia, en séance plénière, de déclarer inconstitutionnelle la loi municipale no. 4.149 / 90.
Le ministère public de l'État de Bahia, dans le cadre de ses attributions légales, par son procureur général, a déposé devant la Cour de justice flagrante la présente action directe en inconstitutionnalité de la loi municipale no. N ° 4 149/90 qui "autorise les combats de coqs et autres arrangements".
Cette loi a été approuvée par le conseil municipal de Salvador, approuvant pendant un certain temps la sanction de l'exécutif municipal.
Le requérant déclara que la loi municipale renyoyée portait atteinte frontalement à l'art. 214, point VII, de la Constitution de l'État et art. 255, § 1, point VII de la Constitution fédérale.
Le requérant soutient que, par de telles dispositions constitutionnelles, l'État et la municipalité ont l'obligation d'agir pour la protection des animaux, afin qu'ils ne soient pas soumis à la cruauté, il est donc interdit de promulguer des lois qui encouragent le contraire, c'est-à-dire , cruauté envers les animaux.
Il a également ajouté que la loi municipale susmentionnée nuit également à l'art. 64 de la loi sur les infractions pénales et art. 3, XXIX, de l'arrêté fédéral no. 24.645 / 34.
En conclusion, le requérant a déclaré que la pratique des combats de coqs était illégale et inconstitutionnelle, méritant la répudiation de tous, car elle n'est rien d'autre que l'encouragement à la cruauté et au gain facile.
Accompagnant l'initiale, vint le processus administratif n. 380/91 - PGJ, qui contient plusieurs documents des sociétés de protection des animaux envoyés au bureau du procureur général, dénonçant la pratique contraventionnelle de la société galicienne, soutenue par la loi, déclarée inconstitutionnelle et demandant des mesures appropriées.
Une injonction a été accordée pour la suspension de ladite loi.
Le conseil municipal de Salvador a fourni les informations demandées (pages 18/35 v.).

La mairie n'a pas fourni les informations demandées.

Le bureau du procureur général a jugé que cette action était fondée (pages 37/38)

Examinés, les dossiers ont été inclus dans le programme du procès.

C'est le rapport.

Comme on l'a vu, le bureau du procureur général a jugé que l'action était bien fondée (voir pages 37/38).

Le procureur général de l'État de Bahia a proposé l'actuelle action directe contre la constitutionnalité de la loi municipale n ° 4 149/90, approuvée par le conseil municipal de Salvador.

Le requérant affirme que cette loi porte un préjudice frontal à un appareil inséré dans l'État (art. 214, point VII) et fédéral (art. 225, § 1, point VII) Constitutions obligeant les États et les municipalités à protéger la faune et la flore, interdisant des pratiques qui mettent en danger leur fonction écologique, provoquent leur extinction et soumettent les animaux à la cruauté.

Le requérant a raison de dire que la pratique des combats de coqs est illégale et inconstitutionnelle et mérite la répudiation de tous car elle encourage la cruauté et les gains faciles.

Cependant, il établit l'art. 214, point VII, de la Constitution de l'État, en répétition de celle déjà établie à l'art. 225, § 1, point VII, de la Constitution fédérale:

`` L'État et les municipalités s'engagent, par l'intermédiaire de leurs organes d'administration directs ou indirects: VII à protéger la faune et la flore et les espèces menacées d'extinction en supervisant l'extraction, la capture, la production, le transport, la commercialisation et la consommation de leurs spécimens. et les sous-produits, interdits par la loi, les pratiques qui mettent en danger leur fonction écologique, provoquent leur extinction ou soumettent les animaux à la cruauté.''

Contrairement au précepte constitutionnel susmentionné, la loi municipale n ° 4 149/90 autorise les combats de coqs (art. 10) et, en allant ingénieusement plus loin, tente de modifier le concept moral et juridique en établissant dans l'art. 2 ° que «ne constituent pas un jeu de hasard dans des combats de coqs, ni ne signifient un traitement cruel des animaux''.

Maintenant, une loi qui est de front contraire au précepte constitutionnel ne peut pas tenir. De même, les normes constitutionnelles, le cas échéant, seront rendues explicites, réglementées par une loi complémentaire qui ne pourra jamais être confondue avec une simple loi municipale.

Ainsi, la Constitution interdit les pratiques qui soumettent les animaux à la cruauté. Par conséquent, la loi municipale no. 4.499 / 90 ne peut prétendre que les combats de coqs ne sont pas un traitement cruel des animaux ou que le jeu sur les paris n'est pas un pari.

L'inconstitutionnalité de cette loi municipale est si flagrante que le conseil municipal lui-même, dans ses dossiers d'information. 18/19, le reconnaît en disant qu'il sera chargé de résoudre l'inconstitutionnalité alléguée par le ministère public.

Pour ces raisons, il est décidé de déclarer inconstitutionnelle la loi municipale n ° 4 149/90.

Chambre des sessions de la Cour de justice de l'État de Bahia, en session plénière, le 12 juin 1992. "

En 1998, le gouverneur de l'État de Rio de Janeiro a sanctionné une loi similaire, dans l'intention de libérer les combats de coqs dans cet État.

Les écologistes ont protesté et envoyé une représentation au procureur général, demandant la déclaration d'inconstitutionnalité de cette loi[44].

---

[44] La Ligue pour la prévention de la cruauté envers les animaux, entité civile de protection de l'environnement, signée in fine est devant vous. d'exposer et d'exiger les éléments suivants:

Le 20 mars 1998, le gouverneur de l'État de Rio de Janeiro, Marcello Alencar, a sanctionné la loi no. 2 895, rédigé par le député José Godinho Sivuca (PPB) - RJ, autorisant la création et la tenue d'expositions et de compétitions entre oiseaux combattants sur tout le territoire de cet État.

Désormais, les combats de coqs et les combats de canaris sont implicitement interdits par la Constitution fédérale, dans son art. 225, § 1, point VII, qui interdit les pratiques qui soumettent les animaux à la cruauté, donnant au gouvernement et à la société la tâche de protéger la flore et la faune.

La loi renvoyée nuit également à la Constitution de l'État de Rio de Janeiro dans son art. 258, § 1, IV, qui impose à chacun et au gouvernement le devoir de `` protéger et préserver la flore et la faune, les espèces menacées, les espèces vulnérables et rares, et les pratiques qui soumettent les animaux à la cruauté sont interdites, par exemple. l'action directe de l'homme sur eux.

En vertu des lois ordinaires, la loi 2 895/98 viole la loi fédérale 9 605 du 12 février 1998, qui prévoit des sanctions pénales et administratives pour les comportements préjudiciables à l'environnement.

Dans votre art. 32 La loi 9 605/98 qualifie de délit "de commettre un acte d'abus, de maltraitance, de blessure ou de mutilation d'animaux sauvages indigènes ou exotiques indigènes ou domestiqués".

Nous sommes également confrontés à un crime contre l'administration de l'environnement (art. 67 de la loi 9.605 / 98), qui est l'octroi d'une autorisation par un agent public, en désaccord avec les normes environnementales.

Selon la théorie kelsinienne, une norme juridique trouve son fondement de validité dans la norme immédiatement supérieure, formant une chaîne verticale dont le sommet est la Constitution, qui est le fondement ultime de tout ordre positif.

L'incompatibilité de la loi de l'État-RJ 2.895 / 98 avec la Constitution fédérale et la Constitution de l'État de Rio de Janeiro est évidente.

En plus d'être inconstitutionnelle, elle est illégale car elle viole la loi fédérale 9.605 / 98, car toutes les lois doivent être conformes aux catégories supérieures. Ainsi, deux principes fondamentaux du droit ont été lésés: la constitutionnalité et la légalité, constituant l'inconstitutionnalité directe et indirecte de la loi en question.

La cruauté du combat de coq est évidente. Voyons voir: (description des combats de coqs comme ci-dessus).

Cela dit, et démontré dans la mesure de l'inconstitutionnalité et de l'illégalité de la loi 2895 du 20 mars 1998, vous obligez à daigner. de déposer une action directe en inconstitutionnalité de ladite loi auprès du Tribunal fédéral."

POURQUOI LE COMBAT DE COQ EST CRUEL

D'un an, le coq est prêt pour le combat et passera par 69 jours de traitement. Dans le traitement, l'animal est écorché - ce qui signifie qu'il a coupé les plumes de son cou, de ses cuisses et sous ses ailes - a ses barbes et ses paupières opérées. Il a ainsi commencé une vie de souffrance avec une formation de base. L'entraîneur, tenant l'animal d'une main dans le chat et l'autre dans la queue, ou le tenant par les ailes, le jette et le laisse tomber au sol pour renforcer ses pattes. Une autre procédure consiste à le tirer par la queue, en le faisant glisser en forme de huit, entre ses jambes séparées. Ensuite le coq est suspendu par sa queue pour renforcer ses ongles dans le sable. Un autre exercice consiste à pousser l'animal autour de son cou, le faisant tourner en cercle comme un haut. Ensuite, l'animal est brossé pour développer les muscles et égayer la couleur des plumes, est baigné dans de l'eau froide et placé au soleil pour ouvrir le bec, donc fatigué. C'est pour augmenter la résistance.

Vient ensuite le temps de la formation de collation, lorsque le coq est mis à se battre avec un autre, juste pour la formation, en utilisant des coussinets de spores et des embouts en caoutchouc sur son bec. Le bout qui retient les deux buses sert à l'entraînement du coup de pied, et le bout qui tient la buse supérieure est conçu pour que le coq puisse piéger son adversaire sans le blesser. Le bout est retiré pour le rendement, mais à ce stade, les animaux sont séparés avant la blessure.

Le coq passe sa vie pris au piège dans une petite cage, ne circulant que dans un plus grand espace pendant les saisons d'entraînement, lorsqu'il est placé sur le tapis roulant, qui mesure 2 m de long et 1 mètre de large.

Le moment est venu pour le coq d'être emmené aux combats. Après la paire (choix des paires) vient le haut, qui est le pari entre les deux propriétaires. Ensuite, les paris et les bites sont ouverts. Les coqs entrent dans la raclette avec des chaussures faites d'éperons métalliques et de becs d'argent (le bec d'argent sert à blesser davantage ou à remplacer le bec déjà perdu dans le combat). Le combat dure 1h15, avec 4 rafraîchissements de 5m. Si le coq *est touché* (mortel) ou à *moitié touché* (KO), le public hystérique parie lèche, qui sont des paris avantageux pour l'adversaire.

Si le coq est tombé pendant 1 minute, le juge autorise le

propriétaire à *figurer* le coq (essayez de le tenir debout). S'il peut se tenir debout pendant 1m, le combat continue. Se coucher est un perdant. Le coq peut avoir peur quand il prend un coup très douloureux et abandonne le combat.

Si le combat dure 1h15 sans que l'un d'eux tombe, il y a égalité et le sommet perd sa validité. Les paris sont même placés sur le rafraîchissement.

Le coq de *carrière* est celui qui dirige la raclette et court jusqu'à fatiguer l'autre qui court après lui, puis l'abattre. Un joug est celui qui traverse son cou avec le cou de l'autre, forçant vers le bas jusqu'à ce que l'adversaire perde sa position de combat. Le coq "canga" est celui qui, au milieu du combat, entre sous les plumes de l'adversaire lorsqu'il est attaqué puis l'embuscade.

Tout cela prouve que les combats de coqs sont cruels et ne peuvent être appréciés que par des individus pervers et sadiques.[45] Il convient également d'expliquer pourquoi la lutte contre les canaris est cruelle. Le principal argument des éleveurs pour justifier ces disputes est le fait que les canaris combattent spontanément dans la nature.

L'oiseau a, en fait, le sentiment d'appartenance à la terre, qui se manifeste par le chant. Le territoire sera plus long du chant. Le chant du canari a une large gamme et, par conséquent, dans la nature vit sur un vaste territoire et en couple. À l'état sauvage, ces oiseaux ne se battent que pour défendre le territoire où ils s'accoupleront et auront leur progéniture. Jamais par instinct pour se battre. Ainsi, les combats n'ont lieu qu'au moment de la reproduction, d'août et septembre, et se terminent par l'inévitable fuite du perdant. À la fin de l'automne et en hiver, ils vivent en meute sans territoire et rien ne les fait se battre.

De plus, lorsqu'il y a invasion de territoire, le combat n'a pas toujours lieu. Les animaux disposent d'un code de communication qui permet un dialogue avant le litige. Les oiseaux lèvent leurs plumes pour intimider l'adversaire, qui peut aussi faire des signes d'apaisement

---

[45] DIAS, Edna Cardozo. *SOS Animal*.Belo Horizonte: Liga de Prevenção da Crueldade contra o Animal, 1996.

et d'abandon territoire, mettant fin au différend.

Un autre argument utilisé par les éleveurs est que les compétitions visent à affiner la race et à défendre l'espèce de l'extinction.

Bien au contraire de ce qu'ils disent, dans la nature, l'animal est mieux préservé, car un canari qui s'échappe ou perd son territoire peut être un nouveau et un bon éleveur, qu'il soit bon combattant ou non. Étant donné que tous les canaris ne sont pas destinés au combat et que la captivité n'est pas nécessaire pour préserver l'espèce, quelles sont les améliorations des fermes? Personne n'améliore une race captive pour le bien de la race elle-même. Au fond, cela se fait toujours au profit de l'homme. L'une des choses les plus difficiles est d'élever une espèce en captivité et de la réintroduire dans la nature, non seulement en raison de la difficulté d'adaptation de l'espèce mais également en raison du manque de zones appropriées.

Les canaris de combat sont nourris avec des graines de cannabis et le remède Melhoral dissous dans l'eau. De plus, la stimulation sexuelle, causée par la présence de la femelle et le massage de la poitrine des animaux, est utilisée pour attiser les animaux contre un autre oiseau. Le perdant n'a pas de pardon: s'il survit à la colère de son adversaire, il meurt écrasé par le créateur, dégoûté de sa défaite; et s'il gagne, il ne reste pas avec la femelle, car il est sauvé pour un autre chien.

En fait, le but des combats est de gagner de l'argent en jouant et en commercialisant des oiseaux, une entreprise de plusieurs millions de dollars où les canaris sont un instrument cruel d'exploitation financière.[46]

En examinant la signification étymologique du mot cruauté, on peut en déduire qu'en tout cas les combats de coqs et les combats de canaris sont illégalement:

● CRUEL: personne qui prend plaisir à nuire à un autre être; celui qui est insensible à la douleur qui provoque les autres. (Hailing Encyclopedia of Law, v. 22 p. 14).

● CRUAUTÉ: qualité ou caractère de ce qui est cruel, qui prend plaisir à faire le mal, à tourmenter ou à nuire.[47]

---

[46] DIAS, Edna Cardozo. *SOS Animal. Op. cit.*

[47] FERREIRA, Aurélio Buarque de Holanda. *Novo Dicionário da Língua Portuguesa.* 1.ed., Rio de Janeiro: Nova Fronteira, 1986

Cela dit, et démontré dans la mesure de l'inconstitutionnalité et de l'illégalité de la loi 2895 du 20 mars 1998, vous obligez à daigner. de déposer un recours direct en inconstitutionnalité de ladite loi, devant le Tribunal fédéral.

P.D.

Edna Cardozo Dias

OAB / MG 10 450

Bureau du procureur général

SGAS - Q 603, lot 23

70200-901 - Brasilia - DF

La loi a été déclarée inconstitutionnelle par le STF. Les lois des États de Santa Catarina et de Rio de Janeiro ont été déclarées inconstitutionnelles. Dans l'action directe d'inconstitutionnalité n° 2 514 / SC, le ministre rapporteur Eros Grau, jugé le 29 juin 2005, a été déclaré loi inconstitutionnelle de l'État de Santa Catarina pour avoir autorisé "des pratiques qui soumettent les animaux à la cruauté". Dans l'action directe d'inconstitutionnalité n° 1 856 / RJ, du rapporteur du ministre Celso de Mello, évaluée le 26 mai 2011, la Cour a rétabli l'inconstitutionnalité de la règle - la loi n° 2 895/98 - qui autorisait la «compétition galactique».

5.5.2 Cruauté envers les rodéos et les "vaquejadas"

La pratique du rodéo a commencé dans les fermes de l'Ouest américain, lorsque les travailleurs, après avoir lu, ont montré et contesté qu'ils avaient plus d'agilité. Les colons ont transporté du bétail vers le sud après que les États-Unis ont conquis le Mexique et fait des haltes. Pendant leur temps libre au travail, les cow-boys faisaient de l'équitation et du lasso. Ce qui n'était qu'une plaisanterie est devenu plus tard un conflit amateur et professionnel plus tard (DIAS, 2000).

Au Brésil, cette pratique est rapportée depuis les années 50 et a commencé dans la ville de Barretos / SP, dont l'activité principale est l'agriculture et où se trouvent plusieurs réfrigérateurs. Pendant que les piétons transportaient le bétail des fermes aux congélateurs, ils ont décidé de se concurrencer à cheval.

Le premier événement de répercussion nationale a été la Festa do Peão, tenue à Barretos / SP, en 1956:

[...] la fête a eu lieu en 2 jours, avec des représentations de Catira, des danses folkloriques brésiliennes, des ensembles de Violeiros, de la combustion de l'ail et un défilé typique avec des charrettes à bœufs et des ensembles folkloriques et Pau de Sebo. Il n'y a pas eu d'élection pour la reine, le club a choisi une fille de la ville pour être la représentante du parti. Les premières fêtes ont eu lieu dans des cirques loués, Patativa et Fubeca (propriétaires de cirque). Au cours de cette décennie, le rodéo, qui a remplacé les «Cavalhadas» qui symbolisaient la lutte des chrétiens contre les Maures, était déjà l'attraction principale de la fête qui a excité les spectateurs qui se sont identifiés à l'événement qui mélange le sport avec le travail quotidien dans les fermes.

[...]

L'internationalisation du rodéo est survenue avec le début de la monte de taureaux en 1983. La 30e édition de la fête, 1985, s'est tenue dans le nouvel espace et a accueilli des milliers de visiteurs de tout le pays. En 1989, le stade Oscar Niemeyer Rodeo a été inauguré, avec une capacité de 35 000 spectateurs assis (INDEPENDENTES, 2014).

Le Festival de Pion Boiadeiro de 1956 est devenu un modèle pour toutes les fêtes depuis lors dans le pays. À ce jour Barretos reste l'un des principaux lieux de rodéos, et c'est là que se trouve le Parc Pion Boiadeiro, conçu par Oscar Niemeyer.

DESCRIPTION

Le rodéo du Brésil est légèrement différent de l'américain. Ici, une modalité appelée cutian a été inventée. Chez le cutian, le pion doit également rester sur le cheval pendant 8 secondes, mais ce qui compte, ce sont les éperons qu'il donne à l'animal. Chacun des juges, qui sont trois, donne des notes de 0 à 100, et la note du milieu est celle qui est valable pour le classement. Les piétons affirment que les éperons n'ont pas de pointes et ne blessent donc pas les animaux. Quant au sedem (corde faite avec les poils de la crinière ou de la queue du bœuf et utilisé pour manipuler l'animal), attaché à l'aine de l'animal, est du même type que celui utilisé par les Américains (DIAS, 2000, p. 198).

Le mode de rodéo le plus ancien pratiqué aux États-Unis est le bronc de selle, où le piéton repose sur les étriers, assis sur une selle, tenant un câble de 1,20 m de long (DIAS, 2000, p. 199).

Déjà le *bareback* est un test sans étriers, ayant le pion comme support une seule poignée. Il est presque allongé sur une petite selle avec un bras en l'air et pourtant il ne peut pas arrêter de stimuler l'animal (DIAS, 2000, p. 199). En fin de compte, le pion est sauvé par le parrain (ou la marraine), une sorte de pion qui a une fonction de sauveteur; Leur mission est de pénétrer dans les arènes pour assurer la sécurité des piétons, les empêcher de tomber et accélérer le retour des animaux.En plus de la mission de libérer le piéton de la chute, ces professionnels sont également chargés d'accélérer le retour des animaux aux bretons (SPECTACULAR SPORT RODEO , 2007).

L'événement le plus dangereux est celui du taureau, celui qui a remplacé le cheval par le bœuf. Le pion doit tenir pendant 8 secondes sur un animal en vol stationnaire pour obtenir un score de 0 à 100. Plus le taureau de chasse et l'éperon de pion sont nombreux, plus le score est élevé. Le bœuf a ses organes sexuels resserrés par le sedem, le fait sursauter. Une corde en nylon est attachée au taureau pour que le pion le tienne d'une main. Les éperons ne peuvent pas avoir de points. Les tensions musculaires chez les piétons et les animaux sont fréquentes et peuvent même entraîner des fractures. À la fin de la course, le pion choisit le meilleur moment pour sauter, tandis qu'une marraine, souvent déguisée en pion clown, distrait l'animal après le démontage du pion (DIAS, 2000, p. 199).

Les races de chevaux les plus couramment utilisées dans les rodéos sont l'arabe, le créole, la mangue et le quart de mille. Les bœufs les plus utilisés sont les races Nelore, Néerlandaise, Caracu et *Red Bull* (DIAS, 2000).

Il existe également une preuve de la boucle du mollet, qui est capturée par le cou, ou de la *corde au mollet*. Le boucleur monté sur un cheval franchit la porte pour chasser un veau âgé de trois ou quatre mois seulement. Le pion boucle la tête de l'animal, le tire en arrière et arrête de courir. Descendez ensuite du cheval et soulevez le chiot à la taille et avec la corde dans sa bouche, il lie trois de ses pattes. Trois juges ont chronométré le temps de la course et valent la note intermédiaire. Ils ne peuvent pas être dépassés 2 (deux) minutes. Le tireur ne peut pas quitter le box avant le mollet, sinon il sera pénalisé de cinq (5) secondes de plus dans le décompte final (DIAS, 2000, 199-200).

Une variante de ce mode est le *deux contre un*, ou le *cordage*. Ce sont deux chevaliers qui poursuivent un jeune bœuf. Le boucleur est la tête de lit et doit prendre la tête de l'animal. C'est le premier sorti. La peseuse a pour tâche de lacer les pattes postérieures de l'animal. Les boucles se faisant face, l'animal est attaché et tiré par sa tête et ses pattes. Une fois la course terminée, les deux pions lèvent les bras (DIAS, 2000, p. 2000).

Le test de boucle, tel que décrit par Anaiva Oberst, a été incorporé dans les rodéos de Barretos / SP:

Le rodéo Barretos a récemment intégré de nouvelles attractions à la «fête»: la boucle des mollets et la boucle double. Dans le premier test, une boucle de veau, un veau mal détaché pesant moins de 60 kg est enroulé autour du cou, attaché et traîné par un pion, tandis que dans le deuxième test, une boucle double, deux pions, un de chaque côté, boucle le extrémités d'une génisse, tirant l'animal dans des directions opposées à grande vitesse. Les conséquences sont des ecchymoses, des fractures, des foulures, une paralysie et parfois même la mort (OBERST, 2012, p. 64).

Il existe également des preuves de vitesse, de *bulldog*. Alors qu'un assistant entoure le bœuf pour le contraindre à suivre l'itinéraire prévu, le piéton s'approche et saute sur le bœuf, le tenant par la tête. Tournez le cou de l'animal jusqu'à ce qu'il soit complètement immobilisé. La course se termine lorsque le bœuf est renversé. (Dias, 2000, p. 200).

Pour les femmes, il y a le test à trois tambours. Les tambours sont disposés dans l'arène en forme de triangle. Après le début de l'arbitre, le coureur contourne le premier tambour, après les deuxième et troisième consécutifs. Courez ensuite jusqu'à la ligne d'arrivée. La victoire est celle qui accomplit le défi en moins de temps.

Le tambour ne peut pas être lâché, sinon 5 secondes seront ajoutées à la marque de temps finale du concurrent (Dias, 2000).

Selon les promoteurs de rodéo, les rodéos n'impliquent pas de cruauté et les animaux sont bien traités. Ils affirment que les éperons non pointus ne font pas de mal, mais ce n'est pas le cas. Avec ou sans pointes, les éperons sont destinés à délivrer des coups qui blessent l'animal. Les plastrons causent généralement des blessures aux animaux. Dans certains rodéos, des clous et des pierres et d'autres objets tranchants sont placés sous la selle, ou des chocs électriques et mécaniques sont appliqués aux parties sensibles de l'animal avant d'entrer dans l'arène. Sedem est appliqué sur la région de l'aine, qui est très sensible car il est à peau fine, mais principalement parce que c'est la zone de localisation des organes génitaux. Ajoutez à cela le transport dans de mauvaises conditions et l'effort de confinement en brète avant les courses.

Des études vétérinaires ont fait valoir qu'en plus de la douleur physique subie par les animaux, le bruit, les lumières et les cordes utilisées les stressaient. Ils affirment également que la répétition des impacts de la chute du piéton sur la colonne vertébrale de l'animal peut exercer une pression sur les disques de gel qui séparent les vertèbres, en particulier dans le bas du dos. En ce sens, l'avis technique de Julia Matera, présidente du comité d'éthique de la Faculté de médecine vétérinaire et zootechnique de l'Université de São Paulo:

L'utilisation de sedem, de chocs électriques ou mécaniques et d'éperons génère des stimuli qui produisent des douleurs physiques chez les animaux, correspondant à l'intensité des stimuli. En plus de la douleur physique, ces stimuli provoquent également une détresse mentale chez les animaux car ils ont la capacité neuropsychique

---

[48]"descorna: o chifre dos bovídeos, para a realização de determinadas provas, é "aparado" com a utilização de um serrote, sem anestésico, e causando sangramentos e dor aos animais;" (MARTINS, 2009, p. 372).

d'évaluer que ces les stimuli leur sont agressifs, c'est-à-dire dangereux pour leur intégrité. (MATERA, 2009 apud MARTINS, 2009, p. 377).

C'est la même compréhension exprimée dans un rapport technique du Dr Irvênia Luiza de Santis Prada, professeur émérite d'anatomie à la Faculté de médecine vétérinaire et zootechnique de l'USP:

> Le sedem est appliqué dans la région de l'aine, déjà assez sensible car il est à peau fine, mais principalement parce que c'est la zone de localisation des organes génitaux. Dans le cas des bovins, le sedem passe sur le pénis et, chez les chevaux, compromet au moins la partie la plus antérieure du prépuce.
> [...]
> Quant à la possibilité de produire une douleur physique grâce à l'utilisation du sedem, l'identité de l'organisation des voies neuronales de la douleur chez les humains et les animaux suggère assez qu'ils provoquent, oui, une douleur physique. Le contraire est qu'on ne peut pas dire, c'est-à-dire qu'il n'y a rien dans la science pour prouver que les animaux ne ressentent aucune douleur avec une telle procédure.
> [...]
> "L'identité de l'organisation morphofonctionnelle qui existe entre le système nerveux de l'homme et des animaux suggère fortement que les animaux subissent des souffrances physiques et mentales lorsqu'ils subissent les procédures d'un soi-disant rodéo complet." (PRADA, 2000 apud MARTINS, 2009, p. 377).

Confirmant les mauvais traitements et les souffrances attribués aux animaux dans les tests en boucle, plus de 100 (cent) vétérinaires ont donné leur avis dans l'avis technique intitulé «Évaluation technique du test en boucle - évaluation des dommages potentiels chez les veaux utilisés dans les tests. »(Martins, 2009, p. 378).

Vânia Tuglio enseigne que:
Une étude récente intitulée «Fondements méthodologiques et

Évaluation de la survenue de la douleur / souffrance chez les animaux »indique que malgré la complexité du thème, étant donné que l'expérience de la douleur est subjective et que les animaux, comme les bébés humains, ne verbalisent pas leurs sentiments, il est possible évaluation basée sur des paramètres établis par la LASA - Laboratory Animal Science Association.

Ainsi, comme il existe des preuves de similitude d'organisation morphofonctionnelle entre les humains et les animaux, en particulier les mammifères, il est possible d'appliquer les principes d'homologie et d'analogie (TUGLIO, 2006, p. 234).

Démontré à la possibilité d'apparition de douleurs et de souffrances aux animaux dans les rodéos, une surveillance rigoureuse est nécessaire pour que la loi no. 10.519 / 2002 remplit son objectif, à savoir assurer le bien-être complet des animaux utilisés dans les rodéos.

LÉGALITÉ

Au début de la pratique au Brésil, les rodéos se sont déroulés de manière amateur et il n'y avait pas de législation sur qui pratiquait la pratique ou les animaux impliqués.

Le premier pas vers la légalisation des rodéos au Brésil a été franchi en 2001, sous le gouvernement de Fernando Henrique Cardoso, lorsque la loi no. 10.220, qui classait l'activité pédestre de rodéo comme athlète professionnel, réglementant ainsi la profession. La loi établit le droit au contrat et à la rémunération. En plus de l'indemnisation, les piétons ont désormais droit à une assurance vie et accident, au remboursement des frais médicaux et hospitaliers en cas d'accident, ainsi qu'aux thérapies nécessaires à la récupération des blessés. La loi interdit le travail du mineur sans l'autorisation du tuteur et établit une journée de travail maximale de 8 (huit) heures de travail pour le piéton, mais ne fixe pas de limites aux heures de travail des animaux (BRÉSIL, 2001). C'était la première étape pour la légalisation des rodéos dans tout le pays.

La loi considère un pion pour effectuer des tests de dextérité sur le dos des équidés ou des bovins lors de tournois auxquels participent des entités publiques ou privées. Il comprend également parmi les activités les tests de cowboys et de cravates (art. 1 et paragraphe unique).

Les vaquejadas sont d'origine brésilienne, étant nés dans les États du nord-est. Véritable spectacle brésilien, le vaquejada est né dans la ville de Santo Antão, Pernambuco. Deux cow-boys, un soi-disant *extracteur* et l'autre convoyeur à *cheval*, accompagnent un bœuf de la sortie du saignement (Boîte faite pour le départ de l'accusé) jusqu'à la piste d'essai. Là, ils doivent faire tomber le bœuf au sol, le tirant brutalement jusqu'à ce qu'il montre les quatre pattes. Si vous voulez augmenter les points avec l'exploit, au moment de l'abattage, le bœuf doit tomber sur ses pieds (DIAS, 2000, p. 201).

Les soi-disant *appartements,* qui ont été fabriqués jusqu'au milieu du XXe siècle dans l'arrière-pays nord-est, ont été observés par des foules, qui ont parcouru de grandes distances pour voir les atrocités imposées aux animaux. Cela a été fait au moment où le bétail était élevé dans des champs ouverts. Après les saisons hivernales, les éleveurs rassemblaient et élevaient le bétail pour faire reconnaître correctement la propriété par la marque du fermier (faite avec du fer chaud). L'abattage a été fait à la fin de l'opération, alors que les veaux avaient déjà été reconnus par leurs mères. Chaque mois mutilé à l'automne était sacrifié pour servir de repas aux participants. Les *appartements* n'existent plus aujourd'hui après l'élevage de bétail sur des terres entourées de propriétaires terriens. Cependant, les vaquejadas continuent d'être exécutées, plus fréquemment chaque année qui passe (DIAS, 2000, p. 201).

Les animaux utilisés chez les bovins sont disloqués et hémorragiés à l'intérieur en raison d'une manipulation brutale et d'un culbutage. Il y a même la mauvaise habitude de certains piétons du nord-est de porter une lame ou un morceau d'os mordre, caché dans le gant pour couper la queue du bœuf lors de sa chute. Et ce n'est pas seulement l'arrière-pays qui participe au renversement du bœuf. Ces événements réunissent des hommes d'affaires, des professionnels et d'autres catégories professionnelles (DIAS, 2000, p. 201).

Le 17 juillet 2002, la loi no. 10.519, qui "prévoit la promotion et la surveillance de la protection de la santé animale lors de rodéos et autres arrangements". La loi conceptualise les rodéos comme:

> Article 1 [...]
> Paragraphe unique. Les rodéos d'animaux sont considérés comme des activités d'équitation ou de chronométrage et des événements en boucle, dans lesquels la capacité de l'athlète à maîtriser l'animal avec compétence et ses propres performances sont évaluées. (BRÉSIL, 2002).

> La loi a créé les obligations suivantes pour les promoteurs de rodéo:

> Article 3. Le promoteur de rodéo fournit à ses frais:
> I - infrastructure complète pour les soins médicaux, avec ambulance de service et équipe de premiers secours, avec présence obligatoire d'un médecin généraliste;
> II - vétérinaire qualifié, chargé d'assurer le bon état physique et sanitaire des animaux et de respecter les règles disciplinaires, de prévenir les abus et les blessures de toute nature;
> III - transport d'animaux dans des véhicules appropriés et mise en place d'infrastructures pour assurer leur intégrité physique lors de leur arrivée, hébergement et alimentation;
> IV - arène de compétitions et de bretons entourée de matériel résistant et de sable ou autre matériel

rembourrage, adapté pour amortir l'impact de toute chute du bétail piéton ou animal monté. (BRÉSIL, 2002).

Aduz Fiorillo that

> [...] les professionnels du rodéo, à savoir les piétons cowboys, les madroniros, les sauveteurs (également appelés piétons clowns), les dompteurs, les porteurs, les juges et les annonceurs, ont certains avantages, cela devrait être soutenu économiquement par les organisateurs / promoteurs de rodéo, dans une vision législative qui consolide les activités évoquées non seulement culturellement mais principalement économiquement (FIORILLO, 2014, p. 321).

La loi interdit que l'équipement d'équitation et d'attelage utilisé puisse blesser ou blesser des animaux. Il établit que les sangles, les ceintures et les ventres sont en laine naturelle afin d'éviter toute gêne aux animaux. Il interdit également l'utilisation d'éperons à rosette pointus, d'appareils électrochocs et d'instruments pouvant provoquer des blessures. Les cordes à boucles devraient contenir des dispositifs pour réduire l'impact sur l'animal en boucle (BRÉSIL, 2002).

En cas de violation de la loi, les sanctions d'alerte, de suspension temporaire et définitive à appliquer par l'organe administratif compétent sont fixées.

Avant l'approbation de cette loi, plusieurs municipalités de l'État de São Paulo avaient interdit, par des lois municipales, les rodéos, soutenus par l'art. 225, § 1, inc. VII du CR / 88, les considérant comme une pratique pleine d'inconstitutionnalité. Avec la promulgation de la loi no. 10.519 / 2002, les défenseurs des rodéos s'en sont prévalus pour argumenter l'inconstitutionnalité desdites lois municipales interdisant l'activité, les rodéos étant autorisés par la loi fédérale.

[...] avec l'avènement de la loi fédérale n ° 10.519 du 17/07/ 02, qui prévoit la promotion et la surveillance de la protection de la santé animale lors des rodéos, qui a même ajouté la loi fédérale 10.220 du 11/11. 1/4, il est devenu clair que la pratique des rodéos, à condition que pratiquée en vertu de la loi soit une activité licite qui ne peut être interdite par la loi municipale (CNAR, 2014a)

Néanmoins, pour Anaiva Oberst, la loi est venue mettre fin à la cruauté pratiquée contre les animaux. Pour l'auteur, il suffit de regarder un rodéo ou de voir les photos jointes aux conseils techniques pour conclure que de telles règles ne sont pas respectées (OBERST, 2012, p. 66).

Avec la réglementation de la profession de piéton, en 2001, la Confédération nationale de rodéo (CNAR) a été fondée dans le but de représenter le rodéo national auprès du ministère des Sports et du gouvernement fédéral. L'entité vise à organiser, diriger et encourager sur tout le territoire national, la pratique du rodéo, superviser et promouvoir les événements et les championnats nationaux et d'État dans toutes les modalités de rodéo, effectuer un travail en collaboration avec leurs fédérations nationales de Rodeo (CNAR, 2014b).

Le procureur général du ministère public de l'État de São Paulo, le Dr Vânia Tuglio, parlant de rodéo, nous montre que:

> [...] la plupart des animaux utilisés dans les rodéos sont apprivoisés et doivent être piqués et tourmentés pour démontrer une sauvagerie qu'ils ne possèdent pas, mais qui est en réalité une expression de désespoir et de douleur. Pour falsifier la réalité et montrer un esprit violent inexistant, les piétons utilisent divers dispositifs qui, liés ou non aux animaux ou aux piétons qui les montent, provoquent des douleurs et des malaises aux animaux, révélant une insensibilité humaine cruelle et intolérable (TUGLIO, 2006, p. 237).

Parmi les instruments susceptibles de provoquer des souffrances, Tuglio (2006) mentionne le sedem, les sangles, les ceintures ou ceintures, les éperons pointus ou émoussés, les plastrons. Des chocs électriques sont également appliqués aux animaux pour stimuler leur bravoure. L'auteur comprend qu'en plus de ces souffrances directes, les animaux souffrent également de souffrances indirectes, car ils arrivent bien avant le public sur le site et subissent des blessures lorsqu'ils sont déchargés ou poussés hors du véhicule qui les transporte. Ils attendent généralement tous les soirs sans eau ni nourriture. Elle rapporte qu'ils sont conservés dans des espaces restreints, sont soumis au bruit du microphone du parti et des feux d'artifice (TUGLIO, 2006, p. 237-238).

L'avocat de São Paulo Renata de Freitas Martins, dans un avis rédigé le 30 juin 2009, dans la ville de Santo André / SP, sur l'utilisation des animaux dans les rodéos, décrit les instruments les plus utilisés pour les animaux à bosse:

Sedem: Une sorte de ceinture, de crinière et de fourrure qui s'attache à l'aine de l'animal et le fait sauter.

Éperons: objets pointus ou non, couplés aux bottes des piétons, servant à frapper l'animal.

Cuirasse: corde ou sangle en cuir attachée et tendue autour du corps de l'animal, juste derrière l'aisselle.

Polonais: des cloches sont placées dans le plastron, ce qui fait un bruit gênant pour l'animal, le rendant encore plus intense à chaque saut.

Chocs électriques et mécaniques: appliqués aux parties sensibles de l'animal avant d'entrer dans l'arène;

La térébenthine, le poivre et d'autres substances abrasives sont introduits dans le corps de l'animal avant d'être placés dans l'arène afin qu'ils deviennent enragés et rebondissent.

Descorna: La corne du bétail pour certains tests est coupée à l'aide d'une scie à main.

Brete - est l'endroit où ils sont confinés avant la course et où ils sont préparés pour la conduite (MARTINS, 2009, p. 312).

Tuglio (2006, p. 317) ajoute que «pendant toutes les montures, le pion frappe sans cesse les éperons sur le cou de l'animal, avec le risque constant d'atteindre les yeux de l'animal et de le blesser ou de l'aveugler».

Cependant, la Confédération nationale de rodéo (CNAR) affirme que

Les animaux de rodéo ne travaillent que 8 secondes par jour et moins de 5 minutes par an. Ils sont payés de 500 à 1000 reais pour leur présentation. Dans certains cas, ils valent 100 000 reais dans sa commercialisation, tandis que dans l'abattoir sont vendus environ 75 reais a arroba, atteignant environ 1 500 reais par animal. Ils ont un traitement d'étoile avec le droit de nager, une alimentation équilibrée, un suivi vétérinaire et une retraite à l'ombre et à l'eau douce. (CNAR, 2014a)

Ils utilisent comme élément de persuasion le fait qu'aucun propriétaire qui paie si cher pour un animal ne lui permette d'être soumis à des mauvais traitements, et qu'ils ont pour devise «aimer le rodéo qui ne maltraite pas les animaux» (CNAR, 2014a)

À propos du sedem, déclare CNAR:

Les animaux qui bossent naissent avec cet instinct, ne sont pas faits pour l'être, et le sedem ne peut pas simplement transformer un animal doux en bossu. Parfois, dans une sélection de 1000, moins de 1% sont appelés cavaliers. Pour l'animal naturellement enclin à se courber, le sedem stimule simplement cette réaction, encourager le cheval ou le taureau à donner des coups de pied dans les airs pour se débarrasser d'un corps étranger sur sa longe, les animaux dits indomptables (CNAR, 2014a).

Afin d'obtenir l'approbation du public et d'accélérer les actions d'orientation, de supervision et de contrôle de ses activités, CNAR a créé la Certification Green Seal RODEO LEGAL - «VOTRE RODEO DANS LA LOI», à octroyer conformément à la réglementation. L'objectif serait d'assurer aux sponsors et aux collectivités locales l'application de la loi et l'adéquation aux règles de défense sanitaire (CNAR, 2014c).

Pour Tuglio (2006), contrairement à ce que prétend CNAR, les animaux souffrent d'humiliation et de douleur lors des entraînements et des spectacles quotidiens. Selon l'auteur, les jeunes animaux sont utilisés dans le test en boucle, souvent des animaux de 40 jours, et en plus des minutes dans l'arène, les heures d'entraînement n'ont pas encore été prises en compte (TUGLIO, 2006, p. 238). Lorsqu'il est contenu par la queue à la sortie de la bretelle, l'animal peut subir des blessures et des fractures des vertèbres coccygiennes, ce qui peut entraîner une affection appelée «syndrome de la queue équine» (TUGLIO, 2006, p. 238).

Dans le test de boucle, selon Tuglio (2006, p. 239):

[...] la structure osseuse du cou est atteinte, à l'intérieur de laquelle se trouve une partie de la moelle épinière, ce qui peut provoquer une luxation et une fracture et donc une tétraparésie (perte partielle de la fonction motrice) ou tétraparalysie (perte totale de la fonction motrice) ou même dans survenue d'un «choc rachidien» et de décès.

De la loi no. 10.519 / 2002, les organisateurs ont été autorisés à promouvoir les rodéos, mais sous réserve des conditions fixées par la loi, y compris celles énoncées dans le CR et la loi sur les délits environnementaux, qui caractérisaient le crime de maltraitance des animaux. Un la description / visualisation des rodéos et les nombreux rapports techniques nous amènent à soupçonner que, souvent, les rodéos entrent dans la norme punitive du droit brésilien.

LOI

Le fait est que si la cruauté est prouvée dans un rodéo, il est clair que le crime prévu à l'art. 32 de la loi no. 9 605/1998, connue sous le nom de loi sur les délits environnementaux.

Article 32: Pratiquer la maltraitance, la maltraitance, le mal ou la mutilation d'animaux sauvages indigènes ou exotiques, domestiques ou domestiques:
Peine: emprisonnement de trois mois à un an et amende (BRÉSIL, 1998).

En toute honnêteté, le ministre Herman Benjamin déclare que:

[...] si le droit pénal est, en fait, le rapport ultime, dans la protection des biens individuels (vie et patrimoine, par exemple), sa présence s'impose plus à juste titre lorsqu'il s'agit de valeurs concernant toute collectivité, puisqu'elles sont étroitement liées à l'équation biologique complexe qui garantit la vie humaine sur la planète (BENJAMIN, 1998, p. 391).

Les personnes physiques ou morales qui causent des dommages aux animaux peuvent répondre par voie administrative (art. 7, I à III, de la loi n ° 10.519 / 2002), pénalement (art. 32 de la loi n ° 9.605 / 1998), quelle que soit leur responsabilité. (art. 225, § 3, du CR / 1988).

Il est important de souligner que la responsabilité civile imposée par la loi no. 6.938 / 1981, qui comprend des entités et des individus faisant la promotion du rodéo, est objectif, car il est lié à d'autres dommages environnementaux. C'est aussi la compréhension du célèbre endoctrinateur Fiorillo:

Il est donc important de noter que la soi-disant responsabilité civile des promoteurs de rodéo, notamment vis-à-vis des professionnels chargés des activités indiquées au seul paragraphe de l'art. 1, est objectif, en raison de la prise en charge des questions liées au droit brésilien de l'environnement (FIORILLO, 2014, p. 323).

Du point de vue de la Constitution de la République du Brésil (BRÉSIL, 1988), qui interdit les pratiques qui soumettent les animaux à la cruauté (art. 225, § 1, VII), devant de nombreux avis techniques et rapports vétérinaires prouvant la cruauté au rodéo, on peut dire que la loi no. 10.519 / 2002 est inconstitutionnel. Ceci sans oublier le principe d'interdiction de la régression légale, prévu par inc. XL d'art. 5 du CR / 1988.

Le Dr Vânia Márcia Nogueira estime que «l'agent public le plus actif et le plus connu pour la mise en œuvre dans la défense des animaux est le ministère public. Avec une performance constante, cette institution s'impose comme un porte-parole important pour la vie» (NOGUEIRA 2012 , p. 325). Citant le promoteur Vânia Tuglio, le défenseur public Vânia Nogueira soulève quelques questions qui pourraient optimiser le travail du procureur.

Pour elle (Vania Tuglio), il manquerait des secteurs spécialisés (procureurs et commissariats) agissant en défense animale. Vânia explique qu'il existe des poursuites environnementales dans le domaine civil, mais qu'elles devraient également exister dans le domaine pénal, afin que les instruments de lutte contre le crime organisé puissent être utilisés pour des délits moins délictueux (NOGUEIRA, 2012, p. 333).

Dans les États du nord-est, un parti similaire est adopté, le vaquejada, un spectacle véritablement brésilien, né dans la ville de Santo Antão, à Pernambuco. Deux cow-boys, un soi-disant *extracteur* et l'autre convoyeur à cheval, suivent un bœuf de saigner (boîte faite pour le début du terrain) jusqu'à la plage de jugement. Là, ils doivent faire tomber le bœuf au sol, le tirant brutalement jusqu'à ce qu'il montre les quatre pattes. Si vous voulez augmenter les points avec l'exploit, au moment de l'abattage, le bœuf doit tomber sur ses pieds.

Les soi-disant *appartements*, qui ont été fabriqués jusqu'à la première moitié de ce siècle dans l'arrière-pays du nord-est, ont été observés par des foules qui ont parcouru de grandes distances pour voir les atrocités imposées aux animaux. Cela a été fait au moment où le bétail était élevé dans des champs ouverts. Après les hivers, les éleveurs rassemblaient et élevaient le bétail pour faire reconnaître correctement la propriété de l'animal par la marque du fermier (faite avec du fer chaud). L'abattage a été fait à la fin de l'opération, alors que les veaux avaient déjà été reconnus par leurs mères. Chaque mois qui a été mutilé à l'automne a été sacrifié pour servir de pâturage aux participants. Les appartements n'existent plus aujourd'hui après que le bétail a été élevé sur des mangues de terre entourées de propriétaires.

Cependant, les vachers continuent plus fréquemment chaque année. Au Ceará, il existe un calendrier officiel de la part du gouvernement de l'État, selon le journaliste Dutra Oliveira, de *Tribuna do Ceará, dans l'article Panorama das vaquejadas*, publié le 26/6/96.

Les animaux utilisés dans les vaquejadas souffrent de luxations et de saignements internes dus à la chute. Et ce n'est pas seulement l'arrière-pays qui participe au renversement du bœuf. De nos jours, les entrepreneurs, les professionnels libéraux et d'autres catégories professionnelles entrent déjà en scène, comme si cette pratique était un sport. Tout ce tourment subi par les animaux est de gagner des prix sur la répartition versée par le cow-boy. En 1991, le premier prix pour les 250 doubles en compétition à la XIV Vaquejada du Parque Napoleão Bonaparte Viana, tenue à la Fazenda Garrote, à Caucaia, était de 1,5 million de reais.

Selon l'avocat écologiste Geuza Leitão de Barros, au Ceará, ce sont les municipalités elles-mêmes qui font la promotion des vaquejadas avec le parrainage de grandes entreprises.

Une mauvaise habitude des pion du nord-est est de porter une lame, ou un morceau d'os pointu, caché dans le gant pour couper la queue du bœuf lors de sa chute.

La Constitution fédérale et la loi 9.605 / 98 interdisent les pratiques qui soumettent les animaux à la cruauté, ce qui conclut que les rodéos et le bétail sont des pratiques illégales.

EDNA CARDOZO DIAS ▮──────

Déjà en 1934, les cow-boys et les rodéos avaient été interdits par le décret fédéral 24.645 / 34, qui dit textuellement dans son art. 3ème:

"C'est considéré comme de la cruauté:

"XXIX: Mener ou promouvoir des combats entre animaux de la même espèce ou d'espèces différentes, la tauromachie et le simulacre de tauromachie, même dans un lieu privé."

Les rodéos et les vaquejadas constituent sans aucun doute des simulations taurines qui violent *l'article 225, VII de la Constitution de la République. Ainsi a décidé la Cour suprême dans l'ADI 4923 En octobre 2016, la Cour suprême a jugé inconstitutionnelle la loi de l'État du Ceará qui reconnaissait la vaquejada comme patrimoine sportif et culturel (ADI4983). Val se souvient que l'action d'inconstitutionnalité a été provoquée par le Dr Geuza Leitão, qui a dirigé la représentation auprès du PGR, contre la loi Ceará 15299/ 2013, qui avait l'intention de réglementer et d'autoriser la vaquejada dans cet État.[2]*

L'ADI avait pour rapporteur le ministre Marco Aurélio qui a ajouté lors de son vote:

Outre les problèmes moraux liés au divertissement au détriment de la souffrance animale, bien plus graves que ceux impliquant des expériences scientifiques et médicales, la cruauté intrinsèque envers la cow-girl ne permet pas la prévalence de la valeur culturelle résultant du système des droits fondamentaux de la Charte. 1988. Le sens du terme «cruauté» dans la dernière partie du point VII du paragraphe 1 de l'article 225 du Diplôme supérieur s'étend sans aucun doute à la torture et aux mauvais traitements infligés au bétail pendant la pratique contestée. si intolérable, sinon impuissant, la conduite humaine autorisée par la norme de l'État attaqué. Dans le cadre de la composition des intérêts fondamentaux impliqués dans ce processus, la revendication de la protection de l'environnement doit être mise en avant. À la lumière de ce qui précède, je considère la demande formulée dans l'initiale de déclarer inconstitutionnelle la loi n ° 15 299 du 8 janvier 2013 de l'État du Ceará. C'est comme je vote.[3]

[2]JANOT, Rodrigo. ADI n. 227.175/2017. Revista Brasileira de Direito Animal, [*S.l.*], v. 12, v. 3, 2017. Disponível em: <Disponível em: https://portalseer.ufba.br/index.php/RBDA/article/view/24399/15025>. Acesso em: 26 mar. 2018. [Links

[3]*SENADO FEDERAL;* http://www.stf.jus.br/arquivo/cms/noticiaNoticiaStf/anexo/ADI4983relator.pdf, /\cessado em 25 de outubro de 2019

La cruauté et les mauvais traitements de ces événements ont été consacrés dans un avis technique des vétérinaires de l'USP, publié à la demande d'entités environnementales.[50]

---

[50] Demande d'avis

REF: Avis technique sur l'utilisation de sedem dans les rodéos et le type de stimulation provoquée par cet instrument chez l'animal.

M. Rector.

Les entités environnementales énumérées ci-dessous vous demandent par la présente. Promouvoir les procédures nécessaires pour que les professionnels compétents de l'USP donnent des conseils techniques sur l'utilisation du sedem dans les activités de rodéo, répondant aux questions:

1) L'utilisation de sedem provoque-t-elle des tourments chez l'animal?

2) Quelle est la nature du stimulus provoqué par sedem?

3) Nous nous donnons la liberté d'envoyer des photos prises lors du rodéo du Pays du Festival de São Paulo qui s'est tenu en janvier dernier, au Gymnase Ibirapuera, afin que votre observation puisse aider ces professionnels à se forger une opinion à ce sujet.

Union internationale pour la protection des animaux

TUCUXI - Groupe de protection des boutons

SEIV - Groupe Ecologie Seiva

LPCA - Ligue de prévention de la cruauté envers les animaux

Grand mouvement de défense ABC Life

Association de protection des animaux de São Francisco de Assis

Service de sauvetage aérien et de protection écologique

SOZED - Société éducative de zoophile

CAEETE - Groupe écologique Santo André

Association des animaux SOS

Association de soutien aux animaux

L'avis

«A la demande du Recteur de l'Université de São Paulo, et en réponse à votre demande, par votre lettre du 20 février 1991, nous vous présentons les réponses suivantes recommandées par le Conseil Administratif Technique de cette Faculté.

1) L'utilisation de sedem provoque-t-elle des tourments chez l'animal?

R. Oui.

2) Quelle est la nature du stimulus provoqué par sedem?

R. Provoque une stimulation douloureuse.

ASS. Prof. Dr João Palermo Neto. 29 avril 1991 "

Avis de la Faculté de médecine vétérinaire de l'USP

«En réponse à votre demande, l'utilisation de sedem chez l'animal vise à favoriser les stimuli, qui sont douloureux, déterminant ainsi les changements de comportement.»

Prof. Dr. Julia Maria Matera.

Sao Paulo, 15 octobre 1996.

5.5.3 La Farra do boi

Farra do Boi est l'une des plus grandes atrocités commises contre des animaux au Brésil. Il a provoqué une agitation nationale, mobilisé la presse, a fait l'objet de plusieurs mémoires de maîtrise dans différentes disciplines, et constitue à ce jour un problème social et juridique majeur.

Chaque *semaine sainte* dans l'État de Santa Catarina, des descendants des Açores, associant le bœuf à des entités païennes, imploraient cet animal à mort, lynchant la victoire du christianisme sur les Maures.

Armés de bâtons, de pierres, de fouets et de couteaux, hommes, femmes, vieillards et enfants participent à la fête. Dès que le bœuf est relâché, la multitude le poursuit et l'attaque sans cesse. La première cible est les cornes, brisées en martèlement. Puis les yeux sont percés. La torture ne prend fin que lorsque l'animal, quelques heures plus tard, déjà avec plusieurs os cassés, n'a plus la force de courir à l'aveuglette, étant définitivement abattu et étoffé pour un barbecue.

> "L'animal saute et hurle, essaie de cueillir le plus proche, mais la lame tranchante de mille couteaux et même des couteaux de poche le transforment en un morceau de sang. En chemin, il court ... et trébuche et tombe. Les gourmands les plus fous, les plus fous, déjà enduits de sang de la victime, s'entraînent jusqu'à la mort impuissante. Le «Bull's Bite» est terminé. "[51].

Farra se déroule dans au moins 12 municipalités côtières à proximité de la capitale Santa Catarina: Garoba, Paulo Lopes, Palhoça, Santo Amaro da Imperatriz, Biguaçu, gouverneur Celso Ramos, Tijucas, Porto Belo, Itapema, Caboriu, Penha, Barra Velha.

Tout a été rendu public avec une lettre de l'écrivaine Urda Klueger au journal *O Globo* en 1986, dont une copie est parvenue au journaliste Dagomir Marquezzi de *O Estado de São Paulo* par Renata Cruelty Prevention League Partner Renata Maria Perez Dagomir Marquezzi a mené une campagne dans sa *chronique*

---

[51]Descrição de João Manito, *Revista de Brasília. Apud* MARQUEZZI Dagomir, Campeões de sadismo, *O Estado de S. Paulo:* Caderno 2, 30/3/1987.

Écologique, qui a atteint une importance internationale. Cette question est difficile à résoudre, car derrière cette tumeur nationale, comme l'appelle à juste titre Dagomir Marquezzi, il y a une mafia d'éleveurs de bovins (à cette époque le prix du bœuf augmente), les propriétaires de restaurants sur la côte de Santa Catarina (acheter du bœuf et livrer aux pêcheurs en échange d'une offre préférentielle de poisson), aux entrepreneurs (qui offrent le bœuf comme toast à la fête) et aux réfrigérateurs (qui louent le bœuf pour l'épreuve).

Avec la grande campagne qui s'est développée contre la Farra do Boi, le gouverneur Pedro Ivo l'a alors interdite en 1988. Il a cependant constaté qu'il n'avait aucun pouvoir sur cette mafia: il a fait demi-tour et a libéré la Farra dans les Mangueirões.

En 1988, un entourage d'écologistes[52] s'est rendu à Santa Catarina, avec les députés Fábio Feldman et le juriste Adilson Abreu Dallari, afin d'amener le gouverneur à libérer Farra. A l'audience, le gouverneur Pedro Ivo, sous pression, l'a de nouveau interdit, même dans les Mangueirões.

La police militaire a réprimé une virée dans la colonie de Ganchos dans une sanglante bataille entre pêcheurs et soldats, blessés des deux côtés. À Porto Belo, les pêcheurs ont menacé de lapider les maisons des vacanciers qui ont dénoncé la fête.

Un entourage composé d'écologistes, de journalistes et d'autorités s'est rendu dans la colonie de Ganchos, dans la municipalité de Celso Ramos, après le choc avec la police, pour un dialogue. La délégation était accompagnée du membre du Congrès Fernando Gabeira et de l'artiste Lucélia Santos. Le groupe a visité les localités de Pântano do Sul, Armação et Lagoa, où se trouvait la Farra do Boi. Les Mangueirões, qui sont ouvertes à la presse, l'aventure a été d'alimenter le bœuf de gifles et de bosses pour se sauver de sa fureur. Dans un exercice de machisme et de perversité, les pêcheurs ont pratiqué les pas du torero et ont fait face à l'animal jusqu'à trois mètres. Le bœuf bave, renifle, abaisse son tronc et le fait démarrer. L'agriculteur a dévié, a grimpé la clôture et même lui a

---

[52]Liga de Prevenção da Crueldade contra o Animal-MG, Sociedade Zoofila Educativa-RJ, Liga de Direito dos Animais-RJ e várias entidades de Santa Catarina.

donné un coup de pied à la tête.

Le représentant Fernando Gabeira, disant qu'il se souvenait des moments où il a été torturé dans les prisons, a changé le but du voyage, qui était de défendre les bœufs, et a profité des prisonniers qui étaient emprisonnés. Il est monté sur le toit / la terrasse d'une maison pour prononcer un discours et a appelé à la libération des fêtards emprisonnés. La foule, en délire, voulait porter le député dans ses bras, traînant presque le camion dans lequel il se trouvait. Le gouverneur Pedro Ivo, confus et sous la pression de tous les côtés, a ordonné la suppression de la police ostensible, et la *Farra* est arrivée en plein essor. Cela s'est produit en 1988, avec la mort de plusieurs animaux.

La Farra do Boi ne s'est pas arrêtée, mais les écologistes n'ont pas non plus découragé la presse.

L'émission *Fantástico* de Globo a montré à plusieurs reprises des scènes de *Farra*: un bœuf désespéré fuyant vers la mer d'où il a été ramené dans les coups; un bœuf sautant d'une falaise pour échapper au tourment; des morts et des blessés; des maisons envahies par des animaux effrayés ... Et les animaux ont continué à être torturés et tués.

Le 25 novembre 1988, la Ligue pour la prévention de la cruauté envers les animaux a adressé une pétition au parquet de Santa Catarina pour une mesure de précaution et une action civile publique contre le gouvernement de Santa Catarina, ainsi qu'une pétition à l'Assemblée législative pour que le gouverneur devrait être jugé pour un délit de responsabilité. Aucune action n'a été entreprise.

C'est le 26 avril 1989 que le gouvernement de Santa Catarina a été déclenché par les entités de Rio de Janeiro – Association des amis de Petrópolis, Patrimoine, protection des animaux et défense écologique (APANDE), Ligue de défense des animaux, Société de zoophilie éducative et Association de protection des animaux (SOZED) -, qui a déposé une action civile en matière civile, a confirmé, dans un appel extraordinaire par la Cour suprême fédérale, car elle n'avait pas rendu de décision favorable à Santa Catarina. Le ministre rapporteur Francisco Resek a rendu un avis favorable à l'interdiction de *Farra do Boi,* mais a quitté la Cour suprême fédérale pour être représentant du Brésil auprès de la Cour internationale de La Haye. Le ministre Mauricio Corrêa a demandé des vues sur le processus, ce qui a retardé procès.

En fin de compte, la Cour suprême a considéré Farra do Boi comme un événement cruel et a statué sur son interdiction[53].

---

[53]Service de jurisprudence
Appel extraordinaire n ° 153531-8
Rapporteur de l'arrêt. Le ministre Marco Aurelio
Recte.: Apande – Association des Amis de Petrópolis Patrimoine Protection des animaux et défense de l'écologie et autres
Avocat: José Thomaz Nabuco de Araújo Filho et autres.
Recdo.: État de Santa Catarina
Adv.: Ildemar Egger.

Coutume – Manifestation culturelle – Stimulation Raisonnabilité – Préservation de la faune et de la flore – Animaux – Cruauté. L'obligation de l'Etat de garantir à tous le plein exercice des droits culturels, encourageant la valorisation et la diffusion des manifestations, ne dispense pas du respect de la norme du point VII de l'art. 225 de la Constitution fédérale, qui interdit la pratique qui finit par soumettre les animaux à la cruauté. Procédure contradictoire de la norme constitutionnelle dénommée «farra do boi».

A C O U R D

Après avoir vu, rapporté et discuté ces dossiers, les ministres de la Cour suprême fédérale, en deuxième classe, conviennent, conformément au procès-verbal du procès et des notes sténographiques, à la majorité des voix, d'entendre l'appel et de le faire droit, conformément au vote du Rapporteur, a battu le ministre Mauricio Corrêa.
***
3/6/97 - Deuxième classe
Appel extraordinaire no. 153531-8 Santa Catarina

VOTE

M. Marco Aurélio - Monsieur le Président, une chose est l'aspect formel; une autre est la coutume transportée des Açores au Brésil. Je vous l'avoue. Je n'ai aucun moyen d'examiner si cette coutume – divergente ou non, de caractère raisonnable – est autre chose que la réalité brésilienne, comme nous l'avons vu ces dernières années par les médias au sujet de la pratique perpétrée à Santa Catarina.
Si, d'une part, comme l'a souligné l'éminent ministre Mauricio Corrêa, la Constitution fédérale révèle qu'il appartient à l'État de garantir à chacun le plein exercice des droits culturels et l'accès aux sources des manifestations culturelles – et la Constitution fédérale est un grand ensemble –, d'autre part. au chapitre VI, sous le titre «De l'environnement», point VII de l'art. 225, nous avons une interdiction, un devoir assigné à l'État:
«Art. 225 (...)
VII - pour protéger la faune et la flore, interdit, conformément à la loi, les pratiques qui mettent en danger leur fonction écologique, provoquent l'extinction des espèces ou soumettent les animaux à la cruauté.

EDNA CARDOZO DIAS ▌

Le 12 avril 1990, l'Union pour la défense de la nature a transmis une plainte au Dr Romeu Tuma, alors secrétaire fédéral aux finances et directeur de la police fédérale, concernant les délits d'évasion fiscale liés à *Farra do Boi,* avec la déclaration d'utilisation. de la case 2 pour l'achat et le don de bœufs par les politiciens de Santa Catarina.[54]

Le 23 mars 1992, les organisations Quintal de San Francisco, l'Union internationale pour la protection des animaux (UIPA), l'Association Protecting Animals São Francisco de Assis (APASFA), (TUCUXI) Button Protection Group, Friends Association of Petrópolis Heritage Protection of Animaux et défense de l'écologie, Ligue pour la prévention de la cruauté envers les animaux (APANDE), Union pour la défense de la nature, Association of Animal Protection, Société nord-américaine des mines pour la protection des animaux, a adressé une plainte au Dr Aristides Junqueira, alors procureur général de la République, demandant des dispositions légales au ministère public.

Le membre du Congrès Fábio Feldman a proposé un projet de loi spécifiant comme un crime la célébration des célébrations de

---

Monsieur le Président, c'est précisément la cruauté que nous voyons année après année, dans ce qui se passe comme une joie saisonnière. La manifestation culturelle doit être encouragée, mais pas une pratique cruelle. Admis à la soi-disant "farra do boi", dans laquelle une foule folle poursuit l'animal pour des procédures terrifiantes, comme nous l'avons vu, aucun pouvoir de police ne peut freiner cette procédure. Je ne vois pas comment arriver à la position médiane. La distorsion a atteint un point tel que seule une mesure qui entrave complètement la pratique peut empêcher ce que nous voyons cette année 1997. Jornal da Globo a montré un animal ensanglanté et coupé envahissant une maison et blessant ceux qui se trouvaient à l'intérieur.

Je comprends que la pratique a atteint un point pour attirer vraiment l'incidence des dispositions de l'article VII de l'art. 225 de la Constitution fédérale. Ce n'est pas un événement culturel qui mérite la chaleur de la Charte de la République. Comme je l'ai dit au début de mon vœu, il prend en charge une pratique dont la cruauté est unique et découle des circonstances des personnes qui se livrent à des passions répréhensibles à tout prix à la recherche de leur propre sacrifice.

Monsieur le Président, je m'incline devant le ministre Mauricio Corrêa pour accompagner le ministre-rapporteur Francisco Rezek, connaissant et fournissant l'appel.

C'est mon vote (DJ, 13/03/97).

[54] Archives PINHEIRO Ana Maria, présidente de l'Union pour la défense de la nature.

la mort animale, qui ne il vient de passer par toutes ses procédures régimentaires.[55]

Les écologistes ont effectué plusieurs voyages à Santa Catarina et à Brasilia afin de freiner la *Farra do boi*. En avril 1997, l'artiste plasticienne de Santa Catarina, Maria Cristina de Oliveira, a fait envahir sa maison par un bœuf de 500 kg, tout ensanglanté. Elle déjeunait avec sa famille lorsque le bœuf est entré, suivie d'une foule qui a secoué l'animal pour qu'il meure lentement de douleur et de fatigue. Sa maison a été détruite et ses enfants ont été meurtris parce que le taureau les a renversés poussés par la foule. Quelqu'un a suggéré de couper les pattes du bœuf juste là pour qu'il ne s'enfuie pas.[56]

Dans ce contexte, Maria Cristina s'est personnellement rendue à Brasilia pour s'entretenir avec les ministres de la Cour suprême fédérale, avant le procès de l'affaire *Farra do Boi,* après avoir joué un rôle important dans sa décision.

La même année, le gaucho Márcio Jucewics fait écraser sa voiture par un animal. Il faisais du tourisme à Santa Catarina. En quittant l'auberge où il résidait, sur la plage de Bombinhas, sur l'avenue principale, un bœuf, suivi de travailleurs du parti, s'est dirigé vers sa voiture. L'animal, désespéré, a jeté sa tête contre le pare-brise, a grimpé la voiture et a glissé. Márcio a déposé une plainte auprès de la

---

[55] Projet de loi no. 607 - B, 1991.
«Il définit l'acte de blesser, mutiler ou tuer un animal à des fins de divertissement comme un crime, en imposant des sanctions pénales aux contrevenants et en prenant d'autres mesures.
Le Congrès national décrète:
Article 1.C'est un crime de blesser, de mutiler ou de tuer un animal lors de compétitions ou de fêtes populaires à des fins de divertissement:
Peine - détention de 1 (un) à 6 (six) mois et paiement d'une amende de 10 à 50 jours.
Art.2 La même peine s'applique à ceux qui:
I - en tant que propriétaire ou gardien de l'animal, l'ai fourni à cette fin;
II - est responsable de la zone où le crime a été consommé;
III - ayant par la loi l'obligation de diligence, la protection de la surveillance des animaux, par action ou omission, consent ou accepte la pratique de l'infraction.
Article 3 La présente loi entre en vigueur à la date de sa publication.
[56] L'artiste plasticien appelle à la fin de la folie du bœuf. Zero Hora, Porto Alegre, 1er avril 1997, p. 38

police, mais cela n'a servi à rien.[57]

À ce jour, même la décision de la Cour suprême n'a pas réussi à endiguer la fureur de la foule sanguinaire et le sadisme latent chez l'homme. Le gouvernement de Santa Catarina a créé une commission d'étude qui considérait *Farra do Boi* comme un mouvement culturel. Même les Mangueirões pour la représentation de l'émission n'ont pas suffi à rendre la surveillance policière efficace.

Des actes criminels de vandalisme et d'atroces martyres sont pratiqués contre les animaux inoffensifs, le tout avec le consentement des autorités, des dirigeants et des religieux, qui ont conféré cette sauvagerie à la culture: la honte nationale par excellence, le passeport de l'infériorité morale et intellectuelle d'un peuple. Pouvons-nous les appeler des citoyens pacifiques qui, pour s'amuser, tuent des bœufs et des vaches à coups de pied, lapidés et liés au rasoir? Pouvons-nous appeler des démagogues pacifiques et voyous qui libèrent le droit de torturer les animaux en violation de la loi? Un pays civilisé peut-il continuer à ignorer ces crimes et ces atteintes aux droits de tout être vivant? Nous pouvons classer *Farra do Boi* comme la néo-culture brésilienne dans toute sa splendeur, une célébration que le gouvernement de Santa Catarina, qui prétend être démocratique, a décrite comme une manifestation de la culture populaire de Santa Catarina ...

Un concept authentique de culture n'est que ce qui élève l'homme au-dessus de l'instinct et le conduit à vivre en harmonie avec l'éthique, rejetant du passé tout ce qui le maintient ataviquement dans la brutalité et l'impolitesse.

5.5.4 La tauromachie au Brésil?

La première tentative d'introduction de la tauromachie au Brésil a été à l'occasion des célébrations du 4e centenaire de Rio de Janeiro. Il visait à abroger une partie du décret 24.645 / 34, qui interdit expressément la corrida. Mais le projet, qui a reçu le numéro 763 /

---

[57]Gaúcho teve carro amassado por animal. *Zero Hora,* Porto Alegre, p. 38 1° de abril de 1997.

50, a été défait au Sénat, sous la pression de Institut des avocats brésilien de Rio de Janeiro, des associations de protection des animaux et des personnes de tous horizons.

En juillet 1984, Tomazeli Industria e Comercio de Novidades Ltda., dont le siège est à Lisbonne, avait l'intention d'organiser une corrida portugaise également à Rio de Janeiro, dans le but de diffuser ce type de divertissement national ibérique dans le pays.

L'affirmation a été annulée, au moyen d'un avis juridique du ministère public et du bureau du procureur général de l'État de Rio de Janeiro, qui ont conclu que, même sous couvert de corrida, cet événement est expressément interdit par notre droit positif (décret 24.645 / 34, art. 3, XXIX).[58]

---

[58] Procureur général RJ.
Cas no. E-12/1176 / 8L
Opinion
Tomazeli Industria e Comercio de Novidades Ltda., Basée à Lisbonne, au Portugal, a l'intention de présenter dans cette ville, les 8 et 10 juin prochains, un spectacle de «Tauromachie à Portuguesa», dans le but de diffuser ce type dans le pays. de plaisir national hiberic. Avec cela serait le promoteur de l'événement célébrant la Journée du Portugal et donnant au peuple brésilien et à la colonie portugaise enracinée dans cet état la connaissance d'un spectacle mentionné comme unique au monde.
Une appréciation plus large du contenu du projet n'est pas nécessaire, compte tenu de la clarté des termes de la proposition, ainsi que de l'analyse approfondie inutile de l'hypothèse face au droit positif en vigueur dans le pays, pour exhaustif et brouillé le placement de la question dans l'opinion compétente et concluante des pgs.. Le 11/19, l'extraction du procureur d'État lucide, le Dr Eugênio Noronha Lopes, avec l'approbation de l'éminent procureur général de l'État.
Il n'y a rien à ajouter, du point de vue pénal et juridique, à cette manifestation de l'organe consultatif du gouvernement de l'État. L'audition même de ce bureau du procureur général, à la suggestion du juge, aurait simplement constitué une déférence à l'égard de l'organisme étatique propriétaire de la procédure pénale, par le biais de la nouvelle du fait qu'elle finirait par affecter son domaine fonctionnel devant les tribunaux. Rien d'autre, non seulement pour la valeur sans équivoque de la déclaration juridique rendue dans le domaine consultatif de l'administration, mais aussi pour la raison même que c'est cet organe, dans la structure organisationnelle de notre État, qui détient et exécute, avec la compétence proclamée, l'attribution de jugements abstraits de sa propre initiative. valeur sur l'application des règles juridiques dans le cadre de l'activité administrative du gouvernement.
Pour ces raisons et compte tenu de l'urgence avec laquelle la manifestation de la postulation de ce procureur général a été postulée, nous approuvons simplement la déclaration juridique susmentionnée, même en pensant qu'à Maracanãzinho ou Passarela do Samba, comme imaginé par demandeur, l'âme du peuple de Rio de Janeiro ne vibrerait pas au rythme des meilleures traditions portugaises, en

EDNA CARDOZO DIAS |————

En 1996, la colonie espagnole de São Paulo a tenté d'amener la tauromachie au Brésil en organisant à São Paulo la *première réunion hispano-brésilienne de Tauromaquia.*

São Paulo a accueilli, du 23 au 25 février, la Rencontre I Hispano-Brésilienne de Tauromaquia. L'événement devait être le point de départ de la création de l'Association brésilienne des éleveurs et éleveurs de Bravo Bull, qui compte aujourd'hui cinq cents membres. La colonie espagnole au Brésil et, principalement, le torero Fernando Marselhas a l'intention d'apporter la tauromachie au Brésil, avec des intentions claires de profit, sous prétexte de diffuser leur culture dans notre pays.

● *La tauromachie et ses personnages principaux* – Considérée comme une fête nationale en Espagne, la tauromachie est une lutte qui a pris naissance à l'époque classique et orientale, y compris au paléolithique, comme le montrent les peintures rupestres. Au Portugal et en France, il se développe avec ses propres modalités. En Amérique espagnole, le Mexique domine le mouvement taurin. La Colombie, l'Équateur, le Pérou et le Venezuela sont les pays d'Amérique du Sud où la corrida est également pratiquée. Parfois, les courses ont lieu dans les *Plazas Mayores du village*, dont les sorties sont obstruées, mais les endroits les plus utilisés sont les *Plazas de Toros.* Celui de Séville date de 1707, et le premier construit à Madrid est de 1743. La disposition de l'anneau, ou redondel, est similaire à celle d'un cirque romain, avec un espace circulaire de sable au centre, où se déroule le combat, entouré d'un tribune plus ou moins haute pour les tueurs. La tauromachie à cheval était d'abord pratiquée par des personnages aristocratiques, aidés par des pages. Ensuite, il a été pratiqué par des gens impolis. Chaque torero a le autel qui vient à cheval, et les *banderilles*. Les toreros prient devant un autel privé

---

regardant le petit spectacle édifiant de la tauromachie, quoique sous couvert de faux ou de simulation engendré par le demandeur. Le spectacle nuirait, en fait, à l'esprit de la loi brésilienne, car il serait, à tout le moins, une incitation ou une suggestion à la pratique réelle du fait défini comme une infraction pénale, et cela, même sous couvert de corrida, est expressément interdit par notre loi. positif (décret n ° 24. 645/34, art. 3, XXIX)
C'est l'opinion sous la censure.
Pour l'appréciation du procureur général
Le 23 avril 1984, Roberto Bernardes Baroso.

avant entrez dans l'arène. Les picadores et autres subalternes descendent les rues dans des voitures ouvertes, les clairons annoncent l'entrée de l'escadron, et le cirque est armé, dont le bœuf ne laisse que mort.

● *Préparation* – Avant la course, le bœuf est préparé comme suit: des touffes de papier humide sont placées dans ses oreilles, ses cornes sont coupées pour qu'il se désoriente, de la vaseline est placée dans ses yeux pour assombrir sa vision, du coton est placé dans vos narines, pour obstruer votre respiration, des solutions irritantes passent sur vos jambes pour trébucher, des aiguilles sont insérées dans vos organes génitaux. Ses cornes sont sablées pour le rendre plus sans défense. Une fois drogué, il est confiné dans une cabine sombre, le chiquero; afin de lui instiller la terreur. Des laxatifs puissants sont administrés la veille, de sorte qu'il s'estompe et que des sacs de sable soient placés à hauteur des reins. C'est ainsi qu'un taureau est préparé pour le combat courageux.

Les chevaux subissent également un toilettage. Ses cordes vocales sont coupées, ses oreilles couvertes de tampons de papier humides et ses yeux ont les yeux bandés.

Le brave combat – Lorsque le taureau est relâché et en route vers l'arène, le premier harpon est déjà cloué dessus. L'animal entre dans l'arène désorientée, cherchant une issue. Le hachoir frappe le cou du taureau avec une lance. Théoriquement, il ne devrait pénétrer que la pointe en acier de 3 centimètres, mais toujours également clouer les 11 centimètres, qui s'étendent jusqu'à la base de la tige, ce qui représente une plaie de 14 centimètres de profondeur et jusqu'à 40 centimètres de long. Certains hachoirs tordent la lance pour augmenter la pénétration, s'appuient sur la poignée ou blessent le côté pour provoquer des saignements abondants ou blesser le poumon. Chaque taureau reçoit en moyenne 3 à 4 coups de lance.

Les *banderilles* enfouissent des harpons métalliques pointus de 5 centimètres ou plus dans la pointe et les câbles ornés des mêmes blessures ouvertes par ou près des lances. Les *drapeaux* se balancent comme que l'animal court et charge contre les hachoirs, augmentant encore la zone blessée. Ces blessures et *banderilles* attachées au cou empêchent le taureau de lever la tête. Si le taureau gardait la tête haute, le tueur devrait monter sur une échelle pour le tuer, ce qui ne serait pas très pratique.

Le *tueur* poignarde l'épée de cinq pieds pour tenter de blesser le cœur ou un vaisseau sanguin majeur. Cela ne se produit presque jamais. En fait, le poumon est toujours touché et l'animal tombe, vomissant du sang, suffoqué dans sa propre hémorragie. À présent, le taureau est presque en train de mourir, urinant sauvagement, avec ses fonctions vitales s'effondrant. Férocement harcelée, la bête terrifiée tombe non seulement en saignant, mais en pleurant. Enfin, un coup est porté pour sectionner la moelle épinière. Si la moelle n'est pas sectionnée mais seulement endommagée, l'animal devient semi-paralysé, toujours vivant. Cela n'empêche pas que votre oreille soit coupée, votre queue coupée et traînée de son vivant pour être écartelée.

• *Les génisse*s – En Espagne, des corridas comiques ont lieu, dans lesquelles des nains et des clowns remplacent les *tueurs* et des veaux entrent à la place du taureau. Les bébés souffrent d'une mort prolongée et angoissante. Dans certains événements, les chimpanzés sont habillés en tueurs. C'est l'un des spectacles les plus déprimants au monde.

Au Mexique, les veaux sont utilisés dans des écoles de taureaux, où des élèves âgés de 14 à 20 ans abattent le pauvre animal. Ce rituel lâche est plus pour le vaudou et l'hitlérisme que pour le sport ou la culture.[59]

L'événement qui devait être la première étape de l'importation de la corrida au Brésil a été un échec. Bien que l'Association brésilienne des aficionados et éleveurs de Taurus Bravo ait été créée,

---

[59]Participam desta campanha: Associação de Amparo aos Animais, Associação Beneficente Quintal de São Francisco, Associação Protetora dos Animais São Francisco de Assis, Associação SOS Bichos, Liga de Prevenção da Crueldade contra o Animal, Sociedade Mundial de Proteção Animal, Sociedade Zoofila Educativa, União em Defesa da Natureza e União Internacional Protetora dos Animais.

la la société brésilienne, la presse et les autorités ont rejeté l'idée, et le plan des Espagnols résidant ici, jusqu'à présent, n'a pas abouti.

5.5.5 Cruauté dans les courses de chiens

En septembre 1992, l'Association brésilienne des éleveurs de chiens lévriers a été fondée à Belo Horizonte. Le mois suivant, trente lévriers, chiens utilisés pour la course, sont arrivés au Brésil en provenance des États-Unis et ont été emmenés sur le site de l'acheteur. Quelques jours plus tard, a eu lieu au Shopping Del Rey, par l'association, la *Formule Greyhound*, une démonstration de course de chiens.

● *Courir pour sauver des vie*s – Le terme course de lévriers est profondément trompeur, donnant au lecteur l'impression de lévriers agiles faisant ce qu'ils préfèrent: courir sur une piste. Cependant, les faits derrière l'image que l'industrie des lévriers essaie de projeter indiquent un autre côté inquiétant. On estime qu'au moins 90% des dresseurs de lévriers aux États-Unis estiment que l'utilisation d'appâts vivants est nécessaire pour enseigner à leurs animaux à pratiquer la mécanique des chenilles. Chaque année, des milliers de petits animaux sont utilisés à plusieurs reprises comme appâts jusqu'à ce qu'ils soient abattus par les lévriers qui apprennent à courir. L'inventeur d'appâts artificiels *Jack-a-lure Keith Dilon* lui-même a déclaré que certains lévriers ont besoin de vrais lapins pour être bons en course.[60]
Le nombre de lévriers tués chaque année aux États-Unis varie de 30 à 50 000. En plus du nombre inconnu de chiens tués à la naissance, 50% des animaux nés sont détruits avant même d'atteindre les pistes, car ils ne montrent pas de potentiel pour la course. Des milliers d'autres sont détruits lorsqu'ils arrêtent de gagner sur les pistes. Des chiens à la retraite sont également tués ou abandonnés à la famine.

---

[60]THE ANIMALS Agenda. *Revista da Royal Society for the Prevenction of Cruelty to Animals, Londres,* maio 1986.

Sauvés pendant de brèves périodes d'épuisement physique extrême pendant qu'ils courent, ces chiens du Premier Monde passent la majeure partie de leur courte vie dans des cages ou des caisses qui leur donnent à peine de la place pour se tenir debout, marcher ou se coucher. Ils courent une fois tous les quatre jours toute l'année de leur carrière, soumis à un large éventail de blessures. De plus, ils passent leur vie bâillonnés. À la retraite, les morts-vivants sont vendus à des laboratoires de recherche.

• *L'intervention des écologistes* – Le 10 février 1993, soixante-trois entités du Brésil et de l'étranger, représentées par l'Union pour la défense de la nature, la Ligue pour la prévention de la cruauté envers les animaux et la Metropolitan Society for the Protection of Animals, les ont remises au ministère public. un dossier prouvant que les courses de lévriers dans les pays où la pratique des percussions est la plus élevée impliquent le confinement, la famine, des sacrifices aveugles et l'utilisation d'appâts vivants pour l'entraînement. Dans le même document, ils ont indiqué qu'ils étaient sur le point d'être perpétrés au Brésil et que l'Association brésilienne des éleveurs de chiens lévriers avait déjà promu des courses de chiens sur des circuits de fortune[61].

---

[61] Voici le dossier dans son intégralité:
«Compte tenu de l'existence, à Belo Horizonte, de l'Association brésilienne des éleveurs de chiens lévriers - ABCCRG, fondée le 18 septembre 1992, dont le siège est à Rua Rio Grande do Norte, n. 1 164, magasin 2, dans cette Capitale (xerox des Statuts et coupure du journal O Globo du 4/10/91 inclus); Considérant que les chiens Greyhound sont élevés dans le seul but de courir, et le premier événement de ce type a eu lieu à Belo Horizonte du 17 au 25 octobre dernier au Shopping Del Rey, selon Xerox tracts et coupures de presse de *Jornal de Casa*, 11-17 / 10/92;
Étant donné que dans d'autres pays où des courses similaires ont lieu, il est public et notoire que la grande majorité des dresseurs (90%) utilisent des appâts vivants (généralement des lapins) pour s'entraîner, estimant que le `` sanglant " est une condition sine qua non conditionner le Greyhound à poursuivre l'appât mécanique sur la piste;
Étant donné que seuls les chiens qui excellent à la vitesse sont utilisés dans chaque portée, et aux États-Unis d'Amérique, on estime que 30 000 à 50 000 chiens sont tués chaque année pour la pratique de ce sport comme

déchet;

Alors que les animaux, bien que conditionnés par le mouvement et la vitesse, sont maintenus en même temps dans des cages étroites, d'où ils partent pour l'entraînement ou la compétition, menant une vie misérable de confinement et souvent avec une muselière (séjour quotidien moyen en cage 22: 00h);

Considérant le problème de l'abandon fréquent, sans eau, nourriture ou soins de base, parfois même en isolement, de ces chiens, comme le montre la bande vidéo incluse, un fait qui en soi représente déjà une cruauté extrême;

Considérant qu'un grand nombre de chiens de course, après une baisse de leurs performances, sont envoyés dans des laboratoires expérimentaux, où ils sont brutalement torturés à mort (preuves à l'appui incluses);

Considérant l'échec d'un programme d'adoption pour ces chiens lorsqu'il est considéré comme inutile, étant donné la disproportion entre le grand nombre de portées d'animaux malheureux que cette industrie produit, en ajoutant les animaux adultes en phase de rejet et le nombre infiniment plus petit d'individus. disposé à les adopter;

Considérant la possibilité de la formation d'une passion collective autour des grands paris, au détriment de la société et de la formation d'une culture visant au respect de la nature et des animaux, thème de cette fin de siècle;

Considérant la nocivité de l'importation de divertissements nuisibles, jeu cruel dans lequel l'animal n'est qu'une simple machine à sous, qui n'a aucun aspect éducatif, bien au contraire et ne fait pas partie de la culture brésilienne;

Considérant que le matériel vidéo inclus *(The Canine Connection, le National Geographic Explorer,* diffusé à la télévision américaine le 3 janvier 1993 et autres), ainsi que les textes joints traduits de l'anglais par le Dr Marcello Augusto de Oliveira Borges , Sao Paulo - *The Spokane Review*, Spokane, WA, 13 octobre 1989, The Animal's Agenda, mai 1986 et The Animals Agenda, mars 1992, démontrent que les courses de lévriers soumettent les animaux à la cruauté non seulement contre les lévriers eux-mêmes ainsi que contre les petits animaux (100 000 tués par an aux États-Unis) qui sont utilisés comme appâts vivants, pratiques interdites par la Constitution fédérale, dans son art. 225, § 1, point VII, ainsi que par la législation ordinaire, comme l'article 64 de la loi sur les délits criminels et le décret fédéral 24 645 du 10 juillet 1934 (doc. Inclus);

Considérant l'intention de la Greyhound Breeders Association d'organiser des courses à travers le pays, son véritable objectif;

Les entités ci-dessous signées et apparentées, pour les raisons de fait et de droit exposées ci-dessus, demandent au Procuradoria de Justiça Minas Gerais de proposer une interpellation judiciaire, afin que ladite association renonce à son intention de conduire de nouvelles courses. , sous peine de dépôt d'une Action Civile Publique et d'une demande reconventionnelle (64 entités ont signé)."

Le procureur en charge de l'affaire a jugé opportun de signer un accord d'engagement pour ajuster le comportement avec cette association, qui était notamment tenue d'enregistrer tous les chiens acquis par elle, ainsi que les conditions de négociation concernant la Chiens cités.

L'homme d'affaires promoteur de course, se sentant menacé dans ses intentions, a déposé une interpellation criminelle contre les présidents de l'Union pour la défense de la nature et de la Ligue de prévention cruelle. Entre autres explications, il a demandé aux écologistes de confirmer si les animaux qu'il importait avaient été rejetés du pays d'origine et s'il avait fait la promotion des paris. Comme les écologistes ont présenté comme preuve des déclarations présumées de l'homme d'affaires, dans une interview accordée au *Boston Globe*, le 11/11 1992.62, le différend est mort avec l'interpellation.

Nous transcrivons les questions contenues dans l'Interpellation et leurs réponses:

Le plaignant, alléguant que les interviews accordées par des écologistes aux journaux du Minas Gerais se révoltaient contre lui, demande si les intimés ont confirmé les interviews.

Les intimés confirment le contenu de la première partie du dossier remis au procureur général de l'État du Minas Gerais, le Dr Castellar Modesto Guimarães, le 10/02/93, (document joint, déposé sous le n ° 001165, dont ils ont remis copie à la presse pour rédiger leurs rapports).

L'intervenant demande s'il est le président de l'Association brésilienne des éleveurs de lévriers.

"Qui peut le mieux répondre est celui qui pose la question lui-même." Les personnes interrogées n'ont jamais prétendu être le président responsable de la "Brazilian Greyhound Dog Breeders Association". Mais, selon un article du journal O Globo, daté du 4/10/92 (document ci-joint), l'interpélante est l'un des directeurs de l'entité référée et, sur la base de reportages dans la presse nationale et internationale (document joint), le votre porte-parole et leader.

---

[62] TYE Larry e MILLER Rick Concerns follows dogs to Brazil. *The Boston Globe*, Boston, USA, 1992, p. 83, 10 nov. 1992.

Cela a probablement conduit l'opinion publique à déduire que le président de l'entité susmentionnée était l'orateur.

L'auteur de la question demande si les animaux importés appartiennent à l'Association brésilienne des éleveurs de lévriers et qui les a importés:

"Qui peut également répondre avec confiance est le questionneur lui-même, mais le rapport publié dans *O Globo* du 4/10/92 (doc. Jointe) indique que 30 chiens lévriers ont été amenés de Boston par l'Association brésilienne des éleveurs de chiens. Greyhound race, et ont été emmenés dans le chenil appartenant à l'interpelante à Brumadinho. "

Dans une interview accordée au *Boston Globe* le 10/11/92, dans le rapport *Concerns follow dogs to Brazil,* par *Larry Tye et Rick Miller,* (document ci-joint), l'orateur dit qu'il est devenu totalement envoûté par les courses de lévriers il y a huit ans quand il travaillait pour des entraîneurs et des éleveurs en Californie et en Pennsylvanie. Son intérêt a été renouvelé lors d'une visite aux États-Unis l'été dernier lorsqu'il a rencontré l'éleveur et exploitant de chenil Jerry Olson. En outre, selon le rapport, Olson a persuadé les éleveurs de chiens de Green Mountain, Seabrook et Ebro d'abandonner 30 chiens. En fait, ce qui est connu, c'est ce qui vient des propres déclarations de l'orateur. »

L'interrogateur demande si les animaux importés ont tous été rejetés par leur pays d'origine, ce qui conduit à comprendre qu'ils ne sont pas adaptés à l'usage pour lequel ils ont été importés.

Une fois de plus, les répondants utilisent le rapport «Les préoccupations suivent les chiens au Brésil», du journal *The Boston Globe*, où les répondants répondent à ce problème, y compris l'interpellateur lui-même.

M. Olson a dit en elle "qu'il ne gagnera pas d'argent à moins que l'aventure du jeu ne décolle". Il ajoute que les chiens qu'Olson a envoyés au Brésil auraient presque certainement été tués, "en partie parce qu'ils sont si lents, qu'ils n'ont nulle part ailleurs où courir".

Un autre citoyen interrogé, M. Kuper, a déclaré qu'il ne s'opposait pas à l'arrivée de son chien *Hot Jet* au Brésil parce qu'il «ne pouvait pas rivaliser avec les chiens les plus rapides ici» (États-Unis).

Du même avis était Michael Repole, se référant au chien *Run Away Kat*. Dans le rapport, il a déclaré qu'il ne voyait aucun problème à ce que le chien arrive "parce qu'il n'aime pas voir un chien sacrifié parce qu'il n'est pas bon pour courir aux États-Unis". Cela confirme donc que les chiens non aptes à courir sont vraiment morts.

L'interrogateur lui-même répond à sa question dans ce rapport, quand il reconnaît que «Jerry était honnête avec lui et l'a averti que son argent n'était pas suffisant pour acheter des chiens de premier ordre, mais des chiens moyens, suffisants pour l'affichage et l'introduction de la race de lévriers. Brésil. "

Comme le dit *Darren Rig de Greyhound Pets of America*, un groupe d'adoption américain, "il est injuste que les entraîneurs américains utilisent les pays du tiers monde comme des déchets."

C'est M. Randazzo, un autre interviewé, qui ajoute, disant que l'envoi de chiens de mauvaise qualité pour démarrer une «industrie de course brésilienne» est une énorme erreur. Chaque fois qu'ils envoient ce genre de chien dans de nouveaux pays, ils essaient de jeter leurs déchets. »

L'interrogateur demande si les mauvais traitements que les écologistes prétendent être soumis aux chiens sont commis par lui ou son personnel.

En lisant simplement la pièce introductive du dossier adressée au procureur général de l'État du Minas Gerais (pièce jointe doc.) On peut conclure qu'à aucun moment l'accusé n'a fait d'accusations au destinataire. Il est clair que le dossier d'abus est réputé sur les sites de reproduction américains, où de tels actes sont routiniers, selon l'abondante documentation jointe.

Afin de corroborer la véracité de l'allégation, les intimés doivent joindre une déclaration au ministère public de Belo Horizonte, dans laquelle ils soulignent le caractère préventif de l'alerte qui guide leur conduite. La preuve des allégations est contenue dans le délai de déclaration rétroactif, qui en soi dispense de nouvelles enquêtes.O

L'intervenant demande si dans le chenil où sont hébergés les chiens importés, des leurres vivants sont utilisés pour leur dressage.

Les intimés n'ont pas prétendu que le challenger utiliserait des appâts vivants pour dresser leurs chiens. Cependant, aux États-Unis, comme indiqué dans les magazines (document joint), Photos (document joint), 90% des animaux sont entraînés avec des appâts vivants. Selon un rapport, "Running to not die", publié dans The Animals Agenda, mai 1986 (doc. Jointe), "On estime qu'au moins 90% des dresseurs de lévriers pensent que l'utilisation de leurres ou d'appâts vivants est nécessaire pour Apprenez à vos animaux à chasser les leurres mécaniques sur les pistes. Les dresseurs croient que les animaux qui ne sont pas entraînés avec des appâts vivants ne peuvent pas rivaliser avec ceux qui sont entraînés avec des appâts vivants." Même l'inventeur d'appâts artificiels de Jack-a-lure, Keith Dillon, pense que "certains lévriers ont besoin de lapins. vraiment devenir de bons chiens." Ainsi, il semble qu'au Brésil, à l'avenir, il ne sera guère différent. D'où l'initiative des intimés d'alerter le ministère public digne.

L'interrogateur demande si les écologistes confirment que l'interrogateur fait la promotion, dans leurs présentations, des paris et profite ainsi d'avantages.

Les intimés n'ont pas prétendu que le challenger avait fait des courses de paris, mais que dans les pays où de telles courses avaient lieu, les paris étaient concernés par l'importation de cette mode (voir la Déclaration).

De plus, c'est le challenger lui-même, une fois de plus, qui peut répondre à cela en se présumant être de véritables déclarations de lui au *Boston Globe* (doc. Jointe), où l'on lit que le challenger et Jerry Olson ont prévu l'embarquement de chiens pour le Le Brésil, d'abord pour organiser des spectacles et des tests en cours, comme celui promu au Shopping Del Rey (Belo Horizonte), puis, "si le Brésil légalise les paris, pour former une structure de pari mutuel (les pari mutuelles sont des paris impliquant un certain type de répartition), car le modèle américain ira aux enjeux."

Soit dit en passant, en ce qui concerne les paris sur les paris, nous vous invitons à transcrire une brochure de la *United States Institution Washington County Citizens Against the Greyhound Races* sur le sujet: "Les directeurs et sessions du Web du FBI ont mis en garde contre l'attrait que les paris les substituts ont pour le crime organisé. C'est la plus grande source de revenus pour le crime organisé et mène au jeu illégal et à la fabrication de livres." *(American Legion Magazine 1/85 et Dallas News Conference* 11/87).

Le journal américain poursuit en disant que l'orateur a de grands projets pour ses nouveaux lévriers. D'abord, il se rendra à Brasilia, puis sur la côte nord-est, jusqu'à ce que les courses de chiens prennent racine dans la psyché nationale. Vingt et un chiens supplémentaires auraient pu arriver à la fin de l'année dernière ou au début de cette année, et, "si le jeu est légalisé", ce qui, selon l'orateur, "devrait avoir lieu en 1993", il demandera à Olson de monter à bord. environ deux cents lévriers. L'interrogateur déclare en outre que de meilleurs chiens seront importés "après que le jeu est OK" et qu'il rêve: "un jour j'enverrai un chien né au Brésil pour gagner de l'argent aux États-Unis" (Interpellation criminelle déposée au 10e Vara Criminal Belo Horizonte, 16 février 1993).

L'action des écologistes a pu arrêter à temps l'importation d'une nouvelle barbarie dans notre pays.

5.5.6 Cruauté dans les combats de chiens

Un chien élevé pour un combat vit à l'abri dans l'obscurité, couché sur ses propres excréments. Pour décharger la tension constante, il mord la sangle qui le lie. Son entraînement est terrible: tout d'abord, il est obligé de courir pendant des heures, de longs trajets ou sur des tapis roulants. Il est obligé de surmonter des obstacles et, pour renforcer ses muscles de la mâchoire, de tirer avec ses bogies en fer de 800 livres. Cela pendant des heures. C'est la vie d'un *pit-bull* entraîné pour les combats.

Sa nourriture est composée d'animaux blessés mais toujours vivants, ce qui la rend plus féroce. La plupart du temps, la victime est chat volontairement blessé. Le chien le reçoit en récompense après un entraînement quotidien. Ce chien est dressé pour attaquer et tuer après avoir reçu certains signaux, comme avoir un mégot de cigarette éteint sur son front.

L'entraînement au combat soumet le chien à diverses tortures, comme des colliers électriques. Chaque fois qu'il ne satisfait pas son moniteur est puni d'une décharge électrique.

Un combat de chiens consiste à placer deux chiens *pit-bull terrier* préalablement entraînés pour s'affronter dans un combat sanglant. La règle est simple: battre l'animal qui survit à 30 minutes d'agression. Si les deux abandonnent, le juge décide qui a gagné. Un combat dure de deux à trois combats. Le chien champion, après avoir été cousu, est prêt pour un autre combat, qui est généralement fatal, car le *pit-bull* attaque la victime en mordant sa jugulaire et la relâche après la mort, s'il n'y a pas d'intervention. La capacité de ne jamais reculer devant la peur, développée dans la race grâce à la sélection de sélection, prépare un spécimen bien élevé pour continuer à se battre pendant deux heures ou plus, indépendamment de la déshydratation, de l'épuisement, de la fatigue musculaire ou de tout autre sens d'usure. Selon votre détermination à combattre un chien peut valoir des milliers de dollars. Le critère de sélection d'un chien est toujours de le tester au combat.

Dans la première moitié du siècle dernier, les combats entre chiens et taureaux étaient courants en Europe. C'est pourquoi la race *bull-terrier* anglaise - le croisement du *bouledogue*, du vieux terrier anglais blanc et du *pointeur* espagnol - a donné naissance à ce nouveau chien, qui peut avoir son agression provoquée et qui est assez courageux pour mourir plutôt que de laisser tomber sa proie. . Selon les éleveurs, sa morsure peut atteindre une tonne et il est capable de déchiqueter n'importe quel animal.

En Asie, les combats entre ces chiens et ces ours sont courants. Le plaisir est d'attacher un ours à une corde, puis de relâcher les *bull terriers* pour l'attaquer. Parce que les dents et les griffes des ours sont arrachées, ils ne peuvent pas se défendre contre les chiens qui mordent et déchirent des morceaux. Un seul ours peut subir cette terrible épreuve trois fois par jour et des centaines de fois tout au long de sa vie.

Le premier projet de loi pour la défense de ces animaux remonte à 1822, en Angleterre. Rédigé par *Richard Martin* destiné à interdire les combats *pit-bull-bull*. Vous n'avez pas obtenu d'approbation. Ces combats ont augmenté principalement après 1835, lorsque l'arène des taureaux a été interdite.

Il est connu qu'au Brésil, les combats de chiens, bien qu'interdits, se déroulent sous terre et que la promotion de ces chiens a déjà atteint le Minas Gerais et, en particulier, Bahia, se déroulant dans des maisons privées. Ils sont illégaux et ne laissent aucune trace d'existence organisée au Brésil, bien qu'il y ait des nouvelles d'eux dans le nord-est et le sud du pays.

La plupart du temps, lorsqu'un *pit-bull* est adopté comme animal de compagnie, il devient docile. Au moindre signe d'agression, cependant, ses propriétaires ont peur, le condamnant à vivre dans de courts courants et des cabines ou à le disposer. Ils le redonnent aux créateurs ou le donnent aux serviteurs qui les conduisent dans la vie difficile de la favela.

Selon nous, l'élevage de chiens pour les combats et la promotion des combats de chiens sont typiques des situations criminelles qui peuvent être encadrées par la loi 9.605 / 98.

5.5.7 Cruauté dans la production de sérum antiphide et l'histoire du cheval 814

En 1990, *Jornal do Brasil* a rapporté la triste et émouvante histoire d'un cheval de l'Institut Butantã utilisé pour faire du lactosérum. Comme tout le monde, il n'avait pas de nom mais seulement un numéro: 814.

L'histoire de 814 a tellement choqué l'opinion publique que le journal a reçu des centaines de lettres, et le sujet méritait une série de rapports et de nombreuses mesures de la part des écologistes, atteignant même le Conseil régional de médecine vétérinaire.

Lorsque le 814 a été découvert, il était déjà utilisé par l'Institut Butantã il y a quatorze ans pour produire du sérum empoisonnant le venin.

La durée de vie moyenne de ces animaux dans les instituts de fabrication de lactosérum est de quatre à cinq ans, mais 814 ont résisté beaucoup plus longtemps que cela, personne ne sait comment. Son dos saignait continuellement, il avait déjà perdu un œil, avait de terribles crampes au foie, et pourtant il était empoisonné et saigné, comme tout le monde.

Des représentants de diverses entités, telles que la Ligue pour la prévention de la cruauté envers les animaux, le Groupe humanitaire Tucuxi, l'APASFA et l'UIPA, ont visité la ferme de São Joaquim, dans l'espoir de saisir l'animal et de l'emmener dans une ferme. Mais il était si faible quand ils sont arrivés qu'il n'a pas pu résister au voyage.

Les écologistes ont tenté à l'amiable de retirer le cheval de l'Institut et de l'emmener dans une ferme où il pourrait se retirer en paix. Les expérimentateurs n'ont pas accepté le dialogue et n'ont pas admis avoir soumis l'animal à des abus.

Pour cette raison, les écologistes se sont tournés vers le Conseil régional de médecine vétérinaire pour leur intervention.[63] C'était la seule fois que les scientifiques semblaient intimidés à accepter le dialogue.

---

[63] Belo Horizonte, 29 mars 1990
Chers conseillers,
Avec nos compliments, nous transmettons à ce Conseil Egregious la plainte suivante:
Le 11/1/90, Jornal do Brasil a publié l'article «Des chevaux saignent pour produire des vaccins», dans lequel il annonçait qu'à la ferme São Joaquim, appartenant à l'Institut Butantã, le cheval connu sous le nom de 814 avait été utilisé pendant 14 ans dans la fabrication de sérum antiphide. , lorsque la durée de vie moyenne de l'animal dans ces conditions est de 4 ans. Son dos saignait continuellement, il avait déjà perdu un œil et souffrait de terribles crampes hépatiques. Il fait également état des terribles conditions de vie des animaux utilisés par Vital Brasil, à Niterói.
Des représentants de diverses entités ont cherché Butantã pour sauver l'animal, qui vivrait en liberté dans une ferme de l'Etat de São Paulo.
Les dirigeants de l'Institut ont non seulement empêché le sauvetage de l'animal, mais ont également affirmé que le cheval 814 était en phase de production d'anticorps spécifiques satisfaisants.
Etonnamment, le 26/03/90, les directeurs de Butantã ont rapporté que le cheval 814 était décédé, sans indiquer où se trouvait le corps et la cause du décès.
Considérant que l'événement nuit à l'art. 1 de la résolution no. 332 du 15/01/81, qui a approuvé le Code d'éthique et d'éthique professionnelle du vétérinaire, qui stipule que le vétérinaire doit exercer ses fonctions avec dignité et conscience, et conformément à la législation en vigueur;
Et cela fait mal à l'art. 22 du même Code, qui stipule que le vétérinaire est responsable civilement et pénalement des actes professionnels qui, par faute professionnelle, imprudence, négligence ou violations éthiques, nuisent à l'animal;
Que le Code d'éthique en question stipule que le travail collectif ou d'équipe ne diminue pas la responsabilité de chaque professionnel pour ses actes ou fonctions, et que les principes déontologiques qui s'appliquent à l'individu sont supérieurs à ceux qui régissent les institutions;
Considérant, surtout, que le fait qui s'est produit avec le cheval 814 porte

EDNA CARDOZO DIAS ▐

Le fédéral CRMV a renvoyé l'affaire pour examen du CRMV / SP, qui a appelé l'Institut Butantã pour apporter des clarifications, ce qui a motivé l'OF.: 05/90, du 13 mars 1990, de Butantã, fournissant des clarifications sur l'état du cheval. 814, où ils étaient justifiés de dire qu'il n'existait pas d'autre méthode efficace pour produire du sérum et que l'état de santé du cheval était bon, bien nourri et pas économiquement viable pour prendre sa retraite.[64]

---

atteinte au décret 24.645 / 34, dans son art. 3, article X, qui interdit l'utilisation au service d'un animal aveugle, blessé, malade, faible, épuisé;

Ce cheval 814 n'est qu'un symbole de tous les autres torturés dans la production de sérums, nous demandons:

1. Réglementation de l'utilisation d'animaux pour la production de sérums, avec une période maximale d'un an pour l'utilisation de chaque animal. Nous suggérons un accord avec les éleveurs de chevaux et les associations d'agriculteurs qui prêteraient les animaux pour une utilisation unique. Les animaux seraient immunisés et réduiraient le coût du sérum.

2. Une incitation de cet organisme à rechercher l'utilisation des plantes pour soigner les piqûres venimeuses, à rechercher des vaccins et du sérum synthétique.

3. Officiellement l'Institut Butantan et les vétérinaires qui y travaillent en leur demandant d'expliquer la disparition du 814 et les conditions des animaux de l'Institut.

4. Pour officier les autres établissements qui fabriquent des sérums, leur rappeler leurs devoirs dans le respect de l'éthique et de la loi, et demander des informations sur l'état des animaux.

Ligue de prévention de la cruauté envers les animaux. "

[64] **Précisions sur le départ à la retraite des chevaux producteurs** de sérum

Nous devons d'abord vous informer que le cheval no. 814 est en service de production de sérum depuis 4 ans, comme le montre sa fiche de contrôle, et non depuis 14 ans en service. Avec le temps de service susmentionné, l'animal est dans une phase de production d'anticorps spécifiques satisfaisante. Certains acquièrent des chevaux de races fines pour subir un entraînement intense, portant sur leurs corps des hommes lourds et violents, les forçant de diverses manières à gagner des courses sur piste, et donc à satisfaire financièrement leurs propriétaires et à se réjouir. ou même vraiment pleurer des masses de spectateurs. D'autres les achètent pour les sacrifier et pour nourrir l'homme. Les animaux entraînés en course ne sont-ils pas blessés par leur propre entraînement? Oui bien sûr. Ruptures tendineuses, fractures des membres, dilatations cardiaques, diverses abrasions causées par des chutes et autres pouvant être dénombrées par des vétérinaires.

Dans le monde entier, les institutions de production de sérums anti-venin, de sérum anti-tétanos, de sérum anti-diphtérique, de sérum anti-biotine et d'autres utilisés pour la prophylaxie ainsi que dans le traitement de ces maladies humaines, toutes mortelles si elles ne sont pas traitées avec le sérum spécifique, sont valables. pour ses productions, le cheval comme animal donneur. Il n'existe aucun produit pharmaceutique, qu'il s'agisse d'antibiotiques ou autre, qui

Cependant, le 22 mars, curieusement, l'Institut a annoncé la mort de 814 et deux autres animaux, diagnostiquant "un état dégénératif avancé". Avec la mort de 814, le silence était attendu, mais 814 sera toujours un symbole du mal humain.

Le sérum antiophidique est actuellement le seul médicament pour le venin de serpent. La production d'ampoules dans le pays est assurée par trois instituts de recherche: Butantã – SP, Ezequiel Dias Foundation – MG et Vital Brasil Institute - RJ.

Le processus de fabrication des sérums consiste à injecter du venin de serpent, de scorpion ou d'araignée à des chevaux pour la reproduction d'anticorps. L'impact du poison est si fort qu'il doit être

---

soit actif pour neutraliser le venin des animaux tels que les serpents ou toxines produites par le tétanos, la diphtérie, les germes du botulisme. Que faire alors? Laissez simplement environ 25 000 Brésiliens, pour la plupart des travailleurs agricoles, mourir chaque année lorsqu'ils sont victimes de morsures de serpents, par exemple?

Dans une lettre constituant la feuille no. 1 Le président de la Ligue pour la prévention de la cruauté envers les animaux fait référence à la fourniture d'un "traitement humanitaire" aux chevaux producteurs de sérum. Tous les animaux de Fazenda São Joaquim, qu'ils soient ou non producteurs de sérum, sont sous contrôle vétérinaire exercé par quatre professionnels spécialisés 365 jours par an. L'alimentation est riche et comparable à celle donnée aux animaux qui font du sport ou aux animaux de races raffinées qui sont en phase de reproduction. La perte d'un œil du cheval mentionnée dans cette lettre peut ne pas avoir été nécessairement causée par le service auquel l'animal a été soumis mais par un accident. Des accidents de cette nature se produisent relativement fréquemment, même dans les fermes d'élevage de races nobles. Quant aux `` crampes " susmentionnées, elles ne sont peut-être pas d'origine hépatique, mais seulement des crampes intestinales, la pathologie est très courante chez les chevaux, en particulier chez ceux riches en alimentation, comme cela se produit avec les animaux producteurs de sérum de cet Institut.

Compte tenu de ce qui précède, nous pensons que, malheureusement, pour longtemps, les animaux devraient être utilisés au profit de l'homme. Nous convenons que les animaux producteurs de sérum doivent être considérés comme des malades chroniques et donc correctement soignés comme ils le sont dans cet institut. La retraite anticipée de ces animaux entraînerait inévitablement une crise de production, car il est économiquement impossible de répondre au besoin de ces immunobiologiques dans le pays utilisant chaque cheval pendant une durée limitée. Cependant, leur retraite est toujours déterminée lorsque l'animal, même avec une alimentation renforcée, est incapable de maintenir une capacité de réponse immunitaire adéquate ou est dans un état de faiblesse physique générale.

Cordialement,

Ass. Dr. Isaias Raw.

Coordinateur de la Commission Hyperimmune Soros Production. »

reçu en trois points forts. Les chevaux sont attachés à un tronc sans aucune chance de défense et reçoivent des doses de poison tous les deux jours. Remplis de douleur, ils rampent vers l'enceinte, où ils se reposent pendant quelques jours et retournent dans le coffre pour être saignés. Quelques jours de repos et de martyre commencent, qui ne se terminent que par la mort de l'animal.

a) Le Vital Brasil Institute - En 1991, le Vital Brasil Institute a été dénoncé par *Jornal do Brasil:*

"Le Vital Brasil Institute de Niteroi, le seul laboratoire du pays qui fabrique du sérum antirabique, a arrêté sa production il y a un an et 10 mois en raison de problèmes financiers." Il manque de l'argent pour acheter des substances et des flacons pour la production et le stockage de sérum. et aussi pour acquérir les moutons nécessaires pour obtenir l'antigène.

Les chevaux sur lesquels l'antigène, qui génèrera les anticorps contre la rage, sont éclaircis et meurent depuis environ un an n'ont pas reçu suffisamment de nourriture ou de médicaments. "En avril 1990, ils étaient 80; aujourd'hui, il n'y en a que 35." (Jornal do Brasil, 19/10/1991).

Cette nouvelle a provoqué la représentation de plusieurs entités de protection des animaux, qui ont été reçues par le procureur de l'État de Rio de Janeiro, mais dont la procédure a été infructueuse[65].

---

[65]Exmo.Sr. Procureur du ministère public de l'environnement
La Ligue pour la prévention de la cruauté envers les animaux, une entité civile à but non lucratif, déclarée d'utilité publique aux niveaux municipal et étatique, respectivement, par les lois no. 3 926/85 et 9 217/86, représenté par son avocat in fine, conclut à ce qu'il vous soit demandé: proposer une mesure conservatoire sans nom, conformément à l'art. 4 de la loi 7.347 / 85, combiné avec l'art. 796 et suiv. Du CPC, contre Instituto Vital Brasil pour les raisons de fait et de droit qu'il énonce maintenant:

FAITS ET MOTIFS

1. Le 18 octobre 1991, *TV Globo* a rapporté dans son journal RJ / TV que les chevaux utilisés pour la production de sérums au Vital Brasil Institute n'étaient pas nourris. Pour cette raison, ils ingèrent même du papier et du carton pour survivre.

Malgré les nombreuses recherches menées pour traiter les piqûres de serpents avec des plantes, la situation n'a pas évolué et les chevaux sont encore sacrifiés pour la production de sérums. Peut-être dans un avenir lointain, le remplacement de la sérothérapie par

---

Selon des articles de presse, la maltraitance des chevaux à l'Institut Vital Brésil se produit depuis 1987, lorsque l'Institut a acheté une ferme à São Gonçalo, pour la production de sérums.

Il a signalé au Jornal do Brasil du 11 février 1991 (document ci-joint) que les animaux étaient abandonnés et vivaient dans de minuscules écuries. De plus, les techniciens de l'établissement ont constaté que le terrain n'est pas propice à la reproduction car il est montagneux, avec un sol humide et une salinité élevée.

2. La cruauté envers les animaux est une pratique interdite en vertu de notre loi positive et de la Constitution fédérale, qui se lit comme suit:

«Art. 225, § 1, point VII: Il incombe au gouvernement de protéger la faune et la flore interdites, en vertu de la loi, les pratiques qui mettent en danger leur fonction écologique, provoquent l'extinction d'espèces ou soumettent les animaux à la cruauté. »

La cruauté envers les animaux est également caractéristique de l'art. 64 de la Loi sur les infractions criminelles.

3. Grâce aux publications de la littérature spécialisée aujourd'hui, on sait que l'utilisation de chevaux pour la production de sérums est un processus coûteux et compliqué et peut déjà être considéré comme dépassé.

Plusieurs scientifiques des produits naturels, lancés par le Dr Walter Mors, du Centre de recherche sur les produits naturels de l'UFRJ, ont déjà prouvé qu'au moins six plantes brésiliennes sont efficaces comme antidote à la morsure d'animaux venimeux (document ci-joint).

DEMANDE

Étant donné que l'Instituto Vital Brasil a pratiqué la cruauté envers les animaux, qui est un récidiviste en violation des règles du droit positif en vigueur, cela mérite votre honneur. prendre des mesures pour instituer une action civile publique avec des mesures de précaution afin de remplir les obligations de faire et de ne pas faire, ainsi que des actions contraventionnelles.2

Nécessite plus,

1. Obligation de nourrir les animaux jusqu'à décision finale, sous peine de saisie immédiate.

2. Arrêt de la production de sérums jusqu'à la construction d'une animalerie adaptée.

3. En cas de non-respect par l'entité ou d'impossibilité d'effectuer les déterminations ci-dessus, la nomination immédiate d'un dépositaire pour la garde des animaux.

4. La citation, conformément à la loi, de l'Institut Vital Brasil, situé à Av. Vital Brasil Filho, 64, à Niterói, RJ.

En conséquence,

P.D. "

la chimiothérapie dans la cure d'empoisonnement par les animaux venimeux est envisagé.

Légalement, ces mesures judiciaires n'ont pas été aussi efficaces qu'elles l'ont été, mais depuis lors, un dialogue a commencé entre les écologistes et les scientifiques, et il existe de nombreux forums de discussion sur l'éthique professionnelle et le bien-être animal.

Chapitre 6

COMMERCE ET ANIMAUX
COMMERCE INTERNATIONAL

6.1 LA CONVENTION SUR LE COMMERCE-INTERNATIONAL DES ESPÈCES DE FAUNE ET DE FLORE SAUVAGES MENACÉES D'EXTINCTION (CITES) 245

La Convention sur le commerce international des espèces de faune et de flore sauvages menacées d'extinction (CITES) définit les mesures à observer par les pays importateurs et exportateurs. Il prévoit les obligations des autorités administratives et scientifiques qui doivent se manifester lors de toute transaction commerciale.

L'autorité scientifique doit toujours prendre la parole pour déclarer si l'opération compromettra ou non la survie des espèces concernées.

L'autorité administrative de l'État d'exportation vérifie que l'exportation a eu lieu conformément à la législation en vigueur dans son pays et garantit l'état de l'emballage afin d'assurer la sécurité et la protection du spécimen vivant.

Trade for Cites signifie exportation, réexportation, importation et introduction depuis la mer.

La réexportation est l'exportation de tout spécimen précédemment importé.

L'introduction depuis la mer est le transport dans un état de spécimens d'espèces capturées dans le milieu marin en dehors de la juridiction de n'importe quel état.

La convention distingue les espèces spécimens. Les espèces comprennent toutes les espèces, sous-espèces ou toute population géographiquement isolée. Le sens du spécimen est beaucoup plus large, englobant chaque animal ou plante vivant ou mort.

6.1.1 Principes fondamentaux de la Convention

La Convention a établi trois annexes qui discriminent les spécimens protégés et adopte les principes fondamentaux suivants:

– L'annexe I comprend toutes les espèces menacées qui sont ou pourraient être affectées par le commerce. Le commerce de ces espèces est soumis à une réglementation stricte, de sorte que la menace d'extinction n'augmente pas seulement dans des circonstances exceptionnelles est leur commerce autorisé.

– L'annexe II comprend les espèces qui, bien qu'elles ne soient pas actuellement menacées d'extinction, risquent d'atteindre une telle situation si leur commerce n'est pas strictement contrôlé et que leur exportation ne met pas en danger leur survie.

– L'annexe III comprend les espèces que les pays signataires déclarent soumises à réglementation et qui nécessitent donc la coopération d'autres pays pour contrôler leur commerce.

6.1.2 Réglementation du commerce des spécimens inscrits à l'annexe I

La licence d'exportation pour les spécimens figurant à l'annexe I n'est délivrée que sur avis d'une autorité scientifique, dans la mesure où elle ne nuit pas à leur survie.

L'autorité administrative a trois sujets à vérifier: si le spécimen n'a pas été obtenu en violation de la loi applicable; si le les conditions de transport de l'animal sont appropriées afin d'éviter les risques pour la santé et les traitements cruels; et s'il existe une licence d'importation pour le spécimen.

L'importation nécessite la concession et la présentation préalable d'une licence d'importation et d'une licence d'exportation ou d'un certificat d'exportation.

La licence d'importation ne sera délivrée qu'après que certaines conditions auront été remplies. La première étape consiste à obtenir un avis d'une autorité scientifique de l'État importateur indiquant que la transaction ne nuira pas à la survie de l'espèce. L'autorité scientifique devra également vérifier que le destinataire du spécimen vivant dispose des installations appropriées pour le traitement.

L'autorité administrative de l'État importateur doit vérifier que le spécimen ne sera pas utilisé à des fins commerciales.

Le certificat de réexportation ne peut être délivré qu'une seule fois et sera conforme aux exigences de la Cites.

L'introduction en provenance de la mer nécessite un certificat délivré par une autorité administrative de l'État d'introduction, en plus des autres exigences de la CITES.

6.1.3 Réglementation du commerce des spécimens inscrits à l'annexe II

Les licences d'exportation pour les spécimens énumérés à l'annexe II ne sont accordées que si elles satisfont aux mêmes exigences énoncées à l'annexe I en ce qui concerne les avis scientifiques et la diligence des autorités administratives. Idem: le certificat de réexportation et d'introduction depuis la mer.

En cas d'introduction en provenance de la mer, des certificats peuvent être délivrés pour des périodes n'excédant pas un an, pour des quantités totales de spécimens à introduire pendant ces périodes, et avec l'avis préalable des autorités scientifiques nationales et internationales.

6.1.4 Règlement sur le commerce des spécimens figurant à l'annexe III

Une licence d'exportation ne peut être accordée qu'après que l'autorité administrative de l'État (exportateur) a vérifié que le spécimen n'a pas été obtenu en violation de la législation applicable et que le spécimen vivant est bien conditionné.

L'importation nécessitera la présentation d'un certificat d'origine du spécimen. Si l'État d'origine l'a inscrit à l'annexe III, une licence d'exportation doit être présentée.

En cas de réexportation, un certificat de l'autorité administrative de l'État de réexportation prouvant que le spécimen a été transporté ou est réexporté et sera accepté par l'État importateur est requis.

6.1.5 Licences et certificats

Les licences et certificats portent le titre de la Convention et le cachet d'identification de l'autorité administrative émettrice. La copie contiendra la spécification qu'il s'agit d'une copie et ne peut pas être utilisée à la place de l'original.

La licence d'exportation est valable six mois à compter de la date de délivrance.

La licence d'exportation et le certificat de réexportation à l'appui de l'importation sont annulés et conservés par l'autorité administrative de l'État importateur ainsi que la licence d'importation.

6.1.6 Exemptions et dispositions commerciales

Tant que les spécimens sont en transit ou en transbordement sur le territoire d'une Partie, les avis et permis mentionnés dans la Convention ne sont pas requis.

Les spécimens achetés avant Cites ne sont pas soumis à

à vos appareils.

Les spécimens domestiques et les effets personnels ne sont pas soumis à la Convention, sauf si le propriétaire a acquis le spécimen en dehors de l'État de résidence ou lorsque le spécimen a été retiré de la nature dans un État où une licence d'exportation préalable est requise.

Les animaux élevés en captivité à des fins commerciales et les spécimens de plantes élevés artificiellement dans le commerce doivent respecter les normes énoncées à l'annexe II, même lorsqu'ils figurent à l'annexe I.

Le prêt, l'échange non commercial et le don entre scientifiques enregistrés auprès de l'organe administratif n'ont pas besoin des conseils et des licences fournis par la Cites pour les spécimens d'herbier et autres spécimens de musée conservés, séchés ou incrustés et le matériel végétal vivant, à condition qu'ils reçoivent des étiquettes pour identifier ces caractéristiques.

Les États sont autorisés à autoriser le mouvement sans permis appropriés lorsque les spécimens font partie d'un zoo pédestre, d'un cirque, d'une collection de zoo ou d'un parc botanique. À cette fin, l'importateur devra enregistrer tous les détails de ces spécimens auprès de l'autorité administrative et s'assurer que l'emballage et les conditions de transport ne nuisent pas à la santé, aux blessures et aux traitements cruels.

6.1.7 Obligations des parties

Les pays signataires de la CITES se sont engagés à interdire le commerce en violation de la Convention en instituant des sanctions et en prévoyant la confiscation et le retour dans l'État d'exportation des spécimens impliqués dans des transactions illégales.

Chaque État devra désigner les ports d'entrée et de sortie auxquels les spécimens d'expédition doivent être présentés et sera responsable, sur son territoire, de leur transport en toute sécurité.

Un État saisissant un spécimen notifie l'État exportateur et le retourne aux frais du deuxième État.

Chaque pays devra tenir un registre du commerce des spécimens énumérés aux annexes I, II et III et fera périodiquement rapport au secrétariat de la CITES.

Ce Secrétariat est subordonné au Programme des Nations Unies pour l'environnement. Ce secrétariat a pour fonction d'organiser des conférences entre les Parties, de leur fournir des services, de mener des études scientifiques et techniques, d'étudier les rapports des Parties et d'attirer l'attention des Parties sur les questions relatives aux objectifs de la Convention. La Convention prévoit également que le Secrétariat publie des revues informatives sur les spécimens protégés et fait des recommandations aux États, entre autres.

6.1.8 Commerce avec des États non parties à la Convention

Dans le cas où des importations, des exportations et des réexportations ont lieu avec des États qui ne sont pas parties à la convention, les licences et certificats qui y sont visés peuvent être remplacés par des documents comparables qui satisfont pour l'essentiel à leurs exigences.

6.1.9 Autres dispositions

La Conférence des Parties se tient tous les deux ans, convoquée par le Secrétariat. Il y aura également des réunions régulières tous les deux ans et des réunions extraordinaires à tout moment.

Chaque fois qu'une espèce est affectée par le commerce ou chaque fois que la Convention est violée, le Secrétariat en informe les États concernés.

Chaque pays a le droit d'adopter sa propre législation plus stricte sur le commerce, la capture, la possession et le transport, y compris le pouvoir d'interdire le commerce et la capture des espèces non incluses dans les annexes CITES.

Obligations découlant d'autres traités, conventions ou acordos les accords internationaux ou régionaux ne sont pas affectés par la CITES.

6.2 COMMERCE DE LA FAUNE DANS LA COMMUNAUTÉ ÉCONOMIQUE EUROPÉENNE

La Communauté économique européenne a été créée par le traité de Rome le 25 mars 1957. Au départ, elle regroupait les pays suivants: Belgique, Allemagne, France, Italie, Luxembourg et Pays-Bas. En 1972, ils ont rejoint l'Angleterre, l'Irlande et le Danemark; en 1979, la Grèce; en 1985, au Portugal et en Espagne.

Dans son préambule, le traité de Rome déclare que la CEE a été créée, entre autres, pour jeter les bases d'une union toujours plus étroite entre les peuples d'Europe; établir une politique commerciale commune; et confirmer la solidarité qui relie l'Europe et les pays d'outre-mer.

Selon le traité, la mission de la CEE est d'établir un marché commun et de promouvoir le rapprochement progressif des politiques économiques des États membres, en favorisant le développement harmonieux des activités économiques dans toute la Communauté et des relations plus étroites entre les États membres. .

L'action de la CEE implique, entre autres actions, la mise en place d'une politique agricole commune et le rapprochement des législations nationales dans la mesure nécessaire au fonctionnement du marché commun.

La Convention internationale sur le commerce des espèces sauvages (CITES) est en vigueur dans la Communauté économique européenne depuis le 1er janvier 1984, approuvée par le règlement no. 3626/82.

Le commerce se caractérise lors de l'introduction dans la Communauté (y compris l'introduction depuis la mer), de l'exportation et de la réexportation en dehors de la Communauté, de l'utilisation, du mouvement et de l'élimination dans la Communauté et dans un État membre de spécimens protégés par le règlement.

Le spécimen, pour le règlement, est tout animal ou toute plante, vivante ou morte, qui est répertorié dans l'une des annexes du règlement (A à D), ainsi que tout ou partie du produit et de ses dérivés, incorporés ou non dans d'autres produits, lorsque la présence de ces animaux et plantes peut être identifiée dans une pièce justificative, un emballage ou une étiquette.

Seuls les produits, animaux ou plantes expressément spécifiés dans le règlement sont mis sur le marché. Lorsqu'il s'agit de spécimens hybrides, la norme la plus stricte doit être appliquée, c'est-à-dire que l'attachement dans lequel l'animal ou la plante reçoit la protection la plus stricte doit être recherché.

L'introduction d'un spécimen dans la CEE est subordonnée à un permis d'importation délivré par l'organisme compétent de l'État membre auquel il est destiné.

L'importateur doit fournir la preuve que le spécimen a été acheté conformément à la législation en vigueur dans son pays.

Si l'espèce est protégée par la CITES, une licence d'exportation doit également être délivrée par l'autorité compétente du pays exportateur.

Le certificat de l'autorité scientifique doit spécifier que le spécimen est correctement logé pour permettre une manipulation et un traitement appropriés et pour prévenir les maladies ou les blessures.

Les exigences d'exportation et d'importation sont plus strictes ou moins strictes, selon l'annexe à laquelle elles sont énumérées.

Les exportations et les réexportations sont également réglementées, exigeant un rapport scientifique certifiant la légalité de l'achat et garantissant que l'emballage est fabriqué de manière à éviter les risques de blessures et d'abus.

La réexportation est l'exportation d'un spécimen précédemment introduit dans la CEE.

Lorsqu'un État membre rejette une demande ou un certificat CEE, il en informe la Commission compétente et justifie le refus. Il notifie également tous les spécimens entrants ou sortants.

La notification par l'importateur, son mandataire ou son représentant au moment de l'introduction dans la Communauté d'un spécimen figurant aux annexes C et D est effectuée sur un formulaire prescrit par la Commission et est contraignante.

Une autorisation d'exporter des spécimens dépend d'un certificat de l'autorité scientifique compétente certifiant que leur capture ou collecte ne porte pas atteinte aux spécimens ou au territoire qu'ils occupent.

L'importateur doit également apporter la preuve que les spécimens ont été acquis conformément à la réglementation en vigueur sur son propre territoire. De plus, vous devez d'abord prouver que vous pouvez assurer de bonnes conditions de transport afin de ne pas endommager ou maltraiter les animaux.

Un certificat d'exportation ne peut être délivré qu'à condition que les spécimens:

Le contrôle devient plus strict ou moins strict selon l'annexe énumérant le spécimen en question.

6.2.1 Spécimens nés et élevés en captivité ou reproduits artificiellement

Les spécimens nés en captivité, s'ils sont énumérés à l'annexe A, suivent les règles applicables à l'annexe B.

Les exportations à des fins non commerciales, telles que les dons et les échanges scientifiques vers des institutions enregistrées auprès de leur propre organe directeur, suivent des règles exclusives.

6.2.3 Circulation des spécimens vivants

Tout mouvement de spécimens vivants à l'intérieur de la Communauté est soumis à l'autorisation de l'organisme compétent de l'État membre dans lequel se trouve le spécimen ou à l'autorisation d'importation le cas échéant. Cette autorisation est levée lorsque l'animal doit subir un traitement vétérinaire urgent.

Sans préjudice des mesures les plus restrictives que les États membres peuvent adopter ou maintenir, les autorisations et certificats délivrés par les autorités compétentes des États membres sont valables dans toute la Communauté.

Chaque État membre établit un bureau au sein de ses douanes et désigne un organisme de gestion. L'organe de gestion est donc une autorité administrative désignée dans un État membre pour les questions relatives à la protection de la faune et de la flore.

Chaque État désigne également une ou plusieurs autorités scientifiques qualifiées pour émettre des avis, qui n'appartiennent pas à l'organe administratif rétroactif.

L'autorité scientifique est donc l'autorité désignée dans un État membre pour émettre des avis sur l'importation, l'exportation, la vente et le mouvement des spécimens dans la CEE.

Les autorités de l'organisme gestionnaire sont chargées de contrôler le respect des règles CEE et de notifier les infractions graves, les confiscations et les saisies.

À la Commission, il existe un groupe de mise en *œuvre du règlement,* composé de représentants des autorités de chaque État membre, qui est chargé de veiller à l'application des dispositions réglementaires. Le groupe examine toutes les questions techniques liées à ce sujet et transmet les décisions prises au Comité du commerce de la flore et de la faune.

Les États membres et la Commission se communiquent les informations nécessaires.

6.2.4 Les sanctions

Non-respect des dispositions du règlement, fausses déclarations, utilisation d'une fausse autorisation, transport d'animaux en mauvais état, utilisation d'autorisations à des fins autres que celles énoncées dans chaque annexe, commerce en violation du règlement, transport de spécimens sans autorisation et sans utilisation d'un certificat pour un spécimen autre que celui spécifié sont des infractions qui devraient être sanctionnées par les États membres.

Au sein de la Commission, un groupe d'examen scientifique a été créé, composé de représentants des autorités scientifiques de chaque État membre et présidé par un représentant de ces derniers. C'est un organe consultation pour examiner toutes les questions scientifiques. Les décisions du groupe sont renvoyées à un comité.

Le comité est assisté par ce comité, composé de représentants des États membres et présidé par un représentant du comité.

Le président du comité soumet aux membres du comité les projets à étudier et les mesures à prendre. Le président du Comité n'a pas de droit de vote.

Le Comité est responsable de toute modification des pièces jointes, à condition que la Cites ne soit pas violée.

6.2.5 L'Union européenne et les conventions signées au Conseil européen et le bien-être animal

Le 28 février 1986, l'Acte unique européen, qui réunissait douze pays, a été signé et a rejoint la Communauté européenne en vue d'approfondir les politiques communes et de construire un avenir commun par la loi et le marché. sauvegarder la paix et le progrès social en Europe. L'Union européenne exerce des activités économiques et commerciales.

Le *traité de Rome* a identifié les animaux comme des biens ou des produits agricoles. Il n'autorise pas la création d'une législation sur la protection des animaux. Les directives sur la protection des bébés phoques et le maintien des jambes sont d'abord apparues comme une exception.

La situation s'est améliorée en 1992, lorsque le *traité sur l'Union européenne* a été signé à Maastricht, annexé au *traité de Rome*, bien qu'il n'en fasse pas partie. Il recommande que les institutions européennes tiennent compte du bien-être animal lors de l'élaboration de leur législation dans les domaines de la recherche, des transports, de l'agriculture et des marchés internationaux.

Le *traité d'Amsterdam*, signé le 16 juin 1997, comprenait un protocole sur le bien-être animal au *traité d'Amsterdam:*

"Souhaitant garantir la protection et le respect appropriés du bien-être des animaux, en tant qu'êtres vivants sensibles,

Il est convenu que les mesures suivantes seront annexées au traité institué par la Communauté européenne:

Lors de la formulation et de la mise en œuvre de la politique agricole, des transports et du marché intérieur de la Communauté, les États membres accordent toute leur attention au bien-être des animaux, sous réserve des lois et des règles administratives des États membres, de leurs coutumes, rites religieux, traditions culturelles et patrimoine régional.

Les principaux domaines touchés par la législation de l'UE sur la protection du bien-être des animaux comprennent: le transport, l'abattage pour la consommation, les poules en batterie, les veaux (veau) et les porcs, les tests sur les animaux ou la vivisection.

Les politiques adoptées par l'Union sont coordonnées par le Conseil de l'Europe, qui définit les orientations générales à suivre par les pays membres.

Le Conseil de l'Europe a été fondé en 1949. Il est considéré comme le rempart des droits de l'homme en Europe. Ses principaux objectifs sont les suivants: travailler pour l'union de l'Europe; œuvrer pour l'adoption de la démocratie parlementaire et des droits de l'homme; et nous efforçons de mettre en place des conditions capables de promouvoir les valeurs humaines.

Le Conseil de l'Europe s'est engagé dans la protection des animaux au motif que la dignité de l'humanité n'est pas dissociée de l'environnement et des animaux. L'homme a une responsabilité morale envers les autres créatures moins fortunées, qui doit être prise en compte dans les traités.

Ces conventions, pour entrer en vigueur, doivent être ratifiées. Idéalement, ils devraient être transposés dans la législation nationale existante pour renforcer sa mise en œuvre. Les obligations découlant du Conseil européen sont plus morales que légales. Les règlements de l'Union européenne, en revanche, créent des obligations générales et ont force de loi devant leurs membres.

6.3 ÉCO-ÉTIQUETTE, LE SCEAU VERT, la CEE PRENDRE DE L'AVANCE

La Communauté économique européenne, sur la base de son

programme compte tenu de l'importance de développer une politique de produits propres, le système de label écologique a été créé en 1992 pour évaluer l'impact environnemental d'un produit tout au long de son cycle de vie. Il a commencé à fonctionner en 1993, lorsque le premier groupe de produits a été créé. Il est proposé de certifier la bonne qualité de la conception, de la production, de la commercialisation et de l'utilisation des produits qui ont réduit leur impact environnemental au cours de leurs cycles de vie.

Alors que le label écologique était utilisé depuis près de 20 ans, en novembre 2009, une mise à jour du règlement (CEE) no 880/92 a été effectuée par le règlement (CE) no 66/2010 pour corriger ses lacunes et étendre le champ d'application du ladite norme.

6.4 SCHÉMA DE LA CAGE À BATTERIES ET MARCHÉ DES ŒUFS, LA CEE SORT AU PREMIER PLAN

L'aviculture intensive est une révolution récente. Il a moins de 50 ans et a commencé peu de temps avant la Seconde Guerre mondiale aux États-Unis, lorsque les éleveurs se sont efforcés d'élever des oiseaux et de produire des œufs pour le gouvernement et l'armée. En donnant des vitamines A et D aux oiseaux, ils ont découvert que de grands nombres pouvaient être élevés dans de grandes installations. Avec l'ajout de vitamines, ils ont déterminé que les animaux n'auraient plus besoin de soleil ou d'exercice pour que les œufs se développent.

Avec ces théories, ils ont commencé à construire de grandes installations pour une production à grande échelle. Avec la découverte d'antibiotiques, ils pensaient que ces oiseaux pouvaient vivre sans succomber aux maladies qu'une telle vie malsaine leur imposait. Ainsi, des doses massives d'antibiotiques ont été ajoutées quotidiennement à leur eau et à leur nourriture.

6.4.1 Stress et maladie

Les poulets élevés en liberté peuvent vivre de 15 à 20 ans, mais ceux élevés en élevage industriel ne vivent que pendant environ un an et demi. Votre capacité produire des œufs est diminué par le stress et la monotonie qui provoquent leur confinement. Quand il n'est plus utile de les garder, ils sont retirés de leurs cages et jetés de force dans d'autres caisses et emmenés dans un camion pour un long et douloureux voyage jusqu'à la volaille où ils seront abattus. S'ils sont chanceux, un couperet spécial les engourdira avant qu'ils ne soient introduits dans un chaudron d'eau bouillante et finalement convertis en aliments transformés pour les animaux et les humains.

Les oiseaux confinés subissent l'agression d'autres oiseaux. Il y a des combats entre eux, et les moins agressifs ne peuvent pas montrer de soumission, comme la nature le leur dicte. Certains vivent si effrayés qu'ils ne peuvent même pas bouger pour manger ou boire; ils rétrécissent et meurent. D'autres restent en mouvement névrotique continu et paniquent. Il y a des cages dans lesquelles les oiseaux ne peuvent même pas étirer leurs ailes et leurs têtes, mais doivent s'accroupir dans une posture non naturelle.

Le bec des oiseaux pondeurs est coupé deux fois: d'abord, lorsqu'ils ont une semaine; plus tard la 12e ou la 20e semaine. Pour réduire le coût, l'éleveur recommande de regrouper 15 oiseaux par minute. Un coupeur très chaud provoque des plaies sur le bec, un coupeur très froid provoque des ulcères à la racine du bec. De plus, les langues coupées ou brûlées sont très courantes. Certains éleveurs se coupent également les orteils pour ne pas pouvoir utiliser leurs griffes.

L'environnement de la volaille dans l'élevage industriel est un repaire de contamination et de microbes. Les oiseaux souffrent des gaz d'ammoniac puissants émanant des tonnes de matières fécales qui attirent les rats et les insectes. Ils développent des problèmes dans leurs pattes et leurs jambes en raison du fait qu'ils se tiennent sur des planchers en fil métallique qui déforment leur anatomie naturelle.[1]

Comment élever des poulets dans le système de *cage de batterie* implique de nombreux mauvais traitements des oiseaux. Les poulets sont maintenus dans de petites cages pendant plus de deux ans, où ils ne peuvent pas déplacer leurs ailes, sans aucun repose-

---

[1] DIAS, Edna Cardozo. *SOS animal*. Belo Horizonte: Liga de Prevenção da Crueldade contra o Animal, 1996, p 21/22.

pied déformé, le stress les fait bouger agresser les uns les autres, se faire couper le bec avec un couteau chaud pour éviter les blessures mutuelles. Par la suite, une réglementation spécifique a été approuvée pour le thème. Pour limiter ces abus, la CEE a adopté un certain nombre de mesures pour protéger les poulets élevés pour la production d'œufs. Des tailles de ponte ont été établies pour les poules pondeuses, le canal d'eau potable obligatoire et le récipient pour aliments; un plancher qui permet aux ongles des orteils de supporter pleinement; ventilation, inspection quotidienne et soins vétérinaires.

Les consommateurs refusent de plus en plus d'acheter des produits polluants et des produits qui soumettent les animaux à la cruauté. Cette pression de la société oblige les producteurs à respecter les règles environnementales, sinon ils auront leurs produits en dehors des marchés nationaux et étrangers.

Des organismes régionaux tels que la CEE, le MERCOSUR et l'ALENA fixent des règles environnementales de plus en plus strictes, interdisant progressivement les produits qui dégradent la nature du marché.

6.5. INDUSTRIE POUR LA PEAU

Tous les animaux qui ont une fin terrible à la confection de manteaux sont dans le collimateur de la *Commission européenne pour la protection des phoques et autres animaux*, ce qui limite leur capture: les Astrakhans, par exemple, sont abattus à la tête lorsqu'ils sont nouveau-nés. né et aux yeux de la mère; pour le meurtre des coyotes, les chasseurs les poursuivent en jeep; les loups reçoivent des douches de balle de l'avion; les renards sont décimés sous prétexte de colère, etc.

Les animaux nocturnes, les félins, sont attirés vers un piège, grâce à un appât, généralement caprin. Ils sont attrapés par un fil d'acier pour être immobilisés. Pris au piège par le cou meurent immédiatement. S'ils pendent à une patte, ils souffrent terriblement jusqu'à ce que le chasseur arrive et frappe un coup fatal.

Et il y a d'innombrables autres animaux qui sont piégés, comme le castor, l'hermine et le vison.

C'est pour ces raisons que le sceau vert est devenu obligatoire dans tous les pays qui importent, exportent et vendent des peaux d'animaux.

6.6 INDUSTRIE DES PIÈGES POUR LA PEAU ET LES JAMBES

Le 4/11/1991, le Parlement européen a adopté le règlement 3254, qui interdisait l'utilisation du piège en acier à dents pointues pour capturer les animaux, en les tenant par les pattes, pour entrer en vigueur à partir de janvier 1995.

Le règlement CEE 3 254/91 interdit l'utilisation de pièges à dents et l'introduction de fourrures et d'articles manufacturés d'animaux sauvages originaires de pays utilisant des pièges non humanitaires comme méthode de capture.

À partir du 1er janvier 1995, seules les peaux d'animaux de pays interdisant ces pièges et utilisant des pièges standardisés reconnus comme humanitaires pouvaient entrer dans la CEE.

Le règlement ne prévoyait la suspension de l'interdiction que si les pays exportateurs effectuaient des études de capture humanitaire sur leur territoire.

Le 19 juillet 1994, le Parlement européen, par le règlement 1.771 / 94, a reporté au 1er janvier 1996 l'entrée en vigueur de l'interdiction d'introduire les cuirs et les articles manufacturés de spécimens énumérés à l'annexe II du règlement 3.254 / 91. .

Le 10 janvier 1997, le règlement CE 35/97 a établi que les peaux et articles manufacturés de spécimens ne pouvaient transiter ou quitter la CEE que s'ils étaient capturés dans un État membre, tenus de se conformer à la législation en vigueur, et nés en captivité ou de pays qui respectent les règles du règlement 3254/91.

La première étape que les chasseurs ont franchie après ces nouvelles réglementations a été de rechercher l'*Organisation internationale de normalisation (ISO),* basée à Genève, pour un nouveau modèle de pièges à jambes avec dents caoutchoutées, qu'ils appelaient humanitaires. (A ISO est une fédération mondiale, composée d'organismes de normalisation de divers pays, chargée d'élaborer des normes techniques. Il s'agit d'une organisation non gouvernementale créée en 1947.)

Le *comité technique* 191 a été formé pour parvenir à un consensus sur les normes de pièges sans cruauté, c'est-à-dire les normes de pièges humanitaires.

Si les pièges des chasseurs étaient approuvés, la CEE annulerait l'interdiction d'importer des peaux d'animaux morts. L'intérêt de former un comité chargé de poser des pièges non cruels a commencé lors de la conférence CITE de 1983 à Gambie.

La propagation mondiale selon laquelle les pièges qui retiennent les animaux par les pattes peuvent fracturer ce membre ou ses côtes, ou le laisser mourir de faim lentement, la gangrène et le froid ont provoqué une réaction négative sur le marché des fourrures.

Le gouvernement canadien a commencé à tester des pièges pointus édentés avec des ressorts moins puissants, mais ces modifications n'ont pas résolu le problème de souffrance de l'animal. Les chercheurs ont découvert qu'un castor pris dans un piège immergé s'était battu 18 minutes avant de se noyer.

Pour échapper à la souffrance, un animal est capable de se mordre au point de casser sa patte de sa patte, de se libérer de ses pièges. Un autre facteur qui justifie l'interdiction de ces écueils est qu'ils ne sont pas sélectifs; capturez tout animal qui marche dessus. Plusieurs animaux domestiques ont été mutilés par eux.

En vertu de la loi américaine, les animaux piégés sont la propriété du propriétaire du piège. Dans cette conception, celui qui sauve un animal pris au piège commet un vol.

Lorsqu'un animal piégé attaque le piège, dans un instinct de défense, il se casse les dents et déchire ses gencives.[2]

Lors de la réunion de 1994, l'ISO a refusé de céder à la pression de l'industrie de la fourrure et a nié les pièges *humanitaires* proposés par les chasseurs. Dans l'intervalle, les chasseurs ont réussi à prolonger le délai (janvier 1995) pour l'entrée en vigueur des règles du règlement 3.254 / 91. Depuis lors, d'innombrables Des réunions

---

[2] CROSS, Hilary. The blacklash. *Animals International,* p. 12-13, autumn 1993. Londres. Revista publicada pela World Society for the Protection of Animals.

se tiennent sur le sujet et le Parlement européen s'est réuni à plusieurs reprises pour établir de nouveaux accords et de nouvelles règles.

Les principaux pays producteurs de fourrure sont: la Russie, le Canada et les États-Unis.

Le 26 janvier 1998, le Parlement européen a approuvé l'accord entre la Communauté européenne, le Canada et la Russie sur les pièges humanitaires.

Dans l'accord avec le Canada, les méthodes de piégeage sans cruauté étaient conçues comme étant certifiées par l'autorité compétente conformément au modèle de piège décrit à l'annexe I.

L'accord avec le Canada avait pour but d'établir des modèles normalisés de méthodes de piégeage humanitaire; mettre en œuvre l'échange d'informations et la coopération entre les parties; et faciliter les échanges entre les parties. Outre les règles convenues dans ce document, les parties sont soumises aux règles de l'Organisation mondiale du commerce.

Dans l'acte d'importation de fourrure, le pays pourrait exiger un certificat indiquant si la fourrure provient d'un animal capturé sans cruauté ou d'une ferme sur le territoire de l'Accord.

L'objectif principal de la standardisation des pièges serait d'assurer le bien-être des animaux capturés.

À cette époque, le gouvernement du Canada s'est engagé à interdire l'utilisation de pièges à pattes pour les espèces suivantes: martes americana, mustela erminea, castor canadensis, onddatra zibe tricus, martes pennanti, taxidea taxus et lutra canadensis. En octobre 1999, il s'est engagé à interdire l'utilisation de pièges pour *canis latrans, felis rufus, procyon lotor, canis lupus et Lynx canadensis.*

En décembre 2007, une décision du Parlement européen (règlement 1523/2007) interdit la mise sur le marché et l'importation et l'exportation dans la Communauté de fourrures de chats et de chiens et de produits en contenant.[3]

---

[3] https://eur-lex.europa.eu/legal-content/PT/TXT/?uri=CELEX%3A32007R1523, acesso 20 de julho 2018

Bien que les manteaux de fourrure se fanent, il existe encore de nombreux magasins qui vendent le produit.

6.7 PRODUITS SANS CRUAUTÉ

Les consommateurs étant conscients de la cruauté envers les animaux dans les cosmétiques, les gens ont refusé les produits testés sur les animaux.

Les fabricants abandonnant les tests sur les animaux ont commencé à afficher l'avertissement de produit sans *cruauté sur leurs produits* pour indiquer qu'ils n'avaient pas été testés sur les animaux.

6.7.1 Cosmétiques

Pour satisfaire son narcissisme, l'homme a infligé des souffrances à des milliers de créatures en produisant des articles superflus pour leurs plaisirs éphémères. Derrière l'histoire de milliers de produits de beauté, il y a la souffrance et la cruauté. Selon le Fonds *américain pour des alternatives à la recherche animale* basé à New York, on estime que plus d'un million d'animaux meurent chaque année lors d'essais de cosmétiques et de produits de beauté. Les fabricants cachent au public des méthodes obscènes.

Les principales méthodes utilisées sont: irritation de la peau, irritation des yeux et ingestion du produit.

• *Test d'irritation cutanée ou test de patch drapé* – rapporte au Fonds *américain pour les alternatives à la recherche animale* que des cobayes sont utilisés pour tester des lotions astringentes et après-rasage. La méthode de préparation de la peau pour le test est très douloureuse. Tout d'abord, votre fourrure est rasée. Ensuite, un ruban adhésif est pressé en place et tiré brutalement. L'opération est répétée jusqu'à ce que la peau devienne hypersensible. Ensuite, l'irritant chimique est mis, qui est recouvert de bandages et laissé pendant un jour ou deux lors de l'examen de l'état du la peau. (Inutile de dire que les brûlures sont le résultat fréquent). Cette procédure a été développée aux USA par le dr. J.H. (Draize et Food & Drugs Administration), aujourd'hui routinière et connue sous le nom de patch test Draize.

● *Test d'irritation oculaire ou test d'irritation oculaire* – Les substances concentrées de shampooing dégoulinant dans les yeux des lapins albinos entraînent une inflammation, un gonflement, une cécité et une destruction de la cornée. Souvent, la substance est égouttée pendant plusieurs jours et la lésion est évaluée par l'étendue de la zone lésée. Pour empêcher les animaux de bouger, ils sont immobilisés dans des dispositifs de retenue afin que leur tête soit hors de l'appareil, coincée dans un trou et ne puisse pas bouger. Les yeux sont maintenus ouverts avec un trombone ou du ruban adhésif. Les animaux ne reçoivent pas de traitement par la suite. Les lapins sont utilisés car leurs yeux ne se déchirent pas et le produit ne coule donc pas.

● *Ingestion forcée* – L'ingestion forcée est courante dans les tests de rouge à lèvres, de poudre pour le visage et de maquillage. Les animaux sont obligés d'ingérer de grandes quantités de matière et leurs organes brûlent ou se rompent souvent. L'objectif est de vérifier si le produit tue 50% des animaux. Le test est appelé DL 50 (dose létale à 50%). L'animal convulse et est choqué lorsque la matière est introduite par des tubes dans son estomac. Il souffre à mort, car toute intervention nuirait au résultat du test. Il s'agit d'un test échoué qui varie d'un individu à l'autre.

● *Souris utilisées pour les tests anti-transpirants* – Le rat est placé sur le dos et ses pattes sont enveloppées dans des chaussures serrées en forme de tube pour empêcher l'évaporation de l'écoulement humide. L'antisudorifique est placé sur un pied pour comparaison avec le pied qui n'a pas reçu le produit.[4]

La pression était si populaire que l'Angleterre a aboli les tests sur les animaux pour la fabrication de cosmétiques et d'autres produits. Une loi publiée en novembre 1998 a interdit l'utilisation d'animaux pour des tests cosmétiques en Angleterre.

---

[4]DIAS, Edna Cardozo. *SOS animal. Op. cit.*, p. 39.

Au Brésil, plusieurs États ont interdit les tests sur les animaux pour les cosmétiques. À São Paulo et Minas Gerais, l'expérimentation animale pour la fabrication de produits cosmétiques est interdite.

6.8 LE MARCHÉ DE LA VIANDE EN EUROPE

Les Etats membres du Conseil de l'Europe réunis à Strasbourg le 10 mai 1979 ont signé la Convention européenne sur *la protection des animaux d'abattage.* Dans l'ordre international, sa validité a commencé en 1982.

La Convention recommande que les animaux abattus dans les pays signataires ne soient pas soumis à la souffrance ou au stress pendant l'abattage ou lors des procédures précédentes. Ils doivent être conservés dans des endroits où ils sont protégés des intempéries, être soignés par des personnes ayant des connaissances adéquates, recevoir de l'eau dès qu'ils atteignent l'abattoir et une quantité modérée de nourriture s'ils y restent plus de 12 heures, et être transportés avec soin et équipement. convenable. Les abattoirs doivent leur fournir la protection nécessaire, avec des ponts, des rampes et des couloirs de descente construits pour éviter toute blessure ou blessure. Ils ne doivent pas être terrifiés ou excités. Lorsqu'ils sont pris pour abattage, ils doivent être immédiatement engourdis. Vos conditions de santé doivent être vérifiées le matin et l'après-midi. Ils doivent être engourdis avant l'abattage. Dans le cas de l'abattage de bétail selon le rituel religieux juif ou musulman, ils devraient recevoir des médicaments pour prévenir la douleur, la souffrance, l'agitation, les blessures ou les blessures.

La Convention est ouverte à l'adhésion d'Etats non membres du Conseil de l'Europe et de la CEE. Sur le territoire de la CEE, les viandes provenant d'animaux abattus en dehors des méthodes prévues par la convention ne peuvent être commercialisées pour des raisons humanitaires ou sanitaires.

Au Brésil, chaque abattoir qui exporte de la viande vers la CEE a adopté des méthodes modernes dites d'abattage depuis de nombreuses années.

6.8.1 Élevage et animaux d'élevage

Les pays membres du Conseil de l'Europe ont signé la *Convention européenne pour la protection des animaux d'élevage (gardée à des fins d'élevage)*, en vigueur avec les amendements du Traité de Lisbonne de 2009.

Depuis le traité de Lisbonne, les animaux sont considérés par l'Union européenne comme des êtres sensibles et dans la formulation des politiques dans différents domaines tels que les transports et l'agriculture, ce nouveau statut des animaux sensibles doit être pris en compte.

La Convention s'applique à l'élevage intensif et extensif d'animaux destinés à la production d'aliments, de laine, de cuir ou de fourrure, y compris les animaux génétiquement modifiés.

L'élevage intensif est celui qui utilise des processus automatiques dans des conditions artificielles et dans de petits espaces où l'animal ne peut pas se déplacer librement. L'animal est inséminé artificiellement. Des stimulants et des hormones y sont appliqués. Il est enchaîné, emprisonné, séparé de sa progéniture et castré avant d'être transporté à mort. De plus en plus d'organisations non gouvernementales se forment qui, en diffusant des tracts et en marchant dans les rues, montrent au public la cruelle vérité qui se cache derrière l'élevage intensif d'animaux.

D'un autre côté, des groupes de médecins se sont associés à des profanes pour répandre les méfaits de la viande d'animaux élevés artificiellement et pour dire que la viande tue: elle provoque des maladies cardiaques et des cancers, et que trop de produits laitiers provoquent l'ostéoporose.

Pour cette raison, la Convention prévoit que les animaux élevés pour l'agriculture doivent recevoir de la nourriture, de l'eau et des soins, afin que les besoins de leur espèce et leur degré d'évolution, d'adaptabilité et de domestication soient pris en compte. Elle exige que tous ses besoins biologiques et étiologiques soient satisfaits, selon les connaissances scientifiques de l'époque.

Dans l'additif de 1992, il a été convenu qu'aucun animal ne peut être soumis à un élevage intensif s'il affecte sa santé ou son bien-être les animaux abattus dans les exploitations ne doivent pas subir de souffrance au moment de l'abattage ou avant celui-ci.

Toutes ces demandes sont le résultat d'une forte pression de la part des consommateurs qui refusent d'acheter des produits nocifs pour leur santé ou issus de la cruauté.

La maladie de la vache folle en Europe a motivé la promulgation de nombreuses réglementations sur la commercialisation et l'importation de viande sur ce continent. Cette maladie a été causée par une mauvaise alimentation des animaux. Les bovins d'élevage intensif sont nourris avec des rations de moutons et de chèvres abattus atteints d'une maladie *(tremblante)*, qui provoque des déformations cérébrales. Les vaches et les veaux, qui sont de nature herbivore plutôt que de pâturage, sont emprisonnés dans des écuries et nourris avec de la viande d'animaux malades. Selon une version de la presse publiée de manière exhaustive, c'est ainsi qu'est née la maladie de la vache folle: l'encéphalographie bovine spongiforme.

6.8.2 Commerce du porc et méthodes généralement adoptées pour l'élevage intensif dans les pays où il n'existe pas de législation sur la protection des animaux et des consommateurs

Pendant des millénaires, l'homme a été étroitement associé aux animaux. Il les a apprivoisés et a vécu avec eux. Cette relation homme / animal a radicalement changé au cours des dernières décennies avec le développement de la technologie. La vie des animaux consommateurs a complètement changé. Ils ne jouissent plus des pâturages et de la liberté de mouvement, ils ne peuvent plus courir, se nettoyer, sentir la terre dans leurs pattes, ni prendre soin de leurs petits. La vie leur est refusée et l'air qu'ils respirent est accro et ennuyeux. Ils sont conservés dans de petites cages arides où ils sont conçus artificiellement, cultivés, édentés, engraissés et envoyés à leur destination: l'abattoir. Ce système de confinement total est un camp de concentration où il est possible d'élever, par exemple, de nombreux porcs dans peu d'espace. Tout est automatique, pour économiser de la main-d'œuvre, permettant à un seul homme de surveiller les animaux.

Pour économiser du travail et du temps, les truies sont

inséminées artificiellement et conduites dans une cage étroite où elles sont attachées avec de courtes chaînes et maintenues dans l'obscurité pour se calmer. La nourriture est servie tous les deux ou trois jours, et ils reçoivent la moitié de leur ration pour augmenter leurs profits. Après 16 semaines, juste avant la naissance des chiots, ils sont emmenés dans une autre cage, où il y a plus de restrictions. Là, ils doivent rester dans une position afin que leurs trayons soient exposés aux porcelets. Au bout de trois semaines, les porcelets sont séparés, édentés et envoyés dans un autre établissement lorsqu'ils le sont et placés dans des cages collectives. Ils coupent leur queue, leurs canines et les castrent, puis les conduisent dans des cages individuelles. Deux ou trois semaines après l'accouchement, la mère retourne dans la zone d'insémination, où elle reçoit des doses massives d'hormones pour reprendre la chaleur.

● *Stress* – Les animaux ne sont pas soulagés de l'ennui et du manque de mouvement. Lorsqu'il y a un combat entre eux, les moins agressifs ne peuvent pas s'échapper ni montrer à leurs agresseurs les signes de soumission. Beaucoup ont tellement peur qu'ils n'osent pas bouger, d'autres mordent même les barres de fer des cages. Leur chair est pâle et gélatineuse, contient beaucoup d'eau et d'adrénaline et ne saigne pas bien après l'abattage et se décompose rapidement. Les pattes des animaux, confinées aux sols en béton, développent des blessures douloureuses, provoquant une pression sur les muscles des jambes, des genoux et des épaules, ce qui provoque de l'arthrite. De plus, l'environnement clos peut être un foyer de contamination par des micro-organismes. Les animaux en plein confinement ont peu de résistance aux bactéries, ce qui conduit à l'administration d'antibiotiques dans les aliments et l'eau. Pour manger plus, ils leur donnent de l'arsenic et leur font grossir des hormones.

Le porc n'est pas un animal sale et apathique. En liberté, est absolument actif pendant la journée, garde votre lit propre et a un grand instinct maternel. Il est inoffensif, adaptable et s'intéresse à tout ce qui l'entoure. Vous pouvez même apprendre votre nom. C'est donc bien plus que la chair est capable de sensations conscientes et aspire à une vie selon les lois de son genre.

6.9 COMMERCE DE VIANDE EN AMÉRIQUE CENTRALE ET EN AMÉRIQUE DU SUD

En Amérique centrale et du Sud, l'industrie de la viande détruit les forêts tropicales. L'agro-industrie a contraint des millions d'oiseaux, de singes et d'autres espèces à quitter leur habitat avec le défrichement des forêts. De nombreuses espèces sont anéanties avec la destruction de l'écosystème.

Les abattoirs sont d'importants pollueurs des rivières et des lacs, déversant sur eux des déchets toxiques et des débris d'animaux. L'élevage de bétail et d'autres animaux nécessite plus de temps, de terres, d'énergie et d'eau que nécessaire pour produire des aliments équivalents dans les légumes. Un régime purement végétarien permettrait de nourrir une population plus importante qu'aujourd'hui. Cependant, avec un régime purement carnivore, il serait impossible de nourrir toute la population de la terre. En 1984, 40% du grain mondial était utilisé pour nourrir des animaux d'élevage intensif dans les pays développés. Si les mêmes céréales avaient été destinées à la consommation humaine, elles auraient été suffisantes pour nourrir la Terre entière, sans oublier que le Brésil a exporté de grandes quantités de céréales pendant que ses habitants meurent de faim. L'injustice sociale et la destruction de l'environnement vont de pair.

L'élevage bovin au Brésil est responsable de la faim, du chômage et de la désertification. Le sol est calciné par le feu pendant la saison sèche. Le pâturage n'étant pas considéré comme une culture, son sol n'est ni fertilisé ni entretenu. Les pâturages brûlés sont sensibles à l'érosion des sols, perdant leur productivité et leur qualité, nuisant à l'alimentation et à la santé du bétail. L'utilisation du feu et le manque de gestion du bétail conduisent au chômage, à l'exode rural et à la destruction des forêts, de la faune et des ressources en eau et en sols.

Le bétail moderne enferme l'animal dans de petits espaces et stimule sa croissance avec des doses massives d'hormones. Outre la cruauté à laquelle les animaux sont soumis, ce système contamine le produit avec des résidus d'antibiotiques et de cancérigènes.

Afin d'élever du bétail sans nuire à l'environnement, des pâturages naturels tels que les pampas gauchos et les cerrados du Midwest du pays doivent être utilisés.

– Abattage clandestin et santé: L'abattage clandestin a lieu à tout moment en plein air, n'importe où – pâturage, corral, route - par les bouchers eux-mêmes. Pour couvrir le sol, utilisez des feuilles de bananier ou des chiffons. Le bœuf porte une hache à la tête, devient étourdi, déplace ses jambes et tombe. Une machette est rentrée dans son cou, et le magarefe saute par-dessus sa longe pour faire sortir le sang plus rapidement. Sur le côté, un réservoir où coulent les matières fécales, le lisier, un bouillon vert d'excréments. Le lisier coule sous le bœuf abattu et les moustiques, qui rôdent partout, atterrissent dans les mares de sang. L'animal est éviscéré et écartelé au sol sans aucune hygiène. Les animaux malades sont abattus et les autres quartiers déjà tués.

La carcasse est transportée dans les voitures des bouchers, exposée aux intempéries. Dans l'abattage clandestin, il n'y a pas d'inspection sanitaire *antimortem* de l'animal, ni dans le transport de la carcasse et dans la commercialisation. L'examen *post mortem* des animaux n'expose pas non plus le consommateur au risque de zoonoses telles que la cysticercose, la tuberculose, etc ... Ainsi, le boucher ne paie pas ICM, et le consommateur achète une viande sale et contaminée.

– Abus dans la procédure moderne:
• *transports:* mauvaises conditions, manque d'espace; pénurie d'employés compétents; manque de coopération dans l'approvisionnement en nourriture et en eau; de mauvaises mesures pour une décharge sûre; n marché: infection causée par le contact avec d'autres animaux malades, traitement brutal des employés; manque d'eau propre et de nourriture adéquate; coliques de l'excès de nourriture avant le transport vers le marché, pour obtenir un poids plus important;
• *abattoirs:* manque d'espace; manque d'employés efficaces; séparation inadéquate; mauvaise nourriture et eau; perturbations

causées pour le bruit ou un traitement négligent; protection inadéquate contre les conditions météorologiques extrêmes; et

● *examen anti-décès:* mauvaise inspection due au manque d'experts; manque de temps pour un examen détaillé.

– Méthodes d'abattage archaïque et cruel:

pas de saignement: saignement interne en retardant le saignement; saignement imparfait parce que l'animal était conscient; les sites infectés par des microbes, en particulier dans les zones de destruction clandestine et de brousse (où les animaux sont tués et déposés sur les excréments fécaux et la viande est infestée de mouches);

● *abus dans les processus de mise à mort:* les animaux pleinement conscients tombent avec des cordes ou des chaînes avant de tuer; ils vivent des animaux vivants pleinement conscients d'une jambe, saignant sans engourdissement.

6.10 MÉTHODES D'ABATTAGE UTILISÉES AU BRÉSIL - HISTOIRE

Au Brésil, les méthodes de mise à mort suivantes ont été utilisées avant les exigences du MERCOSUR:

– Grande section des vaisseaux sans engourdissement: les petits animaux sont suspendus à l'envers par une jambe et ont les vaisseaux du cou ou la base du cœur coupés avec le couteau. L'animal pleinement conscient est tendu d'effroi devant le traitement brutal et l'odeur du sang de ses compagnons. S'il tombe dans la mare de sang, il est à nouveau suspendu. Ils souffrent de luxations de la hanche, des articulations, etc.;

– engourdissement avant saignement: dans le cas des gros animaux, pour la sécurité des employés, le marteau, un instrument ancien, est couramment utilisé. Parce que le cerveau de l'animal est de petite taille, le coup exigeant en précision est défectueux, frappant la corne, l'œil et museau. En pratique, il a été constaté qu'un marteau de forgeron doit frapper de deux à six coups pour abattre le bœuf. La soupe aux bulbes consiste en la section de la moelle allongée au niveau du cou de l'animal (espace atlantoocipital) au moyen d'un instrument en forme de lance. Cette méthode réduit le rythme respiratoire et altère les saignements. La cruelle jugulation, méthode israélite, est très cruelle. Le bœuf est coupé, enfonçant ses doigts dans ses yeux ou ses narines pour tordre son cou. Il est suspendu, conscient, pour saignement. Il doit supporter des centaines de kilos dans des souffrances et des douleurs intenses causées par la coupure de la gorge et la position à laquelle il est soumis, jusqu'à la mort.

• *Considérations d'hygiène* – Pour les experts de l'Organisation mondiale de la santé, l'état physique et mental de l'animal au moment de l'abattage influence la qualité de la viande. Ils affirment que le stress doit être aboli au moment de la mort car il provoque une diminution du taux de glycogène musculaire, ce qui est important dans la formation d'acide lactique, qui, à son tour, est nécessaire pour obtenir le pH optimal de la viande (5,6 à 6; 2), et ainsi ralentir la croissance des bactéries responsables de la putréfaction. Une agonie prolongée accumule des toxines qui se déposent dans le produit final, provoquant certains cancers chez le consommateur. Nous ne pouvons pas ne pas mentionner la contamination du sang et des saignements causés par des saignements, causés par le rejet de matières gastriques et d'excréments.

• *Considérations économiques* – L'abattage sans cruauté réduit les pertes de produits et les accidents du travail et accélère le rythme de production des abattoirs. Des études aux États-Unis ont révélé que les saignements d'animaux conscients entraînent une perte économique de 1,50 $ par tête à la suite de la condamnation d'une partie de la viande blessée, qui a été endommagée pour des milliers de dollars par an. Les accidents du travail se produisent deux fois, à raison de 26,7 hommes / heure au lieu de 13,4. Avec les techniques modernes, il y a aussi plus d'animaux abattus par heure.

– *Conclusion* – Les animaux doivent être reposés, détendu

et détendu non seulement au moment de l'abattage, mais dans les heures précédant sa mort. Ils doivent être manipulés correctement par des personnes correctement sélectionnées et formées pour leur éviter la peur, la souffrance et l'excitation.

6.11 MERCOSUR ET AMENDEMENT AU DÉCRET 30.691 / 52

En raison de l'adhésion au traité d'Asuncion, qui a créé le marché commun du Sud, le Brésil a modifié le règlement sur l'inspection industrielle des produits animaux, approuvé par le décret 30691/52, modifié par le décret 1255/62 et le décret 2244/77. , qui a donné à l'article 135 la formulation suivante:

"Art. 135. L'abattage des bouchers n'est autorisé que par des méthodes humanitaires, en utilisant une sensibilisation préalable basée sur des principes scientifiques, suivie d'un saignement immédiat."

§1 Les méthodes utilisées pour chaque espèce d'animal de boucherie doivent être approuvées par l'organisme officiel compétent, dont les spécifications et les procédures sont régies par des règlements techniques.

§ 2 «Le sacrifice du bétail selon les préceptes religieux (jugulation sanglante) est autorisé, à condition qu'il soit destiné à la consommation par une communauté religieuse qui en a besoin ou au commerce international avec les pays qui le font."

Avec ces innovations, toutes les municipalités sont obligées d'adopter des méthodes modernes et humanitaires lors de l'organisation de l'approvisionnement alimentaire de la population et de la promotion de l'agriculture.

Au Brésil, cette modernisation s'est produite d'abord dans l'État de São Paulo puis dans l'État du Ceará. Au Minas Gerais, deux tentatives infructueuses pour introduire ces mesures ont échoué. Aujourd'hui, les méthodes modernes sont des normes générales au niveau fédéral.

6.12 QU'EST-CE QUE L'ABATTAGE HUMANITAIRE SELON L'ORGANISATION MONDIALE DE LA SANTÉ?

C'est celui qui rend les animaux inconscients, est réalisé avant le saignement et dont l'engourdissement est instantané et efficace.

Nous pouvons diviser les méthodes d'engourdissement modernes en trois types:

– Chimique (Gaz - CO2);
– Électrique (choc électrique); et
– Percussions mécaniques.

Les méthodes chimiques et électriques conviennent mieux aux petits animaux comme les porcs, les moutons, les chèvres et les veaux.

La densification par le CO^2, ou le dioxyde de carbone (qui est un gaz inodore, incolore et ininflammable), est une méthode très efficace, à en juger par les expériences faites par l'homme, la perte de conscience est rapide et totale (études du professeur BHC Matheus – The Physiological Laboratory, Downing Street, Cambridge 7/1/53).

La méthode électrique prédit le passage du courant électrique à travers le cerveau de l'animal.

La percussion mécanique consiste à utiliser des armes spéciales qui portent une cartouche, qui propulsent un piston central qui pénètre instantanément dans le cerveau de l'animal. L'arme est toujours placée contre la tête au point indiqué. Le porc entre immédiatement dans le coma cérébral et est prêt à être saigné

6.13 FERMES À FOURRURE

Dans les fermes à fourrure, les animaux sont généralement abattus par électrocution ou administration de poison. Ces exploitations se multiplient alors que le public, avec le label écologique ou le sceau vert, accordé par le système de gestion et d'audit écologique, refuse d'acheter des animaux morts avec des pièges à pattes, surnommé le l'empreinte de la mort. En eux, les animaux sont piégés dans de petites cages, où ils passent toute leur vie, jusqu'à la mort. Pris au piège dans des espaces restreints, l'ennui et le stress de la captivité nous rendent fous. Ils se frappent généralement la tête sur les écrans désespérément, hurlant et gémissant, sans que personne ne vienne à leur aide.

En fait, la réglementation tente de sauver une industrie qui a été mise en faillite par la propagande et les campagnes des écologistes. Partout dans le monde, les plus beaux spécimens de mannequins humains ont posé entièrement nus sous la neige, portant une bannière qui dit: "Il vaut mieux être nu que de se couvrir de peau d'animal".

L'industrie animale continue de vendre ses produits nocifs mais rentables. Heureusement, le public commence à être au courant, ce qui a motivé la signature d'accords, de traités et la promulgation de lois pour réglementer ce commerce dangereux et cruel.

Chapitre 7

ANIMAUX ET MERCOSUR

7. 1 Programme d'intégration et de coopération économique Brésil X Argentine

La mondialisation de l'économie a conduit à l'émergence de blocs économiques et au désir d'intégration des politiques dans les Amériques.

La première étape vers la formalisation du MERCOSUR a été la signature du procès-verbal d'Iguaçu en novembre 1985, visant à accroître les relations commerciales entre le Brésil et l'Argentine.

En 1986, douze protocoles bilatéraux ont été signés dans le cadre du PICE. Les anciens présidents José Sarney et Alfonsin ont signé à Buenos Aires le procès-verbal d'intégration, qui prévoyait la création d'un marché commun d'ici le 1er janvier 2000.

Le processus d'intégration n'a évolué qu'avec la signature du Traité de Buenos Aires le 25 novembre 1988, qui est entré en vigueur le 23 août 1989.

L'année suivante, avec la signature du procès-verbal de Buenos Aires prévoyant la formation du marché commun à la fin de 1994, les délais précédemment convenus ont été raccourcis.

Le groupe du marché commun a été créé à l'époque pour

harmoniser la politique commerciale des deux pays, transports fiscaux, monétaires, industriels, agricoles, terrestres et maritimes.

L'Uruguay et le Paraguay ont rapidement cherché à s'intégrer. Aujourd'hui, ce bloc sous-régional est composé de l'Argentine, du Brésil, du Paraguay et de l'Uruguay et du Venezuela. Ses pays associés sont le Chili, la Bolivie, le Pérou, la Colombie et l'Équateur.

7.1.1. Différence entre zone de libre-échange et marché commun[1]

La zone de libre-échange est le stade ou le type d'intégration dans lequel, en plus du libre-échange entre les membres du groupe, il y a l'application d'un tarif extérieur commun - TEC

TEC, pour faire du commerce avec des pays tiers.

Tarif extérieur commun - TEC est un tarif commun appliqué par un groupe de pays partenaires qui exigent la même taxe pour l'entrée de marchandises en provenance de pays tiers.

Dans le marché commun, en plus du TEC et du libre-échange des marchandises. Il y a la libre commercialisation des facteurs de production (capital et travail).

7.2. MERCOSUR

Le MERCOSUR est né avec la signature du Traité d'Asuncion sur la constitution d'un marché commun entre l'Argentine, le Brésil, le Paraguay et l'Uruguay, le 20 mars 1991. Le Traité est officiellement entré en vigueur le 29 novembre 1991. Le texte Ce traité comprend le préambule et six chapitres, intitulés Objectifs, principes et instruments, structure organique, durée, adhésion, dénonciation et principes généraux.

Afin d'adapter la structure institutionnelle du MERCOSUR au changement, le 17 décembre 1994, les États parties ont signé un Protocole additionnel appelé Autre Protocole noir - POP.

Ce protocole établit la personnalité juridique internationale du MERCOSUR (articles 34 et 35), l'obligation de normes juridiques

---

[1] www.mercosul.gov.br, acessado em 20/07/2018

eélaboré et réglementé la manière d'incorporer ces normes dans le système juridique interne. Le MERCOSUR est donc un organisme juridique autonome, distinct de ses pays membres.

7.2.1. Structure MERCOSUR selon POP

● Commission du commerce du MERCOSUR – CCM: est l'organisme chargé d'assister le groupe du marché commun dans la mise en œuvre des instruments de politique commerciale commune;

● Commission parlementaire mixte du MERCOSUR: est l'organe représentatif des parlements pour la politique commerciale commune;

● Forum consultatif économique et social du MERCOSUR: est l'organe représentatif des secteurs économiques et sociaux. A une fonction exécutive et fait des recommandations au GMC.

● Secrétariat administratif du MERCOSUR – SAM: est l'organisme d'appui opérationnel chargé de fournir des services à d'autres organes du MERCOSUR. Il a son siège permanent dans la ville de Montevideo.

La structure établie par le POP a créé une organisation intergouvernementale.

Les décisions dans le MERCOSUR sont prises par consensus et avec la présence de tous les États parties. Les décisions sont de nature obligatoire, bien qu'elles n'aient pas d'application directe, elles doivent être internalisées.

La propriété de la personnalité juridique du MERCOSUR est exercée par le Conseil du marché commun (POP, art. 8, III).

Le groupe du marché commun peut négocier, par délégation expresse du Conseil du marché commun, des accords au nom du MERCOSUR avec des pays tiers, des groupes de pays et des organismes internationaux (POP Art. 14, VII).

7.2.2. L'environnement au MERCOSUR.

Dans le préambule du traité d'Asuncion, nous notons que la

l'expansion des marchés par l'intégration doit respecter la protection de l'environnement:

"Considérant que l'expansion des dimensions actuelles de ses marchés nationaux grâce à l'intégration était une condition fondamentale pour modifier ses processus de développement économique avec la justice sociale;

Comprenant que cet objectif doit être atteint par l'amélioration la plus efficace des ressources disponibles, la préservation de l'environnement, l'amélioration des interconnexions physiques, la coordination des politiques macroéconomiques des différents secteurs de l'économie sur la base des principes de gradualité, de flexibilité et d'équilibre. "

L'article 2 du Protocole d'Asuncion, qui a ajouté un accord sectoriel, stipule que *"la préservation et l'amélioration de l'environnement, la recherche et le développement de technologies pour les produits et les procédés, une compétitivité externe accrue, ainsi que la formation des ressources humaines et la promotion de l'éducation.*

En outre, les quatre pays, avec le Chili, ont signé la "Déclaration de Cannelle", qui fait la référence suivante à l'environnement:

"Les transactions commerciales doivent inclure les coûts environnementaux causés aux stades de la production sans les transférer aux générations futures.[2] "

À l'occasion de la signature de l'Autre Protocole noir, la REMA – Réunion sur l'environnement spécialisé a été créée au sein du MERCOSUR pour soumettre des recommandations au Groupe du Marché commun qui, une fois approuvées, deviendraient des résolutions.

Lors de la troisième réunion REMA, à Brasilia, le

---

[2] Declaração de Canelas

"Lignes directrices de base sur la politique environnementale», un document qui, après approbation par le Groupe du marché commun, est devenu la résolution 10/94.

L'Accord-cadre du MERCOSUR sur l'environnement, approuvé le 22/1/2001, a également souligné l'importance des questions environnementales dans son ordre du jour, ainsi que la nécessité d'un cadre juridique pour réglementer les actions de protection et de conservation de l'environnement. MERCOSUR ressources naturelles.

L'Accord-cadre du MERCOSUR sur l'environnement a été signé par les Républiques d'Argentine, la République fédérative du Brésil, la République du Paraguay et la République orientale de l'Uruguay.

Cet accord a souligné dans son préambule la nécessité de coopérer pour la protection de l'environnement et l'utilisation durable des ressources naturelles en vue d'améliorer la qualité de vie et le développement économique, social et environnemental durable.

D'autre part, il a reconnu la nécessité d'une coopération entre les États parties pour soutenir et promouvoir la mise en œuvre de leurs engagements internationaux en matière d'environnement, conformément aux lois et politiques nationales en vigueur.

7.3. Principes

Les États parties, en exposant les principes de la politique environnementale du MERCOSUR, ont réaffirmé leur attachement aux principes déjà énoncés dans la Déclaration de Rio de Janeiro sur l'environnement et le développement de 1992.[3]

● promouvoir la protection de l'environnement et utiliser plus efficacement les ressources disponibles grâce à la coordination des

---

[3] Acordo Quadro sobre Meio Ambiente no MERCOSUL. 2001.
http://www.ecolnews.com.br/PDF/Acordo_Quadro_sobre_Meio_Ambiente_do_Mercosul.PDF, acessado em 20/07/2018

politiques fondée sur les principes de gradualité, de flexibilité et d'équilibre;

● Incorporation de la composante environnementale dans les politiques sectorielles et inclusion de considérations environnementales dans le processus décisionnel du MERCOSUR pour renforcer l'intégration;

● promouvoir le développement durable grâce à un soutien réciproque entre les secteurs environnemental et économique, en évitant l'adoption de mesures qui restreignent ou faussent arbitrairement ou de manière injustifiée la libre circulation des biens et des services au sein du MERCOSUR;

● un traitement prioritaire et complet des causes et des sources des problèmes environnementaux;

● promouvoir la participation effective de la société civile à la résolution des problèmes environnementaux; et

● favoriser l'internalisation des coûts environnementaux par l'utilisation d'instruments de gestion économiques et réglementaires.

7.3.2. Objectif

L'Accord a pour objectif le développement durable et la protection de l'environnement par l'articulation entre les dimensions économique, sociale et environnementale, de manière à contribuer à une meilleure qualité de l'environnement et de la vie des populations.

La coopération des États pour se conformer aux traités internationaux peut comprendre l'adoption de politiques communes pour la protection de l'environnement, la conservation des ressources naturelles, la promotion du développement durable, la présentation de communications conjointes sur des sujets d'intérêt commun et l'échange d'informations. des informations sur les positions nationales dans les forums internationaux sur l'environnement.

Afin d'analyser plus avant les problèmes environnementaux de la sous-région, avec la participation des organes nationaux compétents et des organisations de la société civile, les États parties se sont engagés à:

mettre en œuvre, entre autres, les actions suivantes:[4]

• accroître l'échange d'informations sur les lois, réglementations, procédures, politiques et pratiques environnementales, ainsi que leurs aspects sociaux, culturels, économiques et sanitaires, en particulier ceux qui peuvent affecter le commerce ou les conditions de compétitivité au sein du MERCOSUR;

• encourager les politiques et instruments environnementaux nationaux, en cherchant à optimiser la gestion de l'environnement;

• rechercher l'harmonisation des lois environnementales, en tenant compte des différentes réalités environnementales, sociales et économiques des pays du MERCOSUR;

• Identifier les sources de financement pour le renforcement des capacités des États parties à contribuer à la mise en œuvre du présent accord;

• contribuer à la promotion de conditions de travail écologiquement rationnelles et sûres afin, dans le cadre du développement durable, d'améliorer la qualité de vie, la protection sociale et la création d'emplois;

• Aider d'autres forums et organes du MERCOSUR à considérer les aspects environnementaux pertinents comme appropriés et opportuns;

• promouvoir l'adoption de politiques, de processus de production et de services respectueux de l'environnement;

• encourager la recherche scientifique et le développement technologique
impur;

• promouvoir l'utilisation d'instruments économiques pour soutenir la mise en œuvre de politiques de développement durable et de protection de l'environnement;

• encourager l'harmonisation des lignes directrices juridiques

---

[4] Acordo Quadro sobre Meio Ambiente no MERCOSUL. 2001.
http://www.ecolnews.com.br/PDF Acordo_Quadro_sobre_Meio_Ambiente_do_Mercosul.PDF, acessado em 20/07/2018

et institutionnelles prévenir, contrôler et atténuer les impacts environnementaux sur les États parties, en particulier en ce qui concerne les zones frontalières;

● Fournir en temps opportun des informations sur les catastrophes et les urgences environnementales qui peuvent affecter d'autres États parties et, si possible, fournir un soutien technique et opérationnel;

● promouvoir l'éducation environnementale formelle et non formelle et favoriser la connaissance, la conduite et l'intégration des valeurs orientées vers les transformations nécessaires pour parvenir au développement durable au sein du MERCOSUR;

● tenir compte des aspects culturels, le cas échéant, dans les processus décisionnels environnementaux; et

● élaborer des accords sectoriels sur des sujets spécifiques selon les besoins pour atteindre l'objectif du présent accord.

Pour la mise en œuvre de ces actions, des programmes de travail doivent être convenus, couvrant les domaines thématiques à développer conformément au programme de travail environnemental du MERCOSUR.

7.3.3. Les domaines thématiques définis par l'accord sont[5]:

♦ Gestion durable des ressources naturelles
● faune et flore sauvages
● forêts
● aires protégées
● diversité biologique
● biosécurité
● ressources en eau
● ressources halieutiques et aquacoles
● conservation des sols

♦ Qualité de vie et planification environnementale
● assainissement et eau potable

---

[5] Anexo do Acordo Quadro sobre Meio Ambiente no MERCOSUL. 2001.

- déchets urbains et industriels
- déchets dangereux
- substances et produits dangereux
- Protection de l'atmosphère / de la qualité de l'air
- aménagement du territoire
- transports urbains
- sources d'énergie renouvelables et / ou alternatives

♦ Instruments de politique environnementale
- législation environnementale
- instruments économiques
- éducation à l'environnement, information et communication
- instruments de contrôle de l'environnement
- étude d'impact sur l'environnement
- comptabilité environnementale
- gestion environnementale des entreprises
- technologies environnementales (recherche, procédés et produits).
- systèmes d'information
- urgences environnementales
- valorisation des produits et services environnementaux

♦ Activités productives écologiquement durables
- écotourisme
- agriculture durable
- gestion environnementale des entreprises
- gestion durable des forêts
- pêche durable

7.3.4. Sources légales

Sources juridiques du MERCOSUR au titre du Protocole additionnel au Traité d'Asuncion sur la structure institutionnelle de la

MERCOSUR (17/12/1994), Protocole des autres noirs, sont[6]:

    n Traité d'Asuncion, ses protocoles et instruments additionnels ou complémentaires;
    n les accords conclus en vertu du traité d'Asuncion et de ses protocoles;
    n Les décisions du Conseil du marché commun, les résolutions du groupe du marché commun et les lignes directrices de la commission du commerce du MERCOSUR, adoptées depuis l'entrée en vigueur du traité d'Asuncion.

Bien que les traités d'Asunción et d'Ouro Preto établissent une série d'instruments législatifs, tels que des décisions et des résolutions, ces normes n'ont pas d'application immédiate dans l'ordre national ni hiérarchie supérieure par rapport au droit national.

Ces normes doivent être incorporées dans l'ordre national, c'est-à-dire intériorisées. Les décisions adoptées par le Conseil n'entreront en vigueur qu'après leur incorporation dans les quatre pays membres. Les décisions prises dans les traités doivent être approuvées par le Congrès national et ratifiées par l'exécutif.

D'un point de vue juridique, la législation du MERCOSUR n'a pas de coercition externe sur les individus et ne trouve pas de légitimité supranationale dans la Constitution brésilienne. Il n'est coercitif qu'en tant que droit international public, en tant qu'obligation assumée par l'Union.

Les actes normatifs du MERCOSUR sont publiés dans le Bulletin officiel du MERCOSUR, publié par le Secrétariat administratif du MERCOSUR avec des versions espagnole et portugaise.

---

[6]Protocolo de Ouro Preto. 1994. http://www.sice.oas.org/trade/mrcsrp/ourop/ourop_p.asp, acessado em 20/07/2018

7.4. La controverse et ses solutions

Le système de règlement des différends du MERCOSUR est basé sur le protocole de Brasilia de 1991 et l'annexe du protocole d'Ouro Preto de 1994, qui étaient réglementés par la décision CMC 17/98. Le Traité d'Asuncion contenait, dans son annexe III, un système provisoire et diplomatique de règlement des différends, qui est devenu définitif par le Protocole de Brasilia et le Protocole d'Ouro Preto.

Pour régler les conflits, un système de règlement des différends diplomatiques a été créé. Les négociations se déroulent en trois phases:

- Négociations directes entre les parties au différend (15 jours);
- Intervention du GMC («mercosulisation» de la controverse) (30 jours) et
- Tribunal arbitral ad hoc (60 à 90 jours)

La procédure doit débuter à la commission du commerce, être traitée par un comité technique (composé de représentants du gouvernement), retourner au CCM, se rendre au GMC puis aboutir à la phase d'arbitrage (chapitre IV du protocole de Brasilia).

Les plaintes déposées par des particuliers au sujet de mesures juridiques ou administratives prises par des États parties qui violent les réglementations du MERCOSUR dépendent de l'approbation de la Section nationale.

Les arbitres sont choisis sur des listes préalablement déposées auprès du Secrétariat administratif du MERCOSUR à Montevideo.

Les sentences arbitrales, conformément à l'art. 21 du Protocole de Brasilia, sont "sans appel, lient les États parties au différend dès leur notification et ont autorité de la chose jugée à leur égard."

Le délai de mise en conformité est de 15 jours à moins que la Cour ne fixe un autre délai. La sentence arbitrale s'applique directement aux États parties au MERCOSUR, sans autre acte interne.

La loi sur le MERCOSUR est donc intergouvernementale plutôt que supranationale.

Ni le Traité d'Assomption de 1991 ni le Protocole additionnel d'Ouro Preto de 1994 ne prévoient d'organes supranationaux. Le Protocole de Brasilia a été largement critiqué pour ne pas avoir créé de tribunal du MERCOSUR. Le protocole d'Ouro Preto comprenait une commission semi-judiciaire, en plus du groupe du marché commun.

Ce n'est qu'après épuisement des négociations diplomatiques que le MERCOSUR pourra appeler les trois arbitres ad hoc (Tribunal arbitral ad hoc).

Nous avons déjà vu que les organes gouvernementaux décisionnels du MERCOSUR sont le Conseil du marché commun, par voie de décisions (art. 9), le Groupe du marché commun, par voie de résolutions (art. 15) et la Commission du commerce, par voie de directives ou de protocoles (Article 20). Ces organes sont composés de représentants des gouvernements des pays membres.

Les organes de décision politique du MERCOSUR, chargés de l'application et de la prise de décisions législatives (Conseil, Groupe et Commission), et même de la prise de décisions en cas de conflit (Groupe et Commission commerciale), dépendent de la politique nationale.

En tant qu'organe exécutif, il y a le Forum consultatif économique et social, la seule institution qui a un représentant de la société.

7.4.1 Agenda extérieur du MERCOSUR

Le programme extérieur du MERCOSUR comprend:
- négocier des accords de libre-échange entre le MERCOSUR et les autres membres de l'ALADI - Association latino-américaine d'intégration;
- Mise en œuvre de l'accord-cadre international de coopération économique et commerciale, signé entre le MERCOSUR et l'Union européenne;
- coordination des positions dans le cadre des négociations pour la formation de la zone de libre-échange continentale.

7.4.2. Conflit entre le MERCOSUR et les pays tiers

Toute controverse entre un pays du MERCOSUR et un pays tiers sera réglée au sein de l'Organisation mondiale du commerce - OMC. Dans le cas du Chili et de la Bolivie, les conflits doivent être résolus dans le cadre des accords de libre-échange avec le MERCOSUR.

7.4.3. Organisations financières

BID - La Banque interaméricaine de développement, une institution financière régionale créée en 1959 et dont le siège est à Washington DC, vise à contribuer au progrès économique et social de l'Amérique latine et des Caraïbes en canalisant ses propres capitaux, les fonds obtenus sur le marché financier et d'autres fonds sous son administration pour financer le développement dans les pays bénéficiaires.

La BIRD-Banque interaméricaine pour la reconstruction et le développement (Banque mondiale) a été créée en 1945. Son objectif est la promotion économique et sociale des pays membres par le financement de projets. Seuls les membres du Fonds monétaire international - FMI peuvent faire partie de la BIRD.

Le FMI a été créé en 1945 et vise à assurer la stabilité du système financier international7.

7.5. Comité de normalisation du MERCOSUR - CMN8

Il s'agit d'une association civile non gouvernementale à but non lucratif reconnue par le Common Market Group (GMC) par la résolution n ° 2/92 du 11.1.1991.

Par l'accord signé en 2000 avec le groupe du marché commun, il est devenu le seul organisme responsable de la gestion volontaire

---

7www.mre.gov.br
8www.amn.org.br

dans le MERCOSUR.

L'Association est formée par les organisations nationales de normalisation des pays membres: Institut argentin de normalisation – IRAM, Association brésilienne des normes techniques – ABNT, Brésil, Institut national de technologie et de normalisation - INTN du Paraguay et Institut uruguayen des normes techniques – UNIT.

La certification environnementale a été l'une des exigences du marché importateur. Il existe trois principales modalités de certification: agricole, forestière et industrielle.

Les lois des États parties étant très différentes, l'intégration prévue dans la protection de l'environnement n'a pas encore été réalisée.

D'un autre côté, cette situation peut entraîner une ruée massive d'entreprises vers des pays moins restrictifs dans l'application des règles environnementales, conduisant à une concurrence déloyale et à la destruction de l'environnement. Cela peut également conduire à un dumping respectueux de l'environnement de la part des pays tiers, qui doit bloquer l'importation d'un produit lorsqu'il est établi qu'il est importé à des prix inférieurs à ceux pratiqués sur le marché en raison de mesures non respectueuses de l'environnement.

Les pays doivent harmoniser leur législation environnementale avec le paradigme le plus restrictif. Et qu'ils respectent les engagements internationaux pris lors des différents sommets ONU – ONU, motivés par la protection de l'environnement et le développement durable.

Chapitre 8

L'ÉTAT ÉCOLOGIQUE

La démocratie est une méthode de gestion, mais ce n'est pas le fond. L'arrière-plan se compose de la déclaration des droits. A la mesure que l'être humain évolue et augmente ses connaissances, de nouvelles déclarations de droits émergent. Le passage des droits aux constitutions des pays est l'une des plus grandes réalisations de la démocratie.

La Déclaration des droits a commencé avec la *Magna Carta* en 1215, a évolué avec la *Déclaration des droits de l'homme et du citoyen*, adoptée par l'Assemblée française en 1789, et plus tard avec la *Déclaration universelle des droits de l'homme*, adoptée par la Assemblée générale des Nations Unies, 1948, *Déclaration de Stockholm sur l'environnement, 1972, Déclaration de La Haye sur l'atmosphère,* 1989, *Déclaration de Rio,* 1992.

La déclaration des droits est un processus continu, et aujourd'hui la Déclaration universelle des droits des animaux a été proclamée au siège de l'UNESCO en 1978, pour l'initiative de la Ligue internationale des droits de l'animal,. Notre Constitution, dans son art. 225, § 1, VII, a fait de la protection des animaux un précepte constitutionnel.

Un État postmoderne exige, en plus du changement politique, une réforme consciencieuse de ses citoyens afin qu'une démocratie participative puisse atteindre ses objectifs sociaux, contemplant non seulement les générations présentes et futures.

Cette réforme de conscience, base d'une modernisation de l'État, ne peut pas provenir de révolutions révolution ratée, comme la Révolution russe de 1917 ou les révolutions allemande et austro-hongroise de 1918. L'État populaire contre l'État de force n'a fait qu'exercer la haine et souffrance. Nous assistons à la révolution de la faim, mais il est urgent que la révolution de la liberté ait lieu.

Ces transformations de l'État postmoderne doivent embrasser le monde des relations sociales, de la culture, de la politique, de l'économie, de la géopolitique, exigeant avant tout une transformation des valeurs:

– le passage d'une science contraire à l'éthique à une science éthiquement responsable;

– le passage d'une technocratie qui domine les peuples à une technologie au service de l'humanité et de toute la famille planétaire;

– le passage d'une industrie destructrice de l'environnement à une industrie qui favorise le bien-être des personnes et une vie harmonieuse de l'être humain avec l'environnement.

Un État libre a besoin d'hommes libres, car les lois ne peuvent pas dominer les faits. Mais nous ne pouvons pas penser à un homme libre en dehors de son environnement. Les êtres humains, la société et l'État ne peuvent être conçus qu'à l'intérieur d'un système planétaire, avec les animaux, les plantes et toute vie qui composent la famille humaine.

L'homme ne peut être libéré que dans son ensemble avec tous les êtres.

La garantie des droits individuels dépend du destin de tous et de l'environnement social et naturel. Le véritable fondement de l'état postmoderne doit reconnaître l'homme comme un animal bipède intellectualisable qui partage l'espace et la nourriture avec d'autres êtres et en tant que tel a le devoir de les préserver et de les protéger. L'individualisme doit être surmonté afin de ne pas nuire à l'intégrité de la création et de la planète au profit des intérêts privés.

Depuis 1972, la Déclaration de Stockholm, émané de l'Assemblée générale des Nations Unies, a alerté l'humanité sur les dangers de l'épuisement des ressources naturelles. On ne peut envisager qu'un régime qui prend en compte les droits des autres espèces lors de la prise de décisions et de la rédaction de leurs lois, c'est-à-dire un État écologique.

L'État moderne qui privilégie le positivisme et la technocratie est dépassé. Un état postmoderne devra se tourner vers l'hétérogénéité, l'altérité, le pluralisme et la discontinuité.

Ce nouvel État devra être le produit de relations socio-biologiques et pouvoir mettre en œuvre des changements concrets dans la structure sociale existante pour parvenir à un développement durable.

Le nouveau modèle d'État doit viser la durabilité évolutive future de la Terre et le changement de paradigmes juridiques qui présupposent l'éthique de la survie.

Arthur J. Almeida Diniz commente que "l'une des tâches urgentes du droit est de restaurer la santé éthique de l'humanité"[1] et que cette recherche de principes éthiques doit se faire «non pas par idéalisme abstrait, mais par simple opportunité de survie au plus un peuple mais d'humanité. »2« Sans un engagement profond et durable envers une éthique planétaire, impliquant tous les peuples, toutes les races, toutes les religions, les cultures, les politiques, les langues, les civilisations, les gouvernements, la calvitie sera notre effort de viabilité. de paix. "[3]

Le concept de développement durable pour Diniz implique une décentralisation rêvée; c'est-à-dire que la dépendance économique doit être atténuée afin que «chaque membre de ce qui peut être décrit comme l'économie mondiale puisse suivre son propre profil, sa tradition culturelle, qui sous-tend l'économie le long de l'axe du concept de valeur». Développement durable , car intégrée et fruit de la vocation de chaque économie dans ce qu'elle a de spécifique, véritablement régional.[4] Toujours selon Diniz, cela nécessiterait la construction d'un nouveau paradigme – celui de la justice dans les relations économiques

[1] DINIZ, Arthur J. Almeida. Novos paradigmas em direito internacional público. Porto Alegre: Sérgio Antônio Fabris, 1995, p. 79.

[2] DINIZ, Arthur J. Almeida. *Op. cit.*, p. 80.

[3] DINIZ, Arthur J. Almeida. *Op. cit.*, p. 189.

[4] DINIZ, Arthur J. Almeida. *Op. cit.*, p. 164-165.

– avec l'élimination conséquente du paradigme du profit 5 et un pacte mondial pour une nouvelle humanité qui rejette le paradigme des différences6 et construit une société où l'État n'a que des fonctions instrumentales au service de la personne humaine.

Le concept de développement durable proposé par le rapport *Our Common Future*, et officiellement accepté par l'Assemblée des Nations Unies et la conférence de Rio, est né de la confluence des courants de la pensée développementale, environnementaliste et humaine.

Le rapport conceptualise le développement durable comme répondant aux besoins du présent sans compromettre la capacité des générations futures à répondre à leurs propres besoins.

À Rio-92, la plus grande conférence internationale jamais organisée (plus de 100 chefs d'État ou de gouvernement, environ 8 000 délégués, 3 000 représentants d'organisations non gouvernementales et 9 000 journalistes), les pays ont accepté le défi de tenir, dans la pratique, le développement durable.

La conception du développement durable doit donc être fondée sur de solides principes éthiques - une éthique de la terre.

Hans Küng, dans son livre *Project of World Ethics, une morale œcuménique en vue de la survie humaine,* prêche la responsabilité planétaire comme une forme de survie. Selon lui, nous devons abandonner l'éthique du succès et de la mentalité comme seule survie de l'espèce et de la planète. C'est-à-dire: «la responsabilité de la société mondiale pour son propre avenir! Responsabilité envers l'environnement, aujourd'hui et demain."[7] Pour lui, cette éthique exige la responsabilité de l'environnement, la personne humaine doit être plus humaine afin de construire une société plus humaine et de maintenir un environnement sain. Par conséquent, l'éthique dans la postmodernité doit avoir un

[5] DINIZ, Arthur J. Almeida. *Op. cit.*, p. 163.

[6] DINIZ, Arthur J. Almeida. *Op. cit.*, p. 187.

[7] KÜNG, Hans. *Projeto de ética mundial, uma moral ecumênica em vista da sobrevivência humana*. Edições Paulinas, 1993, p.52.

objectif public de première magnitude. Küng complète son idée en disant qu'il n'y aura pas d'ordre mondial sans éthique mondiale.

L'*Agenda 21*, également connu sous le nom de *Stratégie du Sommet de la Terre*, est un document sur le développement durable. Le succès de cette stratégie dépend en grande partie du rôle de l'administration publique dans le contrôle et la surveillance de l'utilisation des ressources naturelles, dans la réparation des erreurs passées et dans la défense de la pleine citoyenneté. Le développement durable ne se produira pas spontanément; dépend de l'intervention de l'État. Le succès d'une telle ingérence nécessite l'abandon de la science contraire à l'éthique, de la technologie omnipotente, de l'industrie nuisible à l'environnement et de la démocratie purement formelle.[8]

L'agenda politique minimal pour la réalisation pratique du développement durable doit prévoir des réformes institutionnelles conformes à la réalisation d'une société durable.

La réalisation concrète du développement durable dépendra d'actes politiques capables de transformer la réalité actuelle et d'arrêter le processus d'exploitation débridée des ressources naturelles. La pensée scientifique et technologique moderne s'est révélée incapable de justifier des normes éthiques, des valeurs universelles et des droits pour d'autres espèces.

L'acte politico-administratif d'une société durable dépendra de notre liberté (y compris la dignité de tous les êtres), mais surtout de notre responsabilité (entendue comme l'expression de notre solidarité, née de la conscience de notre unité avec tout ce qui vit).

L'État écologique, gestionnaire de la diversité biologique, devra intégrer dans ses fondements trois principes de base: respect, solidarité et coopération.

8.1 LES PRINCIPES DE L'ÉTAT ÉCOLOGIQUE

Début de la modernisation et de la transformation des formes

---

[2] KÜNG, Hans, *Op. cit.*, p. 65.

politiques de la sensibilisation des gens. Les principes doivent être inscrits dans la conscience humaine. Voltaire, Montaigne, Rousseau et Diderot ont travaillé dans le monde des idées abstraites, mais ont donné vie au processus révolutionnaire. Les idées s'inspirent des faits, mais elles font l'histoire.

Victor Hugo a déclaré qu'"il y a quelque chose de plus puissant que toutes les armées du monde: une idée dont le temps est venu".

Et cette déclaration de Margaret Mead était très particulière: "Ne doutons jamais qu'un petit groupe de citoyens attentifs et engagés puisse changer le monde. En fait, c'est la seule chose qui l'a toujours changé."[9].

Les principes sont des règles d'observation permanentes et obligatoires pour le législateur et l'administration, constituant un élément de validité de l'activité publique et de l'activité privée.

Les principes évoluent parallèlement à l'évolution de la pensée humaine. Chaque révolution commence dans le monde des idées et les principes dérivent des valeurs philosophiques émanant de la communauté à un moment donné. Cependant, ils sont dynamiques et doivent accompagner l'évolution des sciences et l'amélioration éthique des races.

À l'époque du droit romain, les ressources de la nature étaient considérées comme *res comuni,* des choses de la communauté, sauf le droit sur de petites portions individuelles. Chacun a le droit d'utiliser et d'abuser des ressources naturelles.

L'abus du droit d'utiliser les ressources naturelles a été repris par la Révolution française, fondée sur l'idéologie libérale.

Les catastrophes écologiques ont montré que le cadre juridique adopté jusque-là commençait à montrer des signes d'obsolescence et d'inopérabilité. C'est ainsi qu'une nouvelle loi et de nouveaux principes sont apparus, *les principes du droit de l'environnement.*

Cette nouvelle branche du droit est fondée sur plusieurs principes qui sont cependant loin d'épuiser les principes qui doivent être adoptés. C'est pourquoi, à côté des principes déjà adoptés et solidifiés dans la Charte constitutionnelle et d'autres normes, nous

---

[9]Apud *MULLER, Robert.* Op. cit., *p. XV.*

EDNA CARDOZO DIAS ▐

proposons l'adoption de nouveaux principes: *le principe de solidarité, le principe d'interdépendance et le principe du droit des autres espèces, qui* doivent être recherchés et respectés dans une perspective internationale et mondiale, pour informer la protection des animaux, des plantes et l'environnement.

Alors que la qualité de vie et la protection de l'environnement émergent au premier plan, les déclarations suivantes devraient donner naissance à un État écologique, fondé sur le droit collectif de toutes les espèces et la solidarité à l'échelle nationale et mondiale. .

8.2 LA SOLIDARITÉ COMME PRINCIPE DE DROIT

Les révolutions scientifiques et technologiques que nous avons traversées ont contribué à d'importantes transformations sociales et juridiques.

La protection de l'environnement nécessite une évolution conceptuelle de l'univers juridique international. De nouveaux principes émergent dans notre droit, tels que le bien commun de l'humanité, le développement durable, les responsabilités différenciées, les obligations erga omnes et le partenariat mondial équitable.[10]

Le *Club de Rome* ayant déclaré qu'il nous appartient de faire avancer l'idée que la solidarité mondiale représente l'éthique suprême de la survie, le principe de solidarité est devenu une priorité sur la souveraineté des nations.

En 1990, le document Our Own Agenda, publié par divers groupes de travail avec des représentants de tous les pays d'Amérique latine, a été publié. Il était parrainé par le Programme des Nations Unies pour le développement (PNUD) et la Banque interaméricaine de développement (BID), en collaboration avec le Programme des Nations Unies pour l'environnement (PNUE) et la Commission économique pour l'Amérique latine et les Caraïbes (CEPALC). C'est un document

---

[10] TRINDADE, Antônio Augusto Cançado. *Direitos humanos e meio ambiente, paralelo dos sistemas de proteção internacional.* Porto Alegre: Sérgio Fabris Editor, 1993, p. 198.

qui cherchait faire une analyse des problèmes environnementaux en Amérique latine et dans les Caraïbes et faire des suggestions pour l'avenir. Il prévient qu'une large participation de la société civile est essentielle pour réaliser le développement avec équité et pour renforcer l'ordre juridique afin de protéger les citoyens contre les dommages environnementaux. Le développement durable nécessite une mobilisation sociale, une démocratie participative, dans le but d'une responsabilité conjointe de l'État et de la société.

Nous avons tous le droit à la solidarité, au développement, à un environnement sain, à la paix, à l'éducation, à l'information et à la citoyenneté planétaire; nous avons le droit de ne pas tuer et de ne pas être tués; Nous avons droit à la non-violence. Mais nous ne pouvons pas oublier les droits des autres espèces et les droits de la Terre, notre maison planétaire. La réalisation de ces droits exprime l'intérêt et le but commun de l'humanité.

Lors de la réunion du *Programme des Nations Unies* pour l'environnement, organisée conjointement par le Programme des Nations Unies pour l'environnement (PNUE), le ministère des Affaires étrangères et de la Justice de Malte et l'Université de Malte en décembre 1990 à Malte, *l'intérêt commun La préoccupation commune* de la nature a été conceptualisée comme la concentration des efforts sur des questions vraiment fondamentales pour toute l'humanité, selon la notion de banalité, en particulier les questions environnementales mondiales. Tous les pays et toutes les sociétés ont l'obligation de s'engager dans des questions d'intérêt commun. L'intérêt commun a une dimension temporelle à long terme et couvre les générations futures. Les raisons de *l'ordre public* sont antérieures à la réciprocité. La responsabilité de la préservation de l'environnement est préventive et consécutive aux dommages, et ce partage des responsabilités entre les États doit être équitable. Tous les devoirs des États découlent de ces principes[11].

Le premier cycle de discussions a porté sur les droits de l'homme et l'autodétermination des peuples. Cette question était jusque-là réduite au domaine de la juridiction nationale des États.

---

[11]TRINDADE, Antônio Augusto Cançado. *Op. cit.,* Anexo VI, p. 276-281.

Cette Depuis le *Traité de Barcelone* (1970), la pensée a évolué vers la reconnaissance que certaines questions concernent tous les États et créent des obligations erga omnes.[12]

Le concept actuel *d'intérêt commun de l'humani*té englobe des questions qui revêtent une dimension mondiale et sociale et doivent rechercher des solutions véritablement fondamentales pour toute l'humanité.

Lors du deuxième cycle[13], il a été suggéré que le concept de *bien commun de l'humanité* puisse aborder une nouvelle perspective juridique. Il était clair que tous les pays devraient contribuer à la protection de l'environnement et qu'il devrait y avoir une répartition des coûts et des avantages. Cette répartition doit être équitable, ce qui signifie que les pays doivent apporter une contribution plus ou moins proportionnelle à leur responsabilité historique et actuelle en matière de pollution de l'air et au niveau excessif par habitant d'émissions de gaz polluants. Il convient également de tenir compte des capacités économiques et techniques de chaque pays pour fournir des solutions préventives et correctives. Les pays doivent non seulement cesser d'émettre des gaz, mais aussi transférer des technologies aux pays en développement et bénéficier d'une aide financière. Les obligations devraient être réparties en fonction de la capacité de chaque pays. L'équité, ou le partage équitable des charges, apparaît en réponse au concept de *l'humanité d'intérêt commun*.

Lors du troisième cycle[14], la relation entre les droits de l'homme et l'environnement a été discutée. Il a été conclu que la question de la survie est un droit humain fondamental de vivre dans un environnement propre, sain et sain, et que l'évolution des droits de l'homme et des droits environnementaux doit aller de pair.

Au quatrième cycle[15], les discussions ont été centrées sur la *Convention sur le climat et la Convention sur la biodiversité*, qui devraient être signées, comme elles l'ont été, à Rio / 92. Ces

---

[12] TRINDADE, Antônio Augusto Cançado. *Op. cit.*, p. 277.
[13] TRINDADE, Antônio Augusto Cançado, *Op. cit.*, p. 279.
[14] TRINDADE, Antônio Augusto Cançado, *Op. cit.*, p. 280.
[15] TRINDADE, Antônio Augusto Cançado. *Op. cit.*, p. 281.

conclusions des *experts* lors de la réunion de Malte se sont reflétées non seulement dans ces conventions, mais la Charte de la Terre, qui, tout en manquant de force juridique, incarne les principes à suivre par les nations dans l'élaboration de leurs lois et politiques environnementales, à tel point que l'expression intérêt commun de l'humanité a été utilisée (1991) dans le Protocole sur la protection de l'environnement à Traité sur l'Antarctique, qui a examiné l'élaboration d'un régime complet de protection de l'environnement antarctique et des écosystèmes dépendants associés d'intérêt commun de l'humanité dans son ensemble[16].

La Convention sur les changements climatiques et la Convention sur la diversité biologique, toutes deux issues de la Conférence des Nations Unies sur l'environnement et le développement (Rio-92), ont embrassé l'expression préoccupation commune de l'humanité. *Le préambule de la Convention sur les changements climatiques stipule que les changements climatiques sur Terre sont dans l'intérêt commun de l'humanité, et la Convention sur la diversité biologique stipule que la conservation de la diversité biologique* est un intérêt commun de l'humanité.

La responsabilité équitable se traduit par l'exécution des obligations en fonction des capacités de chaque pays (partage équitable des charges). En raison de cette préoccupation, l'intérêt commun de l'humanité établit des responsabilités communes mais différenciées, ce qui a suscité une résistance de la part des pays développés pour sa réalisation.

Il faut reconnaître qu'une démocratie participative exige un nouveau paradigme pour la social-démocratie, selon la découverte de notre interdépendance, et incluant toutes les communautés terrestres. Dans cette social-démocratie, les sujets de droit doivent être non seulement des êtres humains, mais tous les êtres qui habitent la planète et constituent le monde social humain.

L'*Appel de Séville contre la violence*, lancé par la réunion internationale tenue à l'Université de Séville sous les auspices de l'UNESCO en 1986, reconnaît que

---

[16] TRINDADE, Antônio Augusto Cançado. *Op. cit.*, p. 218-219.

"Il est scientifiquement incorrect de dire que la guerre ou toute autre forme de violence est génétiquement programmée dans la nature humaine. [...] Il est scientifiquement incorrect de dire qu'au cours de l'évolution humaine, une sélection a été faite en faveur d'un comportement plus agressif envers d'autres types ... La biologie ne condamne pas l'homme à la guerre. [...] L'humanité peut se libérer d'une vision pessimiste apportée par la biologie et dans les années à venir, opérer les transformations nécessaires de nos sociétés. [...] Et que cette tâche dégage la responsabilité collective."[17]

Le document *Notre avenir à tous*, préparé par la Commission de développement du Programme des Nations Unies pour l'environnement, basé à Nairobi, approuvé par les Nations Unies en 1987, se lit dans son *résumé des principes juridiques*, point 14: "Tous les États ils coopèrent de bonne foi les uns avec les autres afin de faire un usage optimal des ressources naturelles au-delà des frontières et de prévenir ou d'atténuer efficacement les interférences environnementales transfrontalières."[18]

Dans le même esprit, la *Déclaration de Porto Novo a été signée par un Contrat de Solidarité* lors d'une rencontre tenue entre le 31 octobre et le 3 septembre 1989, entre l'Afrique et l'Europe, organisée par la World Social Perspective Association en coopération avec le Conseil de l'Europe et l'Organisation de l'unité africaine:

"Il faut une nouvelle façon d'être et de penser, une nouvelle éthique."

---

[17] DESSART, Francis. *Une meme terre une meme vie*. Suiça: Atra, 1993, p. 23.
[18] COMISSÃO MUNDIAL SOBRE MEIO AMBIENTE E DESENVOLVIMENTO (PNUMA). *Nosso futuro comum*. Rio de Janeiro: Fundação Getúlio Vargas, 1991, p. 390.

Cette nouvelle éthique doit viser le changement de l'homme: c'est une priorité absolue. Nous pensons que la seule cause qui vaille est celle de l'homme. C'est l'homme tout entier qui doit être sauvé et développé. C'est un homme intégral qui doit être mis sur pied. C'est finalement votre esprit qui doit être changé.

Cette nouvelle éthique doit s'étendre à toute la société civile."[19]

Toujours en 1989, la Conférence Saint-Joseph a franchi une étape importante dans la conception d'une idée de responsabilité universelle comme centre de l'attention planétaire. Au début de 1989, le gouvernement du Costa Rica a proposé de présenter un projet de *Déclaration des responsabilités humaines* pour la paix et le développement à l'Assemblée générale des Nations Unies. Un comité a été créé pour préparer un texte qui compléterait la *Déclaration universelle des droits de l'homme*. Ce texte affirme la responsabilité de la génération actuelle d'assurer le développement et la survie des générations futures, de connaître un monde, un monde juste et pacifique, un monde fondé sur la coopération avec la nature. Dans votre art. Le 1er souligne:

"Tout ce qui existe fait partie d'un univers interdépendant. Tous les êtres dépendent les uns des autres pour leur existence, leur bien-être et leur développement."

Et dans l'art. 3ème: "... Chaque manifestation de la vie sur terre est unique et nécessaire, et a donc le droit de respecter et de prendre soin quelle que soit sa valeur apparente pour les êtres humains."

"Art. 6e: La responsabilité est un aspect inhérent à toute relation dans laquelle l'être humain est engagé."[20]

Les concepts *d'équité et de responsabilité*, à côté du concept de démocratie, nous invitent à construire un nouveau modèle de civilisation avec de nouvelles valeurs, telles que l'harmonie, l'équilibre et une éthique de vie qui mettent l'accent sur la solidarité.

Milton Rokeack, dans son livre *The Nature of Human Values,*

---

[19]DESSART, Francis. *Op. cit.*, p. 35-37.
[20]DESSART, Francis. *Op cit.*, p. 38-42.

à se référant aux commentaires sur les valeurs politiques qui:

"Les valeurs de liberté et d'égalité sont divisées en divers courants politiques. Alors que le communisme valorise l'égalité et méprise la liberté, le capitalisme, au contraire, valorise la liberté mais méprise l'égalité. Le fascisme a un faible indice de liberté et d'égalité. Le socialisme accorde une grande importance à la fois à la liberté et à l'égalité."[21]

Ce qu'il faut, cependant, c'est sans aucun doute la restauration de l'unité de la trilogie liberté-égalité-fraternité, condition de la réalisation d'une démocratie. Cette trilogie est fragmentée et la fraternité est reléguée aux religions. Cette attitude a conduit à un monde divisé qui est incapable de réaliser la justice sociale. L'oubli de la fraternité a entraîné l'exacerbation de la soif de profit et de pouvoir, l'égoïsme, la violence, les inégalités, l'injustice sociale, l'oppression et la destruction de la planète. La justice doit défendre la triunité, nos lois doivent s'inspirer du principe de solidarité, sinon toute vie périra.

L'Unesco a, avant la *Conférence des Nations Unies sur l'environnement et le développement* (CNUED), obtenu plus de neuf millions de signatures en faveur de la protection de la planète pour faire de la Terre un foyer sûr et hospitalier pour les générations actuelles et futures. Ces signatures ont été recueillies lors d'une campagne de défense de la Terre lancée par le secrétaire du CNUMAD.

Le *Pacte de la Terre* est connu comme un véhicule pour mobiliser l'opinion publique autour de CNUMAD et comme le point de départ d'un mouvement populaire pour soutenir le Sommet de la Terre.

Dès que le secrétaire de la CNUCED a demandé l'aide de l'UNESCO pour la campagne, Frederico Mayor,[22] son directeur général, a écrit aux États membres pour les inviter à organiser des séminaires et à gagner ainsi l'engagement populaire.

---

[21] *Apud* WEILL, Pierre. *A nova ética*. Rio de Janeiro: Rosa dos Tempos, 1994, p. 54.
[22] DESSART, Francis. *Op. cit.,* p. 110.

L'*Alliance de la Terre* dit en substance:

"Conscient que le comportement des habitants de notre planète par rapport à la nature et les uns aux autres est de plus en plus une source de préjudice pour la survie et le développement, je m'efforce de contribuer au mieux de mes moyens pour faire de la terre un maison sûre et hospitalière pour les générations présentes et futures."[23]

Le *Pacte de la Terre* a été rendu public dans d'innombrables pays par la presse.

Il ne peut y avoir de développement sans solidarité, a déclaré Eduardo Portela,[24] porte-parole de l'UNESCO: "Un autre développement durable et solidaire est nécessaire."[25]

Prendre *soin de la planète Terre* (PNUE, UICN et WWF) reconnaît:

"Si notre objectif est de parvenir à la durabilité sur notre planète, une alliance solide doit être formée par tous les pays. Cette stratégie implique le respect et le soin que nous nous devons les uns aux autres et à la planète Terre." Il reconnaît en outre« l'interdépendance des communautés humaines et le devoir de chacun de prendre soin de ses semblables et de l'environnement". "Notre responsabilité pour les modes de vie avec lesquels nous partageons la planète… que la nécessité de défendre les droits individuels est plus grande que jamais. Dans le même temps, une action commune est nécessaire pour protéger et préserver les besoins communs à tous et les ressources partagées. Les obligations des individus doivent être soulignées autant que leur [26].

---

[23] DESSART, Francis. *Op. cit.*, p. 110.

[24] *Apud* DESSART, Francis. *Op. cit.*, p. 111.

[25] DESSART, Francis. *Op. cit.*, p. 111.

[26] PNUMA, UICN, WWF. *Uma estratégia para o futuro da vida*. São Paulo, 1991, p. 14 e 15.

Et il a créé le cadre suivant pour l'éthique mondiale:

ÉLÉMENTS D'UNE ÉTHIQUE MONDIALE POUR VIVRE DE MANIÉRÈ DURABLEMENT

Chaque être humain fait partie de la communauté des êtres vivants. Cette communauté relie toutes les sociétés humaines - générations présentes et futures, ainsi que l'humanité, au reste de la nature. Il englobe la diversité culturelle et naturelle.

Chacun a les mêmes droits fondamentaux, notamment: le droit à la vie, à la liberté, à la sécurité personnelle; liberté de pensée, de conscience et de religion; questionnement et liberté d'expression; à la liberté de réunion et d'association; participation au gouvernement; à l'éducation; et, dans les limites de la planète Terre, aux ressources nécessaires à un niveau de vie décent. Aucune communauté ou nation n'a le droit de priver autrui de ses moyens de subsistance. Chaque individu et chaque société doivent respecter ces droits et être responsables de leur protection.

Chaque forme de vie doit être respectée quelle que soit sa valeur pour l'homme. Le développement ne doit pas menacer l'intégrité de la nature ou la survie d'autres espèces. Les gens devraient traiter toutes les créatures avec dignité et les protéger de la cruauté, en évitant les souffrances inutiles et la mort.

Chacun doit être responsable de son propre impact sur la nature. Les gens doivent conserver les processus écologiques et la diversité de la nature. Les ressources ne devraient être utilisées qu'aux niveaux nécessaires et efficaces, garantissant que l'utilisation des ressources renouvelables est durable.

Tous devraient viser à partager les avantages et les coûts de l'utilisation des ressources entre les communautés et les parties prenantes, entre les régions pauvres et riches, et entre les générations actuelles et futures. Chaque génération doit son substitut à un monde aussi diversifié et productif que celui dont il a hérité. Le développement d'une société ou d'une génération ne doit pas limiter les chances d'autres sociétés ou générations.

La protection des droits de l'homme et du reste de la nature est une responsabilité mondiale qui transcende les frontières culturelles, idéologiques et géographiques. La responsabilité est à la fois collective et individuelle."

Enfin, nous rappelons la *Nouvelle Charte de la Terre*, qui a commencé en 1997 à Rio + 5 lors de la création d'une commission de la Charte de la Terre, avec des membres de toutes confessions. Un premier projet a été élaboré pour consultation. Au début de 1999, le deuxième projet de référence a été publié, qui constitue la base de discussion dominante.

Un consensus s'est dégagé sur le fait qu'il devrait s'agir d'une déclaration de principes fondamentaux, d'un appel à l'action, d'une lettre des peuples. Au moment de son sceau de l'ONU en 2002, il sera en constante amélioration et diffusion. Il est coordonné dans le monde entier par un comité directeur de neuf membres, avec le soutien de la Commission de la *Charte de la Terre,* composé de vingt personnes de renommée mondiale, telles que Mikhail Gorbachev, Mercedes Sosa, Maurice Strong, Amadou Toumani Touré et Kamla Chowdry, représentant chacune votre continent. Mais en fait, ce document est écrit par des gens du monde entier, par l'intermédiation de leurs groupes représentatifs et via Internet. Il déclare:

"En solidarité avec tous et avec la communauté de vie, nous, les peuples du monde, nous engageons à une action guidée par les principes interdépendants suivants:

Respectez la terre et toute vie. Reconnaissez la valeur intrinsèque de tous les êtres. Il est du devoir de la communauté de prendre soin de la vie dans toute sa diversité, en acceptant que la terre est une responsabilité partagée par tous (parmi les principes généraux).

Traitez tous les êtres avec compassion et protégez-les de la

EDNA CARDOZO DIAS

cruauté et destruction inutile (parmi les principes de l'intégrité écologique, points II, 7)

Créer une culture de paix et de coopération (entre les principes de démocratie et de paix - IV, 16).

Un nouveau départ: Comme jamais auparavant dans l'histoire, le destin commun nous appelle à redéfinir nos priorités et à rechercher un nouveau départ. [...] Un tel renouveau est une promesse de concrétiser les principes de la Charte de la Terre, qui sont le résultat d'un dialogue mondial à la recherche d'un socle commun de valeurs partagées. [...] Nous pouvons, si nous le voulons, profiter des possibilités créatives entre nous et inaugurer une ère de nouvel espoir. Qu'on se souvienne de notre temps comme l'éveil d'une nouvelle révérence pour toute une vie, pour un engagement ferme à restaurer l'intégrité écologique de la terre, la relance de la lutte pour la justice ["... et pour la célébration joyeuse de la vie".

De tout ce qui précède, nous pouvons déduire que le chemin de la justice sociale nous conduit à une éthique écologique. À travers elle, nous exprimons le bon comportement et la bonne façon pour les êtres humains de se relier aux autres êtres vivants, à la planète et à leurs semblables. Il s'agit d'un engagement conscient pour la création d'une société fondée sur le respect, l'harmonie et la solidarité. Être éthique signifie avoir une responsabilité illimitée pour tout ce qui vit et existe.

La solidarité est la conscience de notre unité avec tous les êtres et l'univers. Grâce à elle, nous assumons notre responsabilité personnelle et collective dans le flux éternel du temps.

Le nouveau système politique naissant doit suivre les nouveaux paradigmes de la science, construits sur la découverte de notre interdépendance. Le nouveau paradigme politico-juridique à adopter doit être fondé sur le principe de solidarité, parallèlement à la liberté et à l'interdépendance.

Les découvertes de notre interdépendance et de notre solidarité doivent être l'un des principes de l'avant-droit, l'un des fondements de l'État.

La question de la solidarité a été abordée par Léon Duguit (1913). Duguit défend l'idée que les nations sont organisées en État par la notion de solidarité sociale. Dans *Les transformations du droit public,* Duguit (Colin, 1913, p. XVII) explique:

> "Le petit groupe familial ne peut plus assurer la satisfaction de ses besoins humains, mais par de vastes organismes, qui s'étendent sur tout le territoire national et exigent la concurrence d'un grand nombre d'individus, capables de satisfaire la masse de leurs besoins élémentaires. .
> Avec les découvertes scientifiques successives et les progrès industriels, les relations entre les hommes sont devenues si complexes et nombreuses, l'interdépendance sociale est devenue si étroite que le fait que certains ne satisfont pas à leurs besoins a affecté tous les autres."[27]

D'où la nécessité de la solidarité sociale.

L'école appelée *solidarité* a également été adoptée par Léon Bourgeois, Gide et d'autres. Il prêche l'action de l'État pour répandre la notion de solidarité, qui, en dominant l'univers, les royaumes et les forces de la nature, doit être amenée sur le terrain social et économique, pour remplacer la concurrence et la concurrence dans les relations humaines. se battre. La génération actuelle doit au précédent tout le bien-être qu'elle a trouvé prêt et doit payer cette dette à la génération future[28].

La situation désastreuse dans laquelle se trouve l'humanité, avec un quart de la population sans accès aux besoins de base, nous fait rappeler les conclusions finales de la *Déclaration de Copenhague* de 1995, qui considérait notre défi de mettre en place un modèle de développement social centré sur dans les personnes qui nous guident, aujourd'hui et à l'avenir, dans la construction d'une culture de

---

[27] *Apud* WALIME, Marcel. *Traité élémentaire de droit administratif.* 6. ed., Paris: Recueil Sirey, p. 3.

[28] MASAGÃO, Mário. *Curso de direito administrativo.* 6. ed.. São Paulo: Revista dos Tribunais, 1997. p. 14.

coopération et solidarité afin de répondre aux besoins immédiats des plus touchés par le malheur humain.

L'incorporation de ces nouveaux principes dans notre droit nécessite l'adoption d'une convention internationale qui se traduira par un cadre juridique intégré pour la législation et les politiques actuelles et futures en matière d'environnement et de développement.

8.3 LE PRINCIPE DE L'INTERRELATIONNALITÉ – LA LOI DES AUTRES ESPÈCES

La terre, les êtres humains et les autres formes de vie forment une seule entité. Tout est allumé. Tout est lié.

Dans la compréhension d'Ernst Haeckel (1834-1989), l'écologie est l'étude de l'interrelation de tous les systèmes vivants et non vivants entre eux et avec leur environnement. Aucune chose vivante ne peut être considérée comme un simple représentant de son genre. Il ne peut être vu qu'en relation avec l'ensemble des conditions vitales qui le constituent et dans l'équilibre et l'harmonie de tous les autres représentants des espèces vivantes. En ce sens, l'écologie est l'étude de la civilisation que nous avons bâtie.

La découverte de notre interrelation nous a apporté de nouvelles valeurs, qui exigent de nouvelles normes juridiques, de nouveaux principes de droit. Il nous demande une nouvelle façon de nous relier à nous-mêmes, à l'environnement et aux autres êtres, un nouveau paradigme pour agir sur la réalité environnante. Nous entrons dans une nouvelle ère, également dans le domaine du droit, qui met en lumière de nouvelles valeurs et de nouveaux principes de droit, de nouvelles déclarations de droits.

James Lovelock[29] justifie sa désignation de la Terre comme Gaïa parce qu'elle se présente comme une entité complexe qui englobe la biosphère, l'atmosphère, les océans et le sol. Dans leur ensemble, ces éléments constituent un système cybernétique ou de rétroaction

---

[29]Sobre a Teoria de Gaia, formulada por James Lovelock ver seus dois livros mais conhecidos: *Gaia – um novo olhar sobre a vida na Terra* (Lisboa: Edições 70, s./d.) e *As eras de Gaia* – a biografia de nossa Terra viva (Rio de Janeiro: Campus, 1991).

qui à la recherche d'un excellent environnement physique et chimique pour la vie sur cette planète.

L'être humain et l'univers sont des totalités dynamiques. Tous les êtres sont interconnectés et reconnectés les uns aux autres. L'un a besoin de l'autre pour exister. Tout le monde vit dans un réseau de relations, et il n'y a rien en dehors de cela.

Si nous portons ces connaissances dans le domaine juridique, nous devons admettre que le bien commun n'est pas seulement celui de l'être humain, mais celui de toute la communauté planétaire et cosmique. Le bien commun particulier requiert une synergie avec le bien commun universel. Par conséquent, on commence à reconnaître les droits des autres espèces et les droits des autres êtres.

DÉCLARATION UNIVERSELLE DES DROITS DES ANIMAUX

La Déclaration universelle des droits des animaux a été proclamée au siège de l'UNESCO à Paris, pour l'initiative de la Ligue internationale des droits de l'animal.

Son texte a été rédigé après plusieurs rencontres internationales, par des personnalités scientifiques, juridiques et philosophiques, et par des représentants d'associations de protection des animaux. Il constituait une position philosophique vers l'établissement de lignes directrices pour la relation de l'homme avec l'animal. Cette nouvelle philosophie est soutenue par des connaissances scientifiques récentes qui reconnaissent l'unité de toute vie et exigent une attitude égalitaire envers la vie. Ses articles proposent une nouvelle éthique biologique, une nouvelle attitude de vie et une attitude respectueuse envers les animaux.

C'est la biologie qui nous montre l'unité entre l'homme et l'animal. Les mêmes besoins fondamentaux sont satisfaits chez l'homme et l'animal, notamment pour se nourrir, se reproduire, avoir un *habitat* et être libre. Chaque besoin fondamental correspond à un droit fondamental inhérent à l'ensemble des êtres vivants. Tous les êtres ont des droits biologiques et psychologiques. L'homme doit accorder aux animaux les mêmes droits que ceux légitimement conférés. Accorder des droits égaux aux animaux signifie que lorsque nous créons des normes sur les animaux, nous devons prendre en compte leur nature morphologique, leurs instincts sociaux et leur sensibilité.

La reconnaissance par la science de l'interrelation de l'homme avec l'univers entier et tout ce qui vit a abouti à la promulgation de la Déclaration des droits des animaux le 27 janvier 1978, qui crée des obligations pour les États signataires, comme tous les autres pactes internationaux. Dans votre art. 1, elle déclare que le droit à la vie s'étend aux animaux: «Tous les animaux naissent égaux face à la vie et ont le même droit à l'existence». Dans son dernier article, j'ai déclaré que «les droits de l'animal doivent être défendus par des lois, telles que la des hommes. "

Le *document Notre avenir* à tous, dans son résumé des principes juridiques sur la responsabilité des États, propose:

«Les États doivent maintenir les écosystèmes et les processus écologiques essentiels au fonctionnement de la biosphère, préserver la diversité biologique et respecter le principe d'une productivité optimale durable lorsqu'ils utilisent des écosystèmes vivants et des ressources naturelles.»

Sans aucun doute, l'écocide est l'une des plus grandes violations des droits de l'homme et des droits d'autres espèces et entraîne pour l'État le devoir de protéger les droits de l'homme et ceux des autres espèces, ainsi que le devoir de prévenir ou de prévenir des dommages irréparables.

Cette conduite que la *Déclaration universelle des droits des animaux* propose à l'homme ne signifie pas oublier la lutte contre la misère, les souffrances morales de l'humanité, la torture, la domination politique ou le racisme. Au contraire, la protection des animaux fait partie de la protection humaine, à tel point que le respect des hommes pour les animaux est lié au respect des hommes entre eux.

Ce document est une invitation pour l'homme à renoncer à sa conduite actuelle d'exploitation des animaux et, progressivement, à son mode de vie et à l'anthropocentrisme, pour aller à l'encontre du biocentrisme. Pour cette raison, il représente une étape importante dans l'histoire de l'évolution de l'homme.

Levi *Strauss* dans The Distant Look dans le chapitre

Réflexions sur La liberté défend l'idée que la définition humaine de l'être moral doit être remplacée par la définition humaine de l'être vivant.

"Si l'homme commence par avoir des droits au titre d'être vivant, il s'ensuit immédiatement que ces droits, reconnus à l'humanité en tant qu'espèce, trouvent leurs limites naturelles dans les droits des autres espèces. Les droits de l'humanité cessent donc au moment précis où leur exercice met en danger l'existence d'une autre espèce.

Le droit à la vie et au libre développement des espèces vivantes encore représentées sur Terre est peut-être le seul à déclarer imprescriptible, pour la simple raison que la disparition d'une espèce crée un vide irréparable à notre échelle dans le système de création."(Levi Strauss) "[30]

DÉCLARATION UNIVERSELLE DES DROITS DES ANIMAUX

Proclamée au siège de l'Unesco, en session tenue à Bruxelles le 27 janvier 1978.

Préambule: Attendu que chaque animal a des droits; considérant que la découverte et le non-respect de ces droits ont conduit et continuent de conduire l'homme à commettre des crimes contre la nature et les animaux; que la reconnaissance par l'espèce humaine du droit à l'existence d'autres espèces animales constitue la base de la coexistence d'espèces dans le monde; considérant que les génocides sont perpétrés par l'homme et que d'autres peuvent encore se produire; considérant que le respect des animaux par l'homme est lié au respect des hommes entre eux; tandis que l'éducation doit apprendre aux enfants à observer, comprendre et respecter les animaux.

Article 1
Tous les animaux naissent égaux dans la vie et ont le même droit existence.

---

[30]LÉVI-STRAUSS, Claude. O olhar distante. Edição 70: Lisboa, 1983. p. 390.

Article 2

a. Chaque animal a droit au respect.

b. L'homme, en tant qu'espèce animale, ne peut se donner le droit d'exterminer ou d'exploiter d'autres animaux en violation de ce droit. Il a le devoir de mettre sa conscience au service des autres animaux.

c. Chaque animal a droit à la considération, à la guérison et à la protection de l'homme.

Article 3

a. Aucun animal ne sera soumis à des mauvais traitements et à des actes cruels.

b. Si la mort d'un animal est nécessaire, elle doit être instantanée, sans douleur ni angoisse.

Article 4

a. Chaque animal appartenant à une espèce sauvage a le droit de vivre librement dans son environnement terrestre, aérien et aquatique naturel et a le droit de se reproduire.

b. La privation de liberté, même à des fins éducatives, est contraire à ce droit.

Article 5

a. Chaque animal appartenant à une espèce, qui vit habituellement dans l'environnement de l'homme, a le droit de vivre et de grandir selon le rythme et les conditions de vie et de liberté propres à son espèce.

b. Toute modification de ce rythme et des conditions imposées par l'homme à des fins commerciales est contraire à ce droit.

Article 6

a. Chaque animal que l'homme choisit comme compagnon a droit à une durée de vie en fonction de sa longévité naturelle.

b. L'abandon d'un animal est un acte cruel et dégradant.

Article 7

Chaque animal qui travaille a droit à une limitation raisonnable du temps et de l'intensité du travail, à une alimentation adéquate et au repos.

Article 8

a. L'expérimentation animale, qui implique des souffrances physiques, est incompatible avec les droits des animaux, qu'ils soient médicaux, scientifiques, commerciaux ou autres.

b. Des techniques de substitution doivent être utilisées et développées.

Article 9

Si l'animal est élevé pour la nourriture, il doit être nourri, logé, transporté et tué sans anxiété ni douleur.

Article 10

Aucun animal ne doit être utilisé pour le plaisir de l'homme. Les expositions d'animaux et les spectacles d'animaux sont incompatibles avec la dignité de l'animal.

Article 11

L'acte qui mène à la mort d'un animal inutile est un biocide, c'est-à-dire un crime contre la vie.

Article 12

a. Chaque acte qui mène à la mort d'un grand nombre d'animaux sauvages est un génocide, un crime contre l'espèce.

b. L'anéantissement et la destruction de l'environnement naturel conduisent au génocide.

Article 13

a. L'animal mort doit être traité avec respect.

b. Les scènes de violence animale devraient être interdites dans les films et à la télévision, sauf si elles visent à montrer une atteinte aux droits des animaux.

Article 14

a. Les associations de protection et de sauvegarde des animaux devraient être représentées au niveau gouvernemental.

b. Les droits des animaux doivent être garantis par des lois telles que les droits de l'homme.

En 1989, à l'occasion du 200e anniversaire de la Déclaration des droits de l'homme, un nouveau document sur la protection des animaux a été rédigé par le Parti vert allemand et adopté par divers organismes protectionnistes du monde entier. Le deuxième document contient des principes beaucoup plus avancés que le premier: présente comme innovations la condamnation de la classification des animaux en fonction des intérêts humains, générant différentes catégories de droits; recommande que la garde des animaux soit radicalement restreinte; condamne la mise à mort d'animaux destinés à la consommation; préconise l'abolition des expériences sur les animaux vivants; et prêche la garantie des droits des animaux par les Constitutions des Nations.

Examinons le document dans son intégralité:

PROCLAMATION DES DROITS DES ANIMAUX – AVRIL 1989 *

Article 1
Le principe de justice le plus fondamental exige que les égaux soient traités de manière égale et inégale pour être traités de manière inégale. Toutes les créatures vivantes doivent être traitées de manière égale, en ce qui concerne les aspects dans lesquels elles sont égales.

Article 2
Puisque les animaux, tout comme les hommes, s'efforcent de protéger leur vie et celle de leur espèce, et qui manifestent un intérêt pour la vie, ils ont également droit à la vie. Cela dit, ils ne peuvent pas être classés comme des objets ou en mouvement, légalement.

Article 3
Alors que les animaux sont égaux aux hommes en leur capacité de

---

* Tradução livre de Edna C. Dias — Documento distribuído, via correio, pelo Partido Verde da Alemanha.

souffrir, ressentir de la douleur, de l'intérêt et de la satisfaction, ces capacités doivent être respectées.

Article 4
Étant donné que les animaux sont capables de ressentir de l'anxiété et de la souffrance, ils ne doivent pas être maltraités ni effrayés. Le droit à la protection des hommes est un droit fondamental des animaux.

Article 5
Les différences entre les humains et les animaux en ce qui concerne l'intelligence et la capacité de parler ne justifient pas de négliger la grande similitude de leurs fonctions vitales de base.

Article 6
La classification des animaux comme animaux de compagnie, de chasse et de travail, selon les intérêts et les préférences de l'homme, générant différentes catégories de droits, doit être éliminée, sinon elle viole les principes de justice énoncés à l'article II.

Article 7
Les espèces animales évolutives ont le droit d'exister en tant que telles, c'est-à-dire qu'elles ne peuvent pas être exterminées ou manipulées génétiquement.

Article 8
Chaque espèce animale qui vit à l'état sauvage a le droit de vivre dans un espace approprié. Les animaux ne peuvent être tués qu'en cas de légitime défense et en aucun cas par le sport ou l'exploitation commerciale.

Article 9
Les animaux vivant dans la nature doivent être strictement protégés contre les ingérences de la société et de la civilisation humaine.

Article 10

La garde devrait être limitée au maximum, car elle n'offre pas aux animaux la possibilité de vivre dans un environnement approprié à leur espèce et est liée à la cruauté.

Article 11
La production et la vente d'animaux et de leurs produits pour la satisfaction (apparente) des besoins humains tels que la compagnie, le prestige, la luxure doivent être arrêtées.

Article 12
Tout animal a le droit d'agir selon le standard de conduite de son espèce et son propre rythme de vie. Votre environnement doit être adapté de manière à pouvoir répondre à vos besoins alimentaires, de mouvement, de motivation et de vie sociale.

Article 13
Les animaux ne doivent pas être mis à mort pour la consommation. Votre création, hébergement. La nourriture et les autres soins ne doivent pas les soumettre au stress, à la souffrance ou aux blessures. Le transport ne devrait pas leur causer de souffrance ni d'anxiété.

Article 14
L'expérimentation animale est l'expression extrême de la violence contre les animaux et une partie de la science basée sur un modèle de violence qui viole les droits humains et animaux.

Article 15
Montrer des animaux à des fins amusantes ou pseudo-pédagogiques n'est pas compatible avec la dignité de l'animal en tant qu'être vivant sensible. Ils doivent être interdits car ils constituent une exaltation de la violence, la lutte entre animaux ou entre hommes et animaux.

Article 16

La réalisation des droits fondamentaux des animaux doit être considérée comme un objectif national dans les constitutions des nations. Il est du devoir des gouvernements de faire respecter ces droits aux niveaux national et international.

Article 17

Afin de promouvoir et de faire respecter les droits fondamentaux des animaux, des personnes devraient être désignées à qui seront confiés les mandats et pouvoirs légaux pertinents. Les autorités de protection des animaux et de la nature devraient se voir déléguer le pouvoir d'engager des poursuites judiciaires pour la défense des animaux.

Chapitre 9

CONCLUSION

9.1 À LA RECHERCHE D'UN NOUVEAU PARADIGME

Le paradigme est un modèle, un modèle d'appréciation et d'explication pour guider la description et la compréhension de la réalité environnante. Le changement de paradigme se produit lorsque nous éveillons notre conscience et sommes capables de reconnaître les défauts et les idées fausses de la pensée actuelle. Il n'est pas facile de convertir des scientifiques. Ils sont souvent enracinés dans ce qui ne va pas. La crise planétaire a donné naissance à un paradigme holistique, réorienté par une vision du monde. Holos, en grec, signifie «tout» et l'holistique vise à unir le tout par rapport à ses parties.

Plusieurs découvertes scientifiques ont donné naissance au modèle holographique: *la théorie électronique de Faraday Maxwuell; Théorie de Quanta de Max Plank; La théorie de la relativité* d'Albert Einstein; et le *principe d'incertitude* de Werner Heisenberg.

À l'époque de Newton, l'univers ressemblait à une sorte de monarchie solaire ou stellaire, où les systèmes solaire et stellaire donnaient des ordres de répulsion et d'attraction, et ceux-ci obéissaient à l'autorité solaire, dans un régime d'autorité et d'obéissance. De nos jours, Einstein a vu dans l'univers une cosmocratie fascinante, dont le souverain n'a pas de position définie, pas de rayonnement central, mais est présent et agit, simultanément dans chaque atome.[1] Le concept de force mécanique centrale a été remplacé par la vue de la présence organique.

Fritjof Capra[2] discute de la pensée du nouveau paradigme de la science. Pour Capra, le nouveau paradigme peut être appelé holistique, écologique ou systémique. Non seulement il considère quelque chose comme une totalité, mais aussi comment il est intégré dans de plus grandes totalités. Il déclare que la vision du monde qui émerge aujourd'hui de la science moderne est écologique et que la perception écologique à son niveau le plus profond est la perception spirituelle ou religieuse. Et c'est pourquoi le nouveau paradigme, à l'intérieur et à l'extérieur de la science, s'accompagne d'une nouvelle augmentation de la spiritualité centrée sur la Terre. La découverte de l'interdépendance globale nous amène à distinguer entre écologie profonde et écologie superficielle. Dans l'écologie superficielle, les humains sont placés au-dessus ou en dehors de la nature, et bien sûr cette perspective est en accord avec la domination de la nature. Il donne à la nature une valeur d'usage. Elle ne s'intéresse à la défense de la nature que pour l'usage et la jouissance de l'homme. Quant aux écologistes profonds, ils voient les êtres humains comme une partie intrinsèque de la nature, comme rien de plus qu'un tissu sur le fil de la vie. Le nouveau paradigme reconnaît tout d'abord que le monde est vivant, un système vivant.

Dans le nouveau paradigme, la science doit concevoir la réalité comme un réseau de relations. Le champ d'action englobe un réseau de relations intrinsèquement dynamiques qui ne traitent pas de vérités exactes.

Dans le nouveau paradigme, il est reconnu que toutes les découvertes sont limitées et approximatives, et que la science ne peut jamais fournir une compréhension complète et définitive de la réalité.

Le moment est venu de revenir à l'ensemble des choses et à la communauté scientifique, en adoptant également ce nouveau paradigme pour les sciences sociales. Ce qu'il nous faut récupérer maintenant, c'est la science de la sagesse, en tant qu'art de vivre et de survivre.

---

[1] ROHDEN, Huberto. *Sabedoria das parábolas*. 3.ed., São Paulo: Alvorada, p. 181.

[2] CAPRA, Fritjof. *Pertencendo ao universo*. São Paulo: Cultrix, 1991, p. 11.

EDNA CARDOZO DIAS ▌——

Nous devons rechercher la réunion de la science avec sagesse pour établir des normes pour un partenariat de survie. L'essentialité de l'autre et de la nature exige que les sciences sociales, comme les sciences exactes, adoptent un nouveau paradigme, le paradigme holistique. Ce nouveau paradigme exige le développement d'une holoépistémologie capable de soutenir l'évolution créatrice des connaissances, ainsi qu'une harmonie de l'être.

La science doit viser à construire un monde plus pacifique, plus juste et plus hospitalier, pas seulement pour l'homme, mais pour tous ceux qui y vivent. Les universités doivent œuvrer pour l'éveil croissant d'un grand nombre d'individus. Chaque professionnel doit apprendre à être un homme intégral. L'homme intégral est un homme cosmique et doit apprendre à équilibrer son intérieur avec les périphéries humaines. Il est cosmique car il est régi par les mêmes lois qui régissent le monde extérieur. L'homme a réussi à sophistiquer ses machines, mais maintenant il doit étendre son cœur, ses sentiments, son amour et son âme à chaque famille humaine, chaque être, la planète et l'univers.

9.2 LA NOUVELLE ÉTHIQUE

La crise des valeurs laisse sa marque non seulement sur la destruction de la nature mais aussi sur les structures sociales. Par conséquent, l'engagement éthique ne peut être détaché de la justice. L'injustice sociale est liée à la destruction de la nature et à la violence contre les animaux. La restauration de la justice et la protection des animaux devront se conjuguer.

Des études montrent que la cruauté envers les animaux est une première étape pour un criminel potentiel. La vie des meurtriers de masse et des criminels violents montre qu'en tant qu'enfants, ils ont infligé des mauvais traitements aux animaux.

Albert Desalvo, le violeur de Boston, dans sa jeunesse enfermait des chiens et des chats dans des caisses d'oranges et tirait des flèches sur les planches.[3]

---

[3] TRENT, Neil. *Crueldade animal*. Passos iniciais de um potencial criminoso. Conferência proferida no dia 15/10/98, em São Paulo. *In: Anais do II Congresso Brasileiro do Bem- Estar Animal*, p. 37.

En 1973, Desalvo a été retrouvé mort dans sa cellule, poignardé au cœur.

Jeffrey L. Dahmer, un tueur en série et déviant sexuel, a avoué avoir cannibalisé dix-sept hommes et garçons. Enfant, elle empalait des grenouilles, des chiens décapités et des chats chevillés dans les arbres de sa cour. En février 1992, il a été condamné et tué en 1994 par un autre stagiaire.[4]

Ted Bundy, tueur en *série et violeur* (1973 à 1978), a été exécuté en 1989. Durant son enfance, il a torturé des animaux et a été témoin de la brutalité de son père contre les animaux.[5]

En 1998, il y a eu un massacre en Arkansas, aux États-Unis, qui a horrifié le monde. Mitchel Johnson, 13 ans, et Andrew Golden, 11 ans, ont tué plusieurs personnes à la Jonesboro Public School deux jours après un violent massacre de garçons dans cet état. Dans une interview à la télévision CNN diffusée sur des chaînes du monde entier, les parents des garçons ont avoué avoir appris aux enfants à tirer tôt et les ont emmenés chasser avec des adultes.[6]

Tant que nous gardons des animaux dans des cages, nos prisons sont toujours pleines; tant que nous tuerons des animaux, les homicides proliféreront; tant qu'il y aura un abattage d'animaux, il y aura des guerres. Tout ce qui arrive aux animaux arrive aux hommes. Il y a une relation en tout. Le bien et le mal sont dans le cœur des hommes. C'est dans l'esprit des hommes que les guerres commencent.

Pour reconnaître les droits des animaux, l'homme doit repenser beaucoup de choses, changer ses habitudes, changer sa relation avec l'environnement. Peu de gens sont intéressés à le faire ou voient des raisons de le faire. Mais les nouveaux paradigmes de la physique théorique nous donnent des raisons de réévaluer notre façon de penser et d'interagir avec tout ce qui vit dans le monde.

---

[4] TRENT, Neil. *Ibidem.*
[5] TRENT, Neil. *Ibidem.*
[6] Jornal *Estado de Minas*. Belo Horizonte, 27 de março de 1998, p. 20.

9.3 LE PUZZLE COSMIQUE

Aujourd'hui, la philosophie et la science admettent déjà l'unité du cosmos. Et dans cette unité, il n'y a pas de hiérarchie. Les composants des atomes et des particules atomiques sont des schémas dynamiques qui n'existent pas en tant qu'entités isolées mais en tant que parties d'un réseau indissociable d'interactions. Les physiciens modernes nous montrent que toute la matière – à la fois sur Terre et dans l'espace – est engagée dans une danse cosmique continue. Tout dans l'espace est connecté à tout le reste, et aucune partie de celui-ci n'est fondamentale. Les propriétés de n'importe quelle pièce ne sont pas déterminées par une loi fondamentale, mais par les propriétés de toutes les autres pièces. Le physicien Heisenberg, en étudiant le monde matériel, nous a montré l'unité essentielle de toutes choses et événements. Le monde est impliqué dans une grande unité; aucun élément n'est isolé, ni dans son étendue actuelle, ni dans son histoire. Les atomes et les mondes sont portés par une seule impulsion, et le résultat est la vie.

Les physiciens modernes croient que le monde apparent n'est qu'une projection du monde mental et que, en un sens, chaque objet constitue un tout indivisible. Cela rend la division entre l'esprit et la matière indéfendable. George Wald, prix Nobel de physique / 1967, estime que l'univers matériel a été généré par une conscience qui a amené la vie dans ses diverses formes de conscience.

La philosophie orientale a toujours soutenu que l'espace et le temps sont des constructions de l'esprit. L'espace et le temps ne s'appliquent qu'à notre idée de particularisation. Les mystiques associent les notions d'espace et de temps à des états de conscience particuliers.

La *théorie de la relativité* a révélé que toutes les mesures de l'espace et du temps sont relatives et dépendent de l'observateur. Enstein a dit que le temps est relatif. Les informations présentes, passées et futures se superposent au présent, dans une courbure spatiale continue. Cela implique qu'un atome, indépendamment d'être dans un ensemble d'atomes, n'est pas seulement une partie de celui-ci, mais un microcosme de l'ensemble, et contient tout le potentiel illimité. tout comme l'univers où il réside.

9.4 LE RÉSEAU IMPLIQUE TOUS

Les physiciens modernes nous ont également montré que le mouvement et le rythme sont des propriétés essentielles de la matière.

Le contenu de l'univers est une force vibratoire mathématique. Le système génétique qui fait un oiseau ou un enfant est une formule mathématique et chimique. Le rythme de notre cœur est un nombre. Ainsi nos cœurs battaient à leur rythme. Le soleil, dans son cycle, entraîne également l'énergie qui circule dans le système solaire. C'est pourquoi une partie de l'équation ne peut pas être annulée sans que ses autres parties soient affectées. Tout le mal que l'homme fait à la nature finira par frapper l'homme lui-même.

Nous faisons tous partie de l'univers, tous frères et sœurs, des particules élémentaires, des quaks, des pierres aux limaces, des animaux, des humains, des étoiles aux galaxies. Toutes les formes de vie sur terre sont liées. Nous avons une chimie organique commune et un héritage évolutif. Si nous remontons dans le temps, nous pourrions trouver un ancêtre commun, donc la chimie de l'homme ressemble à la chimie des plantes. Si nous étudions la machinerie moléculaire de la vie, nous verrons que nous sommes essentiellement identiques aux arbres. Comme eux, nous utilisons des acides nucléiques comme matériel génétique, nous utilisons des protéines pour contrôler la chimie cellulaire et, surtout, nous utilisons le même code pour traduire les informations sur les acides nucléiques en informations sur les protéines. Nous sommes tous - des arbres, des humains, des poissons, des vers et des bactéries - issus d'une seule instance commode de l'origine de la vie il y a des milliards d'années dans les premiers jours de la planète.

Nous venions tous de la sphère d'origine, où nous étions tous ensemble. Nous avons également une structure commune avec les éléments qui, à l'exception de l'hydrogène, ont tous été produits dans les étoiles il y a des milliards d'années, avec le même code génétique que tous les êtres vivants: l'oxygène (65%), le carbone (18%), hydrogène (10%), etc. Nous formons une communauté cosmique, avec une origine et un destin communs. Donc, pour être bien avec nous, nous devons être bien avec tout. Nous devons être bien avec la Terre, notre mère et tout ce qui l'habite pour être bien avec nos semblables. Notre corps physique est une mini nature qui a tout ce que la Terre Mère a.

La vie et la mort des étoiles semblent incroyablement éloignées des vies humaines, pourtant nous sommes très étroitement liés à leur vie. Ce dont nous étions faits a été créé il y a longtemps dans une étoile rouge géante. La formation de la terre peut être due à une étoile supernova. Après que le soleil a allumé sa lumière ultraviolette et est entré dans notre atmosphère, sa chaleur a généré des éclairs et ces sources d'énergie ont déclenché la vie. La vie sur terre vient de la chaleur du soleil et de sa lumière. La lumière du soleil, parcourant 300 000 km par seconde, nous parvient en huit minutes sous forme de rayonnement électromagnétique. Les plantes récoltent la lumière du soleil et les transforment en énergie chimique. Nous et les autres animaux sommes des parasites des plantes; nous sommes donc tous à énergie solaire. Nos ancêtres adoraient donc le soleil, nous sommes ses enfants.

C'est la même conclusion que les mystiques viennent du royaume intérieur, tandis que les physiciens viennent du royaume extérieur.

Cette nouvelle façon dont les physiciens nous montrent l'Univers est l'essence du Tao, fondé par Lao Tzu, et du Zen, qui nous apprend à ne pas nous accrocher à la pensée des contraires, des contraires. L'être, dans sa plénitude, est uni à tout ce qui vit. Cette unité supprime toutes les différences. L'enseignement de l'unité est l'essence du Zen et du Tao.

C'est aussi la vision du monde des pré-Socrates, qui ont donné au cosmos une âme: logos, le principe est l'âme du monde.

La différence entre la vision du monde pré-socratique et celle des sociétés orientales est qu'elles sacrifient la nature tandis que les Grecs interrogent sa nature pour découvrir son secret.

Cette théorie renaît sous le nom de Gaia, la terre vivante, à travers le biologique anglais James Lovelock, pour qui la terre est un être vivant, capable de se réguler et de réguler son propre climat.

Nous revenons à la vision holistique du grec légendaire qui habitait les logos.

9.5 RECONNAISSANCE DES DROITS DES ANIMAUX

Pour reconnaître les droits des animaux, nous devons repenser beaucoup de choses et changer nos relations avec l'environnement. Les animaux sont des êtres qui, comme l'homme, sont profondément absorbés par l'aventure de la vie. Celui qui n'a pas de compassion pour les animaux n'a pas le droit de parler de torture humaine. Aux mains des justes, tout ce qui vit est sacré.

Le mouvement de libération animale exigera plus d'altruisme que tout autre (féminisme, racisme ...), car les animaux ne peuvent pas exiger eux-mêmes la libération. En tant qu'êtres conscients, nous avons le devoir non seulement de respecter toutes les formes de vie, mais de prendre des mesures pour éviter la souffrance des autres êtres.

Les humains sont les seuls êtres qui sont en mesure d'aider et de guider les moins développés, donnant l'exemple de la coopération et de l'aide. Ce sont les seuls êtres capables de se transformer et de transformer le monde.

Un jour, l'homme découvrira une puissance supérieure à la puissance atomique – celle de l'amour. Le véritable amour, le seul capable de transformer le monde. Ce jour-là, l'homme se rendra compte qu'il a un devoir cosmique, et alors seulement il pourra dire qu'il est le roi de toute la création, le fils de Dieu sur la terre.

RÉFÉRENCES BIBLIOGRAPHIQUES

ALEMANHA. BGB – German Bürgerliches Gesetzbuch. 18 August 1896. [Civil Code in the version promulgated on 2 January 2002]. Disponível em: <https://www.gesetze-im-internet.de/englisch_bgb/englisch_bgb.pdf>. Acesso em: 4 abr. 2018.

ALVAREZ Fernando D. "Derecho del Mercosur y la integracional". Revista de Derecho Internacional y del Mercosur, n.º 1, fevereiro de 2003, Síntese Editora, pg.51.

ANASTASIA, Antônio Augusto. Projeto de Lei do Senado n° 351, de 2015. Acrescenta parágrafo único ao art.82, e inciso IV ao art. 83 da Lei nº 10.406, de 10 de janeiro de 2002 (Código Civil), para que determinar que os animais não serão considerados coisas. 10/06/2015a. Disponível em: <https://legis.senado.leg.br/sdleg-getter/documento?dm=581805&disposition=inline>. Acesso em: 16 maio 2018.

ANASTASIA, Antônio Augusto. **Projeto de Lei n° 351, de 2015.** Acrescenta parágrafo único ao art.82, e inciso IV ao art. 83 da Lei nº 10.406, de 10 de janeiro de 2002 (Código Civil), para que determinar que os animais não serão considerados coisas. Tramitação no Senado Federal. Disponível em: <https://www25.senado.leg.br/web/atividade/materias/-/materia/121697>. Acesso em: 16 maio 2018.

ANASTASIA, Antônio Augusto. **Projeto de Lei n° 3670, de 2015.** Altera a Lei nº 10.406, de 10 de janeiro de 2002 (Código Civil), para determinar que os animais não sejam considerados coisas, mas bens móveis para os efeitos legais, salvo o disposto em lei especial. Apresentado na Câmara dos Deputados em 18/11/2015b. Disponível em: <http://www.camara.gov.br/proposicoesWeb/fichadetramitacao?idProposicao=2055720>. Acesso em: 16 maio 2018.

ANASTASIA, Antônio Augusto. Projeto de Lei n° 3670, de 2015. **Parecer da Comissão de Constituição e Justiça e de Cidadania da Câmara dos Deputados.** Aprovado em 8 ago. 2017. Disponível em: <http://www.camara.gov.br/proposicoesWeb/prop_mostrarintegra?codteor=1519300&filename=Parecer-CMADS-20-12-2016>. Acesso em: 16 maio 2018.

ANASTASIA, Antônio Augusto. Projeto de Lei n° 3670, de 2015. **Parecer da Comissão de Meio Ambiente e Desenvolvimento Sustentável da Câmara dos Deputados.** 30 nov. 2016. Disponível em: <http://www.camara.gov.br/proposicoesWeb/prop_mostrarintegra?codteor=1519300&filename=Parecer-CMADS-20-12-2016>. Acesso em: 16 maio 2018.

ANTOINE, Suzanne. **Le droit de l'Animal.** Paris: Legis-France, 2007.

ANTOINE, Suzanne. **Raport sur le regime juridique de l'animal.** Paris: Ministère de la Justice, 10 mai 2005. Disponível em: <http://www.ladocumentationfrancaise.fr/var/storage/rapports-publics/054000297.pdf>. Acesso em: 25 abr. 2018.

ANTUNES, Paulo de Bessa. Curso de direito ambiental. Rio de Janeiro: Renovar, 1992.

ARISTÓTELES, A política. Marias Jullien y Araujo Maria. Madrid: Instituto de Estudos Políticos, 1951.

ARISTÓTELES. Politique. Paris. PRÉLOT Marcel, Presses Universitaires de France, 1950.

*ÁUSTRIA. **ABGB – Allgemeines bürgerliches Gesetzbuch.** 1. Juni 1811. Disponível em:* <https://www.jusline.at/gesetz/abgb>. *Acesso em: 4 abr. 2018.*

BACON, Francis. Novo organum, São Paulo: Abril Cultural, 1979 (Os Pensadores).

BARACHO JUNIOR, José Alfredo de Oliveira. Responsabilidade civil por dano ao meio ambiente. Belo Horizonte: Del Rey, 2000.

BARLOY, OJEIH-BON DE BROWER, COLEMAN, FEDI-MATHIEU, NUSSBAUMER BUCHWALD, ANDEREGG. La parole du medicins de la Limav. Suíça: ATRA, 1990.

BOBBIO, Norberto. Locke e o direito natural. Brasília: UnB, 1997.

BOCQUET, Edmond. La protection des animaux dans législations française et étrangères. Paris: L'Institut de Criminologie de l' Université de Paris, 1933.

BOFF, Leonardo e PORTO, Nelson Francisco de Assis. Homem do paraíso. Petrópolis: Vozes, 1986.

BOFF. Ecologia, grito da terra, grito dos pobres. São Paulo: Ática, 1996.

BOFF. Nova era: a civilização planetária. São Paulo: Ática, 1994.

BOHM, David. A totalidade e a ordem implicada: uma nova percepção da realidade. São Paulo: Cultrix, 1992.

BON DE BROWER, BUCH WALD-FRANKEN, COLEMAN, KRUMBIEGEL, DESSARAT, LEVIN, MECHERI, FEDI, NOTO, NUSSBAUMER, SCHALLER-TARRO, CHOUKOWSKI. Medici per labolizione della vivisezione. Suíça: ATRA, 1990.

BORNHEIM, Gerd. Os filósofos pré-socráticos. São Paulo: Cultrix, 1971.

BRANDÃO, Dênis e CREMA, Roberto. O novo paradigma holístico: ciência, filosofia, arte e mística. São Paulo: Summus, 1991.

BRASIL. Lei n. 10.519, de 17 de julho de 2002. Dispõe sobre a promoção e a fiscalização da defesa sanitária animal quando da realização de rodeio e dá outras providências. Disponível em: <http://www.planalto.gov.br/ccivil_03/Leis/2002/L10519.htm>. *Acesso em: 20 dez. 2014.*

BRASIL. Conselho Nacional do Meio Ambiente – CONAMA. *Resolução n. 237, de 19 de dezembro de 1997.* Disponível em: <http://www.mma.gov.br/port/conama/res/res97/res23797.html>. Acesso em: 28 jun. 2013.

BRASIL. *Conselho Nacional do Meio Ambiente – CONAMA.* Resolução n. 457, de 25 de junho de 2013. *Dispõe sobre o depósito e a guarda provisórios de animais silvestres apreendidos ou resgatados pelos órgãos ambientais integrantes do Sistema Nacional do Meio Ambiente, como também oriundos de entrega espontânea, quando houver justificada impossibilidade das destinações previstas no § 1º do art. 25, da Lei nº 9.605, de 12 de fevereiro de 1998, e dá outras providências. Disponível em: http://www.editoramagister. com legis_24562269_RESOLUCAO_N_457_DE_25_DE_JUNHO_DE_2013. aspx>. Acesso em: 28 jun. 2013.*

BRASIL. Constituição da República Federativa do Brasil de 1988. Disponível em: <http://www.planalto.gov.br/ccivil_03/constituicao/constituicao.htm>. *Acesso em: 25 maio 2013.*

BRASIL. Constituição da República Federativa do Brasil de 1988. *Disponível em: <https:/ /www.planalto.gov.br/Ccivil_03/Constituicao/Constituicao.htm>. Acesso em: 10 out. 2014.*

BRASIL. *Constituição de República Federativa do Brasil de 1988*. Disponível em: <http:/ /www.planalto.gov.br/ccivil_03/constituicao/constituicaocompilado.htm>. Acesso em: 25 maio 2013.

BRASIL. *Decreto n. 6.514, de 22 de julho de 2008*. Dispõe sobre as infrações e sanções administrativas ao meio ambiente, estabelece o processo administrativo federal para apuração destas infrações, e dá outras providências. Disponível em: <http://www.planalto.gov.br/ ccivil_03/_ato2007-2010/2008/decreto/D6514.htm>. Acesso em 28 jun. 2013.

BRASIL. *Decreto n. 76.623, de 17 de novembro de 1975*. Promulga a Convenção sobre Comércio Internacional das Espécies da Flora e Fauna Selvagens em Perigo de Extinção. Disponível em: <http://www.planalto.gov.br/ccivil_03/decreto/Antigos/D76623.htm>. Acesso em: 20 jun. 2013).

BRASIL. Instituto Brasileiro do Meio Ambiente e dos Recursos Naturais Renováveis – IBAMA. *Portaria n. 29, de 24 de março de 1994*. Disponível em: <http:// licenciamento.cetesb.sp.gov.br/legislacao/federal/portarias/1994_Port_IBAMA_29.pdf>. Acesso em: 28 jun. 2013.

BRASIL. Instituto Brasileiro do Meio Ambiente e dos Recursos Naturais Renováveis – IBAMA. Portaria n. 93, de 7 de julho de 1998. Disponível em: <http:// servicos.ibama.gov.br/ctf/manual/html/042200.htm>. Acesso em: 23 maio 2013.

BRASIL. Instituto Brasileiro do Meio Ambiente e dos Recursos Naturais Renováveis – IBAMA. *Portaria n. 102, de 15 de julho de 1998*. Normatiza os Criadores Comerciais de Fauna Silvestre Exótica. Disponível em: https://www.google.com.br/ url?sa=t&rct=j&q=&esrc=s&source=web&cd=1&cad=rja&ved=0CC0QFjAA&url= http%3A%2F%2Fwww.ibama.gov.br%2Findex.php%3Foption%3Dcom_phocadownload% 26view%3Dcategory%26download%3D5572%3A1998_portaria-102-98-Criador_Comercial_Fauna_Exotica%26id%3D77%3ALegisla%25C3%25A7%25C3%25A3o_Fauna&ei=YuDBUZzAMYvm8wSq4YHAAw&usg=AFQjCNGJOi_HVSFIoeNu2SfQBCg6wY EApA&sig2=_umW812Y6OOpoFuH55b6ww>. Acesso em: 1° junho 2013.

BRASIL. Instituto Brasileiro do Meio Ambiente e dos Recursos Naturais Renováveis – IBAMA. *Portaria n. 108, de 06 de outubro de 1994*. Disponível em: <https:// www.google.com.brurl?sa=t&rct=j&q=&esrc=s&source=web&cd=1&cad=rja&ved= 0CC0QFjAA&url=http%3A%2F%2Fwww.ibama.gov.br%2Findex.php%3Foption%3 Dcom_phocadownload%26view%3Dcategory%26download%3D1191%3Ap-_108_94.p%26id%3D49%3A__%26Itemid%3D331&ei=HuHBUbqmG5Ti8gTN1oC4DQ&usg= AFQjCNGGVp67zRF4P4xdtQBKW4VUHffH7w&sig2=drjfH1oHEw3aQGNw1YVF_g>. Acesso em: 1° jun. 2013.

BRASIL. Instituto Brasileiro do Meio Ambiente e dos Recursos Naturais Renováveis – IBAMA. *Portaria n. 139-N, de 29 de dezembro de 1993*. Disponível em: <https:// www.google.com.brurl?sa=t&rct=j&q=&esrc=s&source=web&cd=1&cad=rja&ved= 0CC0QFjAA&url=http%3A%2F%2Fwww.ibama.gov.br%2Findex.php%3Foption%3 Dcom_phocadownload%26view%3Dcategory%26download%3D1199%3Ap-_139_93.p%26id%3D49%3A__%26Itemid%3D331&ei=o9vBUdnJGYmI9QTVs4Gw BA&usg=AFQjCNG1k7KeSUSt7sw8xJx-oHTVRv5kxQ&sig2=Ii8BpiJV7fIiFq69CuDWTQ>. Acesso em: 30 maio 2013.

BRASIL. *Lei Complementar n. 140, de 8 de dezembro de 2011. Fixa normas, nos termos dos incisos III, VI e VII do caput e do parágrafo único do art. 23 da Constituição Federal, para a cooperação entre a União, os Estados, o Distrito Federal e os Municípios nas ações administrativas decorrentes do exercício da competência comum relativas à proteção das paisagens naturais notáveis, à proteção do meio ambiente, ao combate à poluição em qualquer de suas formas e à preservação das florestas, da fauna e da flora; e altera a Lei n 6.938, de 31 de agosto de 1981. Disponível em:* <http://www.planalto.gov.br/ccivil_03/leis/lcp/Lcp140.htm>. *Acesso em: 30 maio 2013.*

BRASIL. *Lei n. 10.220, de 11 de abril de 2001. Institui normas gerais relativas à atividade de peão de rodeio, equiparando-o a atleta profissional. Disponível em:* <http://www.planalto.gov.br/ccivil_03/Leis/LEIS_2001/L10220.htm>. *Acesso em: 20 dez. 2014.*

BRASIL. *Lei n. 10.406, de 10 de janeiro de 2002. Institui o Código Civil. Disponível em:* <http://www.planalto.gov.br/ccivil_03/leis/2002/L10406compilada.htm>. *Acesso em: 30 maio 2013.*

BRASIL. *Lei n. 10.406, de 10 de janeiro de 2002. Institui o Código Civil. Diário Oficial da União, 11 jan. 2002. Disponível em:* <http://www.planalto.gov.br/ccivil_03/leis/2002/l10406compilada.htm>. *Acesso em: 4 abr. 2018.*

BRASIL. *Lei n. 5.197, de 3 de janeiro de 1967. Dispõe sobre a proteção à fauna e dá outras providências. Disponível em:* <http://www.planalto.gov.br/ccivil_03/leis/l5197.htm>. *Acesso em: 25 maio 2013.*

BRASIL. *Lei n. 6.938, de 31 de agosto de 1981. Dispõe sobre a Política Nacional do Meio Ambiente, seus fins e mecanismos de formulação e aplicação, e dá outras providências. Disponível em:* <http://www.planalto.gov.br/ccivil_03/leis/L6938compilada.htm>. *Acesso em: 25 maio 2013.*

BRASIL. *Lei n. 9.605, de 12 de fevereiro de 1998. Dispõe sobre as sanções penais e administrativas derivadas de condutas e atividades lesivas ao meio ambiente, e dá outras providências. Disponível em:* <http://www.planalto.gov.br/ccivil_03/leis/l9605.htm>. *Acesso em: 28 jun. 2013.*

BRASIL. *Lei n. 9.605, de 12 de fevereiro de 1998. Dispõe sobre as sanções penais e administrativas derivadas de condutas e atividades lesivas ao meio ambiente, e dá outras providências. Disponível em:* <http://www.planalto.gov.br/ccivil_03/leis/l9605.htm>. *Acesso em: 10 dez. 2014.*

BRASIL. *Lei nº 10.406, de 10 de janeiro de 2002. Institui o Código Civil. Disponível em:* <http://www.planalto.gov.br/ccivil_03/leis/2002/l10406.htm>. *Acesso em: 13 set. 2014.*

BRASIL. *Lei nº 5.197, de 3 de janeiro de 1967. Dispõe sobre a proteção à fauna e dá outras providências. Disponível em:* < http://www.planalto.gov.br/ccivil_03/leis/l5197.htm>. *Acesso em: 13 set. 2014.*

BRASIL. *Lei nº 6.938, de 31 de agosto de 1981. Dispõe sobre a Política Nacional do Meio Ambiente, seus fins e mecanismos de formulação e aplicação, e dá outras providências. Disponível em:* <http://www.planalto.gov.br/ccivil_03/leis/l6938.htm>. *Acesso em: 13 set. 2014.*

BRASIL. *Lei nº 9.605, de 12 de fevereiro de 1998. Dispõe sobre as sanções penais e administrativas derivadas de condutas e atividades lesivas ao meio ambiente, e dá outras* *providências. Disponível em: <http://www.planalto.gov.br/ccivil_03/leis/l9605.htm>. Acesso em: 13 set. 2014.*

BRASIL. Superior Tribunal de Justiça. *Conflito de Competência 114.798/RJ.* Suste: Juízo Federal do Primeiro Juizado Especial de Nova Iguaçu - SJ/RJ. Susdo: Juízo de Direito do Primeiro Juizado Especial Criminal de Nova Iguaçu – RJ. Rel. Min. Maria Thereza de Assis Moura. J. 14.03.2001. Disponível em: <https://ww2.stj.jus.br/revistaeletronica/Abre_Documento.asp?sLink=ATC&sSeq=14442727&sReg=201002032280&sData=20110321&sTipo=91&formato=PDF>. Acesso em: 26 jun. 2013.)

BRASIL. Superior Tribunal de Justiça. *Recurso Especial n. 1.115.916-MG.* Recte: Município de Belo Horizonte. Recdo: Ministério Público do Estado de Minas Gerais. Rel. Min. Humberto Martins. 2ª Turma. J. 01.09.2009. Disponível em: <https://ww2.stj.jus.br/revistaeletronica/Abre_Documento.asp?sLink=ATC&sSeq=5764421&sReg=200900053852&sData=20090918&sTipo=91&formato=PDF>. Acesso em: 1º jun. 2013.

BRASIL. Superior Tribunal de Justiça. *Súmula n. 91, de 21/10/1993.* Compete à Justiça Federal processar e julgar os crimes praticados contra a fauna. DJ 26.10.1993 - Cancelada em 08/11/2000. Disponível em: <http://www.dji.com.br/normas_inferiores/regimento_interno_e_sumula_stj/stj__0091a0120.htm>. Acesso em: 28 jun. 2013.

BRASIL. Supremo Tribunal Federal. *Ação Direta de Inconstitucionalidade 1856/RJ.* Reqte: Procurador-Geral da República. Intdo: Governador do Estado do Rio de Janeiro. Intdo: Assembleia Legislativa do Estado do Rio de Janeiro. Rel. Min. Celso de Mello. Tribunal Pleno. J. 26.05.2011. Dje 14.10.2011. Disponível em: <http://www.stf.jus.br/portal/jurisprudencia/listarJurisprudencia.asp?s1=%281856%2ENUME%2E+OU+1856%2EACMS%2E%29&base=baseAcordaos&url=http://tinyurl.com/c7orrln >. Acesso em: 30 jun. 2013.

BRASIL. Supremo Tribunal Federal. *Recurso Extraordinário 153531/SC.* **Recte: APANDE-Associação Amigos de Petrópolis Patrimônio Proteção aos Animais e Defesa da Ecologia e outros. Recdo: Estado de Santa Catarina. Rel. Min. Francisco Rezek. Rel. p/ Acórdão: Min. Marco Aurélio. Segunda Turma. J. 03.06.1997.** Disponível em: <http://redir.stf.jus.br/paginadorpub/paginador.jsp?docTP=AC&docID=211500>. Acesso em: 29 maio 2013.

BRASIL. Tribunal Regional Federal da 4ª Região. Apelação Criminal 2003.04.01.030669-0/RS. *Apte: Antonio Renato Martins Costa. Apdo: Ministério Público Federal. Rel. Élcio Pinheiro de Castro. DJU 12.11.2003, p. 606. Disponível em: http://www2.trf4.jus.br/trf4 controlador.php?acao=consulta_processual_resultado_ pesquisa&txtValor=20030401030669&selOrigem=TRF&chkMostrarBaixados= &todasfases=S&selForma=NU&todaspartes=&hdnRefId=a3649b0c95657ea707fe62261 4745c1d&txtPalavraGerada=hzwd&txtChave=>. Acesso em: 26 jun. 2013.*

Brasil
https://www.incqs.fiocruz.br/index.php?option=com_content&view=article&id=1152:concea-recebe-recomendacoes-do-bracvam-para-reconhecimento-de-metodos-alternativos-ao-uso-de-animais-em-laboratorios&catid=114&Itemid=166. Acessado em 20 de julho de 2018.

CANÇADO, Trindade. Meio ambiente e desenvolvimento*: formulação, natureza jurídica e implementação do direito ao desenvolvimento como um direito humano. Fortaleza: Revista da PGE, 1992.*

CAPRA, Fritjof. O tao da Física. São Paulo: Cultrix, 1983.

CAPRA, Fritjof. Pertencendo ao universo. São Paulo: Cultrix, 1991.

CAPRA, Fritjof. Pertencendo ao universo: explorações nas fronteiras da ciência e da espiritualidade. São Paulo: Cultrix, 1991.

CAPRA. O ponto de mutação. São Paulo: Cultrix, 1986.

CAPRA. O tao da física. São Paulo: Cultrix, 1996.

CAPRA. Sabedoria incomum. São Paulo: Cultrix, 1993.

CARRERA, Francisco José. Uma visão jurídica da biodiversidade, In: 5 anos após a Eco-92, Anais do II Congresso Internacional de Direito Ambiental.

CASTRO, Rodrigo. **Parecer da Comissão de Constituição e Justiça e de Cidadania da Câmara dos Deputados.** Projeto de Lei nº 3.670, de 2015. 2017a. Disponível em: < h t t p : / / w w w . c a m a r a . g o v . b r / p r o p o s i c o e s W e b / prop_mostrarintegra;jsessionid=12518823FBDBBFDC8C292DE225321C89. proposicoesWebExterno2?codteor=1575309&filename=Parecer-CCJC-04-07-2017>. Acesso em: 6 out. 2017.

CASTRO, Rodrigo. Parecer da Comissão de Constituição e Justiça e de Cidadania da Câmara dos Deputados. Projeto de Lei nº 3.670-B, de 2015 (Do Senado Federal). **Diário da Câmara dos Deputados**, p. 260-262, 11 ago 2017b. Disponível em: <http:// imagem.camara.gov.br/Imagem/d/pdf/DCD0020170811001360000.PDF#page=260>. Acesso em: 6 out. 2017.

CERCEL, Sevastian. **The juridical regime of animals according to the new romanian civil code.** Faculty of Law and Administrative Sciences, University of Craiova, Romania, 2011. Disponível em: <https://www.law.muni.cz/sborniky/dny_prava_2011/files/ prispevky/03%20ZVIRE/CERCEL_SEVASTIAN_%286999%29.pdf>. Acesso em: 4 abr. 2018.

CHENIQUE, François. O Yoga espiritual de São Francisco de Assis. São Paulo: Pensamento, 1978.

COELHO, Luiz Fernando. Introdução histórica da filosofia do direito. Rio de Janeiro: Forense, 1977.

COLATTO, Valdir et al. **Recurso contra apreciação conclusiva pelas Comissões do Projeto de Lei nº 3670, de 2015**, que altera a Lei nº 10.406, de 10 de janeiro de 2002 (Código Civil), para determinar que os animais não sejam considerados coisas, mas bens móveis para os efeitos legais, salvo o disposto em lei especial. 15/08/2017. Disponível e m : < h t t p : / / w w w . c a m a r a . g o v . b r / p r o p o s i c o e s W e b p r o p _ mostrarintegra;jsessionid=12518823FBDBBFDC8C292DE225321C89. proposicoesWebExterno2?codteor=1587148&filename=Tramitacao-PL+3670/2015>. Acesso em: 8 out. 2017.

COLEMAN Vernon. Experimentation animale. Arbedo, Suíça: Atra, 1992.

COMISSÃO INTERMINISTERIAL PARA PREPARAÇÃO DA CONFERÊNCIA DAS NAÇÕES UNIDAS SOBRE MEIO AMBIENTE E DESENVOLVIMENTO. O desafio do desenvolvimento sustentável. Relatório do Brasil para a Conferência das Nações Unidas *sobre Meio Ambiente e Desenvolvimento. Brasília: Imprensa Nacional, 1991.*

COMMISSION DES AFFAIRES JURIDIQUES DU CONSEIL DES ETATS. **Initiative parlementaire "Les animaux dans l'ordre juridique suisse"** - Rapport de la Commission des affaires juridiques du Conseil des Etats, du 25 janvier 2002. Disponível em: <https://www.admin.ch/opc/fr/federal-gazette/2002/3885.pdf>. Acesso em: 19 maio 2018.

CONFEDERAÇÃO NACIONAL DE RODEIOS – CNAR. Histórico da Lei do Rodeio. *Revista Rodeo Country. Notícias. Disponível em: <http://www.revistarodeocountry.com.br/ MATERIA-2.asp>. Acesso em: 8 dez. 2014a.*

CONFEDERAÇÃO NACIONAL DE RODEIOS – CNAR. Institucional – A CNAR. *Revista Rodeo Country. Notícias. Disponível em: <http://www.cnar.org.br/institucional/>. Acesso em: 13 out. 2014b.*

CONFEDERAÇÃO NACIONAL DE RODEIOS – CNAR. Selo verde *– Certificação Rodeio Legal. Disponível em: <http://www.cnar.org.br/selo_verde/>. Acesso em: 10 dez. 2014c.*

*CONZENDEY, Márcio. "*Incorporação das normas emanadas dos órgãos decisórios do Mercosul à ordem jurídica interna de seus mercados*" texto preparado para o seminário sobre Incorporação das Normas do Mercosul à Ordem Jurídica Interna. www.mercosul.gov.br*

COOPER, J.C. Taoísmos: *o caminho do místico. São Paulo: Martins Fontes, 1984.*

COOPER. Yin e yang: *a harmonia taoísta dos opostos. São Paulo: Martins Fontes, 1989.*

CREMA, Roberto. Introdução à visão holística *– Breve relato de viagem do velho ao novo paradigma. São Paulo: Summus Editorial, 1988.*

CREMA, Roberto. Introdução à visão holística*. São Paulo: Summus Editorial, 1988.*

CRETELLA JUNIOR, José. Comentários à Constituição brasileira de 1988. *Rio de Janeiro: Forense Universitária, 1991.*

CRETELLA JÚNIOR, José. Dos bens públicos no direito brasileiro. *São Paulo: Saraiva, 1969.*

CUSTODIO HELITA. Código de Proteção ao Meio Ambiente. São Paulo, Boletim de Direito Administrativo, *jul. 1991.*

CUSTÓDIO, Helita Barreira, Condutas lesivas à fauna silvestre. Revista de Direito Civil, Imobiliário, Agrário e Empresarial, *p. 87, ano 17, p. 87-107, abr./jun. 1993.*

D'AMBROSIO UBIRATAN, Conferência proferida no Seminário, ÉTICA ECOLÓGICA E EDUCAÇÃO PARA O ECO-DESENVOLVIMENTO, em 29 de setembro de 1998, em Belo Horizonte.

DAMIEN, Michel. L'animal, l' homme et Dieu. *Paris: Du Cerf, 1978.*

DE MALAFOSSE, Jehan. Le droit de la nature*. Paris: Montchrestien, 1973.*

DESCARTES, René. Discurso do método. *São Paulo: Abril Cultural, 1979 (Os Pensadores).*

DESSART, Francis. Une même terre, une même vie. *Arbedo, Suíça: Atra, 1993.*

DI BIASI, Francisco. O homem holístico: a unidade mente-natureza. *Petrópolis: Vozes, 1995.*

DI PIETRO, Maria Sylvia Zanella. Direito administrativo. *2. ed., São Paulo: Atlas, 1991.*

DI PIETRO, Maria Sylvia Zanella. *Direito Administrativo.* São Paulo: Atlas, 1999.

DIAS, Edna Cardozo. *Animais são protegidos por lei.* Jornal do Advogado, *Belo Horizonte, jan. 1993, p. 17.*

DIAS, Edna Cardozo. *Chegou a hora da farra do boi.* Revista Tudo, Comércio e Indústria, *Belo Horizonte, p 12, mar. 1990.*

DIAS, Edna Cardozo. *A tortura não é tradição nem cultura.* Meio Ambiente em Jornal. *Belo Horizonte: Edirel, p 23, mar.1993.*

DIAS, Edna Cardozo. *Atentado à fauna é crime.* Revista Tudo, Comércio e Indústria, *Belo Horizonte, p. 41, fev. 1988.*

DIAS, Edna Cardozo. *Briga de canários.* Revista Tudo, Comércio e Indústria, *Belo Horizonte, n. 258, p. 15, set. 1989.*

DIAS, Edna Cardozo. *Briga de galo.* Jornal O Povo, *Fortaleza, 16 abr.1995, p. 9.*

DIAS, Edna Cardozo. *Centenas de bois sacrificados.* Revista Tudo, Comércio e Indústria, *Belo Horizonte, n. 244, p.16, abr. 1988.*

DIAS, Edna Cardozo. *Devolução ao habitat.* Revista Tudo Comércio e Indústria, *n. 261, p. 30, maio 1990.*

DIAS, Edna Cardozo. *Farra do boi.* Jornal Folha do Taquara,: *Campinas, 4 abr.1997, p. 8.*

DIAS, Edna Cardozo. *Nova lei de crimes ambientais.* Meio Ambiente em Jornal. *Belo Horizonte: Edirel, p. 14, mar. 1998.*

DIAS, Edna Cardozo. *O animal nas principais religiões do mundo.* SOS Animal, *Belo Horizonte: Liga de Prevenção da Crueldade contra o Animal, n. 39, 1991.*

DIAS, Edna Cardozo. *O cão de combate, e sua história.* Jornal O Povo, *Fortaleza, 25 abr.1999, p. 5.*

DIAS, Edna Cardozo. O liberticídio dos animais. *Belo Horizonte, editado pela Liga de Prevenção da Crueldade contra o Animal,: 1996.*

DIAS, Edna Cardozo. *O ser humano faz parte da proteção dos animais.* Estado de Minas, *13 mar. 1998, Cad. Estado Ecológico, p. 7.*

DIAS, Edna Cardozo. *Proteção para a fauna exótica.* Revista Tudo, Comércio e Indústria. *Belo Horizonte: n. 246, jul.1988.*

DIAS, Edna Cardozo. *Rodeio é contravenção.* Revista Tudo, Comércio e Indústria.: *Belo Horizonte, n. 224, out. 1985.*

DIAS, Edna Cardozo. A defesa dos animais e as conquistas legislativas do movimento de proteção animal no Brasil. Fórum de Direito Urbano e Ambiental. – FDUA, *Belo Horizonte, Fórum, n. 17, p. 1918-1926, set./out. 2004.*

DIAS, Edna Cardozo. A questão da fauna na nova lei de crimes ambientais. Tribuna do Ceará, Fortaleza, 26 fev.1998.

DIAS, Edna Cardozo. A tutela jurídica dos animais. Mandamentos. Belo Horizonte, 2000
.

DIAS, Edna Cardozo. Bioética e direito dos animais. *Fórum de Direito Urbano e Ambiental – FDUA*, Belo Horizonte, Fórum, ano 8, n. 43, p. 16-21, jan./fev. 2009.

DIAS, Edna Cardozo. Bioética e direitos dos animais, **Fórum de Direito Urbano e Ambiental – FDUA**, Belo Horizonte, ano 8, n. 43, p. 16-21, jan/fev. 2009.

DIAS, Edna Cardozo. Briga de galo é sadismo, Jornal O Povo,. Ceará, 8 jan.1995, p. 23.

DIAS, Edna Cardozo. Canários de guerra, uma luta de morte. Jornal O Povo, Fortaleza, 7 maio 1995, p. 2.

DIAS, Edna Cardozo. Discurso de paraninfia, proferido na entrega de carteira de DIAS O advogado do novo milênio. Jornal do Conselho Federal da Ordem dos Advogados do Brasil, Brasília, n. 61, ano IX, 1998, p. 27.

DIAS, Edna Cardozo. Ecologistas processados por defenderem direito à vida. Meio Ambiente em Jornal, Belo Horizonte: Edirel, abr. 1993, p. 15.

DIAS, Edna Cardozo. Fundamentalidade dos direitos dos animais. Fórum de Direito Urbano e Ambiental – FDUA, Belo Horizonte, ano 10, n. 55, p. 41-45, jan./fev. 2011.

DIAS, Edna Cardozo. O animal e o Código Civil brasileiro. **Fórum de Direito Urbano e Ambiental – FDUA**, Belo Horizonte, ano 14, n. 81, p. 9-15, maio/jun. 2015.

DIAS, Edna Cardozo. Os animais como sujeitos de direito. Fórum de Direito Urbano e Ambiental – FDUA, Belo Horizonte, ano 4, n. 23, p. 2745-2746, set./out.2005.

DIAS, Edna Cardozo. Tutela jurídica dos animais. Belo Horizonte: Mandamentos, 2000.

DIAS, Edna Cardozo. Tutela jurídica dos animais. Belo Horizonte: Mandamentos, 2000.

DIAS, Edna Cardozo. Tutela jurídica dos animais. Belo Horizonte: Mandamentos, 2000.

DIAS, Edna Cardozo.. Quando o cavalo é escravo. Revista Tudo, Comércio e Indústria, Belo Horizonte: Revista Tudo, n. 231, jul. 1986.

DIAS, Edna Cardozo.. Farra do Boi. Revista Tudo, Comércio e Indústria, Belo Horizonte, n. 237, julho/1987.

DIAS, Edna Cardozo.. Lei de Proteção à Fauna e Crueldade contra os Animais. Conferência proferida na Escola de Advocacia da OAB, 1997, Datil, inédito.

DIAS, Edna Cardozo.. Manual de crimes ambientais. Belo Horizonte: Mandamentos, 1999.

DIAS, Edna Cardozo.. SOS animal, *Belo Horizonte: Liga de Prevenção da Crueldade contra o Animal, 1996.*

DIAS, Edna Cardozo.. *Tourada, involução humana. Jornal O Povo, Fortaleza, 28 abr. 1996, p. 2; e jornal* Guaypacaré, *Lorena-SP, 24 abr.1996, p. 5.*

DINIZ, Maria Helena. **Curso de Direito Civil Brasileiro.** *28. ed. São Paulo: Saraiva, 2011.*

DMARSKI. *Devemos intervir na predação? Artigos Richard D. Ryder. Tradução Sônia T. Felipe.* Pensata Animal, *n. 20, set. 2009. Disponível em: <http://www.pensataanimal.netindex.php?option=com_content&view=article&id=329:richard-d-ryder&catid=138 >. Acesso em: 24 set. 2014.*

DOLAN JR., Edward F. Animals rights. *New York, London, Toronto, Sydney: Franklin Walts, 1986.*

DOLAN, Edward F. Jr. *Animals rights.* New York, London, Toronto, Sydney: Franklin Warrs, 1986.

DOTTI, René A. *Ecologia (proteção penal no meio ambiente). In: ENCICLOPÉDIA Saraiva de Direito, São Paulo: Saraiva, 1977, v. 29.*

ÉTICA ANIMAL. **Declaração sobre a Consciência de Cambridge.** *Disponível em: <http://www.animal-ethics.org/declaracao-consciencia-cambridge/>. Acesso em: 18 maio 2018.*

FELDMAN, Fábio. Guia da ecologia. *São Paulo: Abril Cultural, 1992.*

FIORILLO, Celso Antonio Pacheco. *Curso de Direito Ambiental.* 14. ed. São Paulo: Saraiva, 2013.

FIORILLO, Celso Antônio Pacheco. Direito processual ambiental brasileiro. *Belo Horizonte: Del Rey, 1996.*

FIORILLO, Celso Antônio. Curso de Direito Ambiental Brasileiro. *15. ed. São Paulo: Saraiva, 2014.*

FIUZA, César. **Direito Civil:** *Curso Completo. 10. ed., rev., atual. e ampl. Belo Horizonte: Del Rey, 2007.*

FRANÇA. **Code Civil.** *21 mars 1804. (Dernière modification: 3 janvier 2018). Disponível em: <http://www.legifrance.gouv.fr affichCode.do?cidTexte=LEGITEXT000006070721&dateTexte=20150402>. Acesso em: 4 abr. 2018.*

FRANÇA. **Code rural et de la pêche maritime.** *Selon l'ordonnance no 2010-462, du 6 mai 2010. (Dernière modification: 29 avril 2018). Disponível em: <https://www.legifrance.gouv.fr affichCode.do?cidTexte=LEGITEXT000006071367&date Texte=20150402 >. Acesso em: 4 abr. 2018.*

FRANCIONE, Gary L. Animals as persons. *New York: Columbia University Press, 2008.*

FRANCIONE, Gary L. Animals, property and the law. *Philadelphia: Temple University Press, 1995.*

FREITAS, Gilberto Passos de e FREITAS Vladimir Passos de Crimes ambientais. *São Paulo: Revista dos Tribunais, 1995.*

FREITAS, Vladimir Passos de. Direito administrativo e meio ambiente. *Curitiba: Juruá 1993.*

FREITAS, Vladimir Passos de; FREITAS, Gilberto Passos de. *Crimes contra a natureza:* de acordo com a Lei 9.605/98. São Paulo: Revista dos Tribunais, 2006.

GAGLIANO, Pablo Stolze; PAMPLONA FILHO, Rodolfo. *Parte Geral. In:* _____. *Novo* **Curso de Direito Civil.** *8. ed. São Paulo: Saraiva, 2007. v. 1.*

GARD, Richard. Budismo. *Rio de Janeiro: Zahar, 1964.*

GASPARINI, Diógenes. Direito administrativo. *São Paulo: Saraiva, 1989.*

GIRA, Dennis. Budismo — *História e doutrina. Rio de Janeiro: Vozes, 1992.*

GLOWKA, Lyle et al. *1996.* Guia del Convenio sobre la Diversidade Biológica. *IUCN: Glande Cambridge, 1996.*

GORDILHO, Heron José de Santana. Abolicionismo animal. *Salvador: Evolução Editora, 2009.*

GORDILHO, José de Santana. *Abolicionismo animal.* Salvador: Evolução Editora, 2009.

GOSWAMI, Amit. O universo autoconsciente: *como a consciência cria o mundo material. Rio de Janeiro: Editora Rosa dos Tempos, 1992.*

GOVERNO DO BRASIL. CIMA: O desafio do desenvolvimento sustentável. *Relatório para a Conferência das Nações Unidas sobre Meio Ambiente e Desenvolvimento, Brasília: Imprensa Nacional, 1991.*

GRANZIERA, Maria Luiza Machado. *Direito Ambiental.* São Paulo: Editora Atlas, 2009.

HABERMAS, Jürgen. Consciência moral e agir comunicativo. *Rio de Janeiro: Tempo Brasileiro, 1989.*

HOBBES, Thomas. Leviatã ou matéria, forma e poder de um estado eclesiástico e civil. *Tradução de João Paulo Monteiro e Maria Beatriz Nizza da Silva, São Paulo: Abril Cultural, 1988, v. I e II (Os pensadores).*

HOBBES, Thomas. De cive. *Petrópolis: Vozes, 1993.*

HUNGRIA, Nelson. Comentários ao Código Penal. *2 ed., Rio de Janeiro: Forense, 1958.*

IBAMA. Lei n. 5.197, de 03 de janeiro de 1967. Dispõe sobre a proteção à fauna e dá outras providências. Disponível em: <http://www.planalto.gov.br/ccivil_03/Leis/L5197.htm>. Acesso em: 28 jun. 2013.

IBAMA. *Portaria n. 16, de 04 de março de 1994.* Disponível em: <http://www.ibama.gov.br/fauna/legislacao/port_16_94.pdf>. Acesso em: 20 jun. 2013.

INDEPENDENTES. Festa do Peão. História. *Disponível em: <http://www.independentes.com.br/festadopeao/historia>. Acesso em: 15 dez. 2014.*

IZAR, Ricardo. **Projeto de Lei n. 6.799-C, de 20 de novembro de 2013.** Acrescenta parágrafo único ao art. 82 do Código Civil para dispor sobre a natureza jurídica dos animais domésticos e silvestres, e dá outras providências. Tramitação. Disponível em: <http://www.camara.gov.br/proposicoesWeb/fichadetramitacao?idProposicao=601739>. Acesso em: 15 maio 2018.

JAIN, J.C. Jainismo, vida e obra de Mahavira Vardhamana. São Paulo: Palas Athena, 1982.

JORDY, Arnaldo. **Substitutivo ao Projeto de Lei n. 6.799-C**, de 20 de novembro de 2013. Acrescenta parágrafo único ao art. 82 do Código Civil para dispor sobre a natureza jurídica dos animais domésticos e silvestres, e dá outras providências. 08/04/2014. Disponível em: <http://www.camara.gov.br/proposicoesWeb/prop_mostrarintegra;jsessionid =F0FA5BDA670AEFB739050B30EA9E6174.proposicoesWebExterno1?codteor= 1386381&filename=Tramitacao-PL+6799/2013>. Acesso em: 18 abr. 2018.
JOURNAL OFFICIEL DES COMMUNAUTÉS EUROPÉENES, Législation, L 61, 40ᵃ anné, 3 mars, 1997.

JOURNAL OFFICIEL DES COMMUNAUTÉS EUROPÉENNES, L1, 38ᵃ année, 1ᵃ janvier, 1995.

KALMAR Jacques M. La vivisection de l'animal au foetus humain. Suíça, Genève: Les Bardes, 1987.

KEOHANE, Robert & HOFFMAN Stanley. The new European Community. Oxford, 1991.

KUHN, Thomas S. A estrutura das revoluções científicas. São Paulo: Perspectiva, 2013.

KUPSINEL, Roy. Vivisection, science or sham. USA: People for Reason in Science and Medicine, Woodland Hills: Atra, s./d.

LANZA, Robert. Biocentrismo. Pensar Além. Publicado em 21 de novembro de 2009. Disponível em: <http://pensaralem.wordpress.com/2013/11/21/biocentrismo-robert-lanza-2009/>. Acesso em: 4 set. 2014.

LAURO FILHO, Luiz. Parecer da Comissão de Meio Ambiente e Desenvolvimento Sustentável. Projeto de Lei nº 3.670-A, de 2015 (Do Senado Federal) - PLS nº 351/15 - Ofício nº 1.762/15 – SF. **Diário da Câmara dos Deputados**, p. 31-32., 7 fev. 2017. Disponível em: <http://imagem.camara.gov.br/Imagem/d/pdf/DCD0020170207000180000.PDF#page=31>. Acesso em: 21 maio 2018.

LEVAI, Laerte Fernando. Direito dos animais. 2. ed. Campos do Jordão: Editora Mantiqueira, 2004.

LEVAI, Laerte Fernando. Direito dos animais. Campos do Jordão: Mantiqueira, 1996.

Ligue Suisse contre la Vivisection. The replacement of animals in biomedical research. Coletânea de conferências realizadas no Congresso Internacional, em Geneva, Suíça, de 19 a 20 de junho de 1981.

LOCKE. Ensaio acerca do entendimento. São Paulo: Nova Cultural, 1997.

LOURENÇO, *Daniel Braga*. Direito dos animais. *Porto Alegre: Sergio Antônio Fabris,* 2008.

LOURENÇO, *Daniel Braga*. Direito dos animais: *fundamentação e novas perspectivas.* *Porto Alegre: Sergio Antônio Fabris, 2008.*

LOURENÇO, *Daniel Braga*. **Direito dos Animais**: *Fundamentação e novas perspectivas.* *Porto Alegre: Sergio Fabris Editores, 2008.*

LOVELOCK, *James* Segundo tratado sobre direito civil e outros escritos. *Tradução de Magda Lopes e Marisa Lobo Costa. Petrópolis: Vozes, 1994, (Clássicos do pensamento político).*

LOVELOCK, James. *Gaia*: um novo olhar sobre a vida na Terra. Lisboa: Edições 70, 1989.

MACHADO, *Paulo Affonso Leme* Estudos de direito ambiental. *São Paulo: Malheiros,* 1994.

MACHADO, *Paulo Affonso Leme*. Direito ambiental brasileiro. *São Paulo: Revista dos Tribunais, 1991.*

MACHADO, Paulo Affonso Leme. *Direito Ambiental brasileiro*. São Paulo: Revista dos Tribunais, 1991.

MACHADO, Paulo Affonso Leme. Legislação Florestal (Lei 12.651/2012) e Competência e Licenciamento Ambiental (Lei Complementar 140/2011). São Paulo: Malheiros, 2012.

MAGEE, *Bryan*. História da filosofia. *São Paulo: Edições Loyola, 2001.*

MANCUSO, *Rodolfo de Camargo*. Ação civil pública. *São Paulo: Revista dos Tribunais,* 1989.

MANIFESTE. Pour une evolución du régime juridique de l'animal dans le code civil – Reconnaissant sa nature d'être sensible. *Disponível em: <http://www.30millionsdamis.fr/ flleadmin/user_upload/actu/10-2013/Manifeste.pdf>. Acesso em: 18 set. 2014.*

MARANHÃO, *José*. **Texto Final do Projeto de Lei do Senado nº 351, de 2015**, *na Comissão de Constituição, Justiça e Cidadania. 21 out. 2015. Disponível em: <https:// legis.senado.leg.br/sdleg-getter/documento?dm=3530630&disposition=inline>. Acesso em: 21 maio 2018.*

MARGUÉNAUD, *Jean Pierre*. **L'Animal en Droit Privé.** *Limoges: Presses Universitaires, France, 1992.*

MARGUÉNAUD, *Jean Pierre*. **La personnalité juridique des animaux.** *Paris: Dalloz,* 1998.

MARGUÉNAUD, *Jean Pierre. La question du statut juridique de l'animal: le passage irréversible de l'étape du ridicule à l'étape de la discussion.* **Revue semestrielle de droit animalier**, *p. 157-179, 2/2013. Disponível em: <http://www.unilim.fr/omij/files/2014/03/ RSDA-2-2013.pdf>. Acesso em: 14 maio 2018.*

MARGUÉNAUD, *Jean Pierre. Les animaux sont-ils encore des biens? Prendre au sérieux la sage réponse du droit Suisse. In: DUBOS, Olivier; MARGUENAUD, Jean Pierre.* **Les**

Animaux et les droits européens – *au-delà de la distinction entre les hommes et les choses.* Paris: Editions A. Pedone, 2009. p. 49-56.

MARQUES Cláudia Lima. "O direito do Mercosul: direito oriundo do mercosul, entre direito internacional clássico e novos caminhos de integração". Pg. 61

MARTINS, Renata de Freitas. *Parecer. Utilização de animais em rodeios.* Revista Brasileira de Direito Animal, *Instituto de Abolicionismo Animal, ano 4, n. 5, p. 367-394, jan./dez. 2009.*

MEIRELLES, *Hely Lopes.* Direito administrativo brasileiro. *São Paulo: Revista dos Tribunais, 1991.*

MILARÉ, *Édis.* A ação civil pública e   a tutela jurisdicional dos interesses difusos. *São Paulo: Saraiva, 1984.*

MILARÉ, *Édis.* Direito do ambiente. *São Paulo: Revista dos Tribunais, 2011.*

MILARÉ, Édis. *Direito do ambiente*: A gestão ambiental em foco. São Paulo: Revista dos Tribunais, 2011.

MOGINIER, David. *L'animal ne sera jamais une personne. Mais il pourrait ne plus être une chose.* **Le Temps, Societé,** *21 Sept. 2000. Disponível em: <https://www.letemps.ch/societe/lanimal-ne-sera-jamais-une-personne-pourrait-ne-plus-une-chose>. Acesso em: 18 maio 2018.*

MONTAIGNE *Michel Eyquem de,* Ensaios. *Tradução de Sérgio Miliet. São Paulo: Abril Cultural, 1980, p. 198 a 279 (Os Pensadores).*

MONTEIRO, *Washington de Barros. Direito das coisas. In:* _____. **Curso de direito civil.** *42. ed. São Paulo: Saraiva, 2009. v. 3.*

MUKAI, *Toshio.* Direito ambiental sistematizado. *São Paulo: Forense Universitária, 1992.*

MULLER, *Robert.* O nascimento de uma civilização global. *São Paulo: Aqüariana, 1993.*

NACONECY, *Carlos Michelon.* Ética & animais: *um guia de argumentação filosófica. Porto Alegre: EDIPUCRS, 2006.*

NATURA 2000. *Lettre D'Information Nature Comission Europeenne.* Le point sur gérer les sites Natura 2000, qu'est-ce que ça signifie? *Bruxelles, DG XI, n. 3, Avril, 1997.*

NOGUEIRA, *Vânia Márcia Damasceno.* Direitos fundamentais dos animais. *Belo Horizonte: Arraes, 2012.*

NOSSA *Própria Agenda. (1990).* Relatório da Comissão de Desenvolvimento e Meio Ambiente da América Latina e do Caribe.

O ALCORÃO. Tradução de Mansour Challita. Rio de Janeiro: Associação Cultural Internacional Gibran, s./d.

OBERST, *Anaiva.* Direito Animal. *Rio de Janeiro: Lumen Juris, 2012.*

OBERST, Anaiva. *Direito Animal.* Rio de Janeiro: Lumen Juris. 2012.

OS UPANISHADES. São Paulo: Pensamento, 1987.

PAIVA, Marcelo Whately. O pensamento vivo de São Francisco de Assis. São Paulo: Martin Claret, 1985.

PASTERNACK, Denise. Supprimons la vivissection, voici pourquoi et comment. Geneve Ligue Suisse contre la Vivisection, s./d.

PEREIRA, Caio Mário da Silva. Introdução ao Direito Civil. Teoria geral de Direito Civil. In: ____. Instituições de direito civil. 23. ed., de acordo com o Código civil de 2002. Rio de Janeiro: Forense, 2009. v. 1.

PESSANHA, José Américo Motta. Os pré-socráticos — Vida e obra. São Paulo: Abril Cultural, 1978.

PLANCK, Max. Scientific autobiography and other papers. Trad. Frank Gaynor. Nova York: Philosophical Library, 1949.

PLATÃO. O banquete. Tradução e notas de José de Cavalcante de Souza, São Paulo: Abril, 1979 (Os pensadores).

PORTAL DO ASTRÔNOMO. A revolução heliocêntrica. Disponível em: <http://www.portaldoastronomo.org/tema_pag.php?id=38&pag=4>. Acesso em: 3 set. 2014.

PORTUGAL. Lei n. 8/2017, de 3 de março. Estabelece um estatuto jurídico dos animais, alterando o Código Civil, aprovado pelo Decreto-Lei n.º 47 344, de 25 de novembro de 1966, o Código de Processo Civil, aprovado pela Lei n.º 41/2013, de 26 de junho, e o Código Penal, aprovado pelo Decreto-Lei n.º 400/82, de 23 de setembro. Diário da República, n.º 45/2017, Série I de 2017-03-03. Disponível em: <https://dre.pt/home/-/dre/106549655/details/maximized>. Acesso em: 15 maio 2018.

PRABHUPADA Karma, a justiça infalível. São Paulo: The Bhaktivedanta Book Trust, 1997.

PRABHUPADA, C. Bhaktivedanta. Bhagavad-Gitã, como ele é. São Paulo: The Bhaktivedanta Book Trust, 1995.

PRABHUPADA. Retornando. São Paulo: The Bhaktivedanta Book Trust, 1997.

PRADO, Luiz Regis. Crimes contra o ambiente. São Paulo: Revista dos Tribunais, 1998.

PRADO, Luiz Régis. Direito Penal do ambiente. São Paulo: Revista dos Tribunais, 2005.

PRIEUR, M. Droit de l'environnement. 2. ed., Paris: Précis Daloz, 1991.

PRIMATT, Humphrey. A Dissertation on the Duty of Mercy and Sin of Cruelty to Brute Animals. London, 1776. Animal Rights History. Disponível em: <http://www.animalrightshistory.org/animal-rights-c1660-1785/enlightenment-p/pri-humphrey-primatt/1776-mercy-cruelty.htm>. Acesso em: 16 set. 2014.

REALE, Giovanni, ANTISERI Dario, História da filosofia — Antigüidade e Idade Média. São Paulo: Editora Paulus, 1990, v. I.

Referências

REGAN, Tom. Jaulas Vazias. Porto Alegre: Lugano, 2006.

REGAN, Tom. The case for animal rights. *Berkeley and Los Angeles: University of California Press, 2004.*

REIS, Sérgio Nogueira. Uma visão holística do direito. *Belo Horizonte: Nova Alvorada, 1997.*

RIBEIRO, Sérgio Nogueira. Crimes passionais. *Rio de Janeiro: Itambé S.A., 1975.*

RIO GRANDE DO SUL. Tribunal Regional Federal da 4ª Região. *Apelação Criminal 200471010027670/RS.* Apte: Ministério Público Federal. Apdo: Marco Antonio Fagundes de Araújo. Rel. Luiz Fernando Wowk Penteado. 8ª Turma. DJU 29.06.2005, p. 831. Disponível em: <http://www2.trf4.gov.br/trf4 processosvisualizar_documento_gedpro.php?local= trf4&documento=669020&hash=bc58f927ec5eda7cd8bfee16c209836d>. Acesso em: 25 maio 2013.

RIZZARDO, Arnaldo. **Parte Geral do Código Civil:** *lei n. 10.406 de 10.01.2002. 6. ed., rev. e atual. Rio de Janeiro: Forense, 2008.*

RODEIO ESPORTE ESPETACULAR. Madrinheira ou madrinhador. *Publicado em 18 de setembro de 2007. Disponível em: <>. Acesso em: 15 dez. 2014.*

RODIS-LEWIS, Geneviève. Descartes e o racionalismo. *Porto: Ré,1979.*

RODRIGUES Horácio Wanderley. "As insuficiências existentes e suas possíveis soluções". *Fonte: www.plannerbrasil.com.br/mercosul, em 3/4/04.*

RODRIGUES, Danielle Tetu. *O Direito & animais:* uma abordagem ética, filosófica e normativa. Curitiba: Juruá, 2003.

ROHDEN, Huberto. A sabedoria das parábolas. *3. ed., São Paulo: Alvorada.*

ROUSSEAU, Jean-Jacques Les rêveries du promeneur solitaire. *Paris: Éditions Garnier Frères.*

ROUSSEAU, Jean-Jacques, Do contrato social, e discurso sobre política. *Tradução Márcio Pugliesi e Norberto de Paula Lima. São Paulo: Hemus, 1981, p. 11.*

ROUSSEAU, Jean-Jacques. Discurso sobre a origem e os fundamentos da desigualdade entre os homens. *São Paulo: Nova Cultural, 1997, v. II (Os Pensadores).*

ROUSSEAU, Jean-Jacques. Os devaneios de um viajante solitário. *3. ed., Brasília: Editora da UnB.*

ROYAL SOCIETY FOR THE PREVENCTION OF CRUELTY TO ANIMALS. Inglaterra Revista *Today.* Summer 83.

RUECH, Hans. Les bêtes qu'on torture inutilement. *Suíça: Éditions Pierre Marcel — FAVRE, 1980.*

RUECH, Hans. Vivisection is scientific fraud. *Suíça: Civis, 1985.*

RUECH, Hans. Les faussaires de la science. *Suíça: Civis, 1979.*

SALT, Henry. Animals' rights considered in relation to social progress. *Pennsylvania: Society for Animals Rights, 1980.*

SANTA CATARINA. Justiça Federal do Estado de Santa Catarina. Vara Ambiental Federal de Florianópolis. *Ação Civil Pública 5009684-86.2013.404.7200/SC*. Autor: Instituto Abolicionista Animal. Réu: Universidade Federal de Santa Catarina – UFSC. Juiz Federal Marcelo Krás Borges. D. 27.05.2013. Disponível em: <https://eproc.jfsc.jus.br/eprocV2/controlador.php?acao=acessar_documento_publico&doc=72136968947092316024000000000001&evento=72136968947092316024000000000001&key=899e7e741429d9ff52b7f88c924b3e14a18d81bfe188f049444072e609432656>. Acesso em: 26 jun. 2013.

SANTA CATARINA. Tribunal Regional Federal da 4ª Região. *Agravo de Instrumento 5012997-24.2013.404.0000*. Agte: Universidade Federal do Rio Grande do Sul (UFRS). Agdo: Instituto Abolicionista Animal. Rel. Des. Fed. Vivian Josete Pantaleão Caminha. D. 21.06.2013. Disponível em: <https://eproc.trf4.jus.br/eproc2trf4/controlador.php?acao=acessar_documento_publico&doc=413722634888599411100000000358&evento=413722634888599411100000000202&key=4f6f36050b30621160e45d0f5d151e7c3985b1f500d94943dee02c0c81fc742a >. Acesso em: 27 jun. 2013.

SANTA CATARINA. Tribunal Regional Federal da 4ª Região. *Apelação/Reexame necessário n. 2007.71.00.019882-0*. Apte: Universidade Federal do Rio Grande do Sul (UFRS). Apdo: Róber Freitas Bachinski. Rel. Des. Federal Jorge Antonio Maurique. 4ª Turma. DE. 08.11.2010. Disponível em: <http://www2.trf4.gov.br/trf4/processos/visualizar_documento_gedpro.php?local=trf4&documento=3787484&hash=5a4c520b588edee3326da5a69b57478f>. Acesso em: 24 maio 2013.

SANTANA, Luciano Rocha; OLIVEIRA, Thiago Pires. Guarda responsável e dignidade dos animais. Revista Brasileira de Direito Animal, Salvador, Instituto de Abolicionismo Animal v. 1, n. 1, p. 67-104, jun./dez. 2006. Disponível em: <https://www.animallaw.info/sites/default/files/Brazilvol1.pdf>. Acesso em: 20 set. 2014.

*SANTOS, Soraya. **Subemendas 01 e 02 ao Substitutivo ao Projeto de Lei n. 6.799-C**, de 20 de novembro de 2013. 11/10/2016. Disponível em: <http://www.camara.gov.br/proposicoesWeb/prop_mostrarintegra?codteor=1618236&filename=Tramitacao-PL+6799/2013>. Acesso em: 17 abr. 2018.*

SCHURÉ, Edouard. Os grandes iniciados. São Paulo: Martin Claret, 1986

SERRES, Michel. O contrato natural. Tradução de Beatriz Sidoux. Rio de Janeiro: Nova Fronteira, 1991.

SHAR MANZOLI Apocalypse ebola. Suíça: Atra, 1995.

SHAR MANZOLI Guida ai farmaci e vaccini. Suíça: Grupo Editoriale Muzzio, 1989.

SHAR MANZOLI Holocausto. Traduzido para o português por Maria Stella Scaff Glycerio, da Associação Brasileira de Tecnologia Alternativa na Promoção da Saúde — TAPS. Suíça: ATRA, 1995.

SHAR MANZOLI Manuale di defesa immunologica. Suíça: Grupo Editoriale Muzzio.

SHAR MANZOLI, Milly. Le tabou des vaccinations. Arbedo, Suíça: Atra, 1994.

SILVA, José Afonso da. Direito ambiental constitucional . São Paulo: Malheiros, 1994.

SILVA, José Afonso da. *Direito Ambiental Constitucional*. São Paulo: Malheiros, 1994.

SILVA, José Afonso da. Direito urbanístico brasileiro. 2. ed., São Paulo: Malheiros,

1995.

SILVA, Luciana Caetano da. *Fauna terrestre no Direito Penal Brasileiro*. Belo Horizonte: Mandamentos, 2001.

SILVA, Tagore Trajano de Almeida. *Animais em juízo*. Salvador: Editora Evolução, 2012.

SILVA, Tagore Trajano de Almeida. Animais em juízo. *Salvador: Evolução Editora, 2013.*

SILVA, Tagore Trajano de Almeida. Direito animal & ensino jurídico. *Salvador: Evolução Editora, 2014.*

SINGER, Peter. Animal liberation. *Edição revisada, New York: Avon Books, 1990.*

SINGER, Peter. Ética prática. *3. ed. São Paulo: Martins Fontes, 2002.*

SINGER, Peter. Liberación animal. *México: Cuzamil S., 1985.*

SINGER, Peter. Libertação animal. *Porto Alegre: Lugano, 2004.*

SINGER, Peter. **Libertação animal.** *Porto Alegre: Lugano, 2004.*

SIRVINSKA, Luis Paulo. *Manual de Direito Ambiental*. São Paulo: Editora Saraiva, 2003.

SKELY, Edmond Bordezux. O evangelho essênio da paz. *São Paulo: Pensamento, 1981.*

SOCIETÉ PROTECTRICE DES ANIMAUX. Paris. Revista *Animaux Magazine*, n. 119, mar/abr.

SOFFIATI, Aristides Arthur. A natureza no pensamento liberal clássico. *Campos dos Goitacases, 1992. Datil, inédito.*

STILLER, Herbert e STILLER, Margot. Vivisection et vivisecteurs. *Suíça, Arbedo: 1986.*

STONE, Christopher D. Should trees have standing? Toward legal rights for natural objects. California Law Review, n. 45, p. 450-481, 1972.

SUÍÇA. **Code Civil Suisse,** *du 10 décembre 1907 (Etat le 1er janvier 2018). Disponível em: <http://www.admin.ch/ch/f/rs/c210.html>. Acesso em: 4 abr. 2018.*

SUZUKI, D. T. Introdução ao Zen-budismo. *Rio de Janeiro: Civilização Brasileira, 1971.*

TELLES JÚNIOR, Godofredo. O direito quântico. *São Paulo: Max Limonad, 1985.*

THE ANIMAL WELFARE INSTITUTE . Beyond the laboratory door. *USA, 1985.*

THE CAMBRIDGE DECLARATION ON CONSCIOUSNESS. University of Cambridge, Cambridge, United Kingdom, July 7, 2012. Disponível em: <http://fcmconference.org/img/CambridgeDeclarationOnConsciousness.pdf>. Acesso em: 19 maio 2018.

THOMAS, Keith, O homem o mundo natural. *São Paulo: Companhia das Letras, 1988*

TOMAS DE AQUINO (Santo), Tratado de justiça. *Tradução de Fernando Couto. Portugal: Rés (Texto constante da Summa Theologica).*

TRINDADE, Antônio Augusto Cançado. Direitos humanos e meio ambiente. *Porto Alegre: Sérgio Antônio Fabris, 1993.*

TRIPOLI, Ricardo. **Parecer da Comissão de Meio Ambiente e Desenvolvimento Sustentável.** *Projeto de Lei nº 3.670, de 2015. 30 nov. 2016. Disponível em: <http:// w w w . c a m a r a . g o v . b r / p r o p o s i c o e s W e b / prop_mostrarintegra;jsessionid=12518823FBDBBFDC8C292DE225321C89.proposicoes WebExterno2?codteor=1519300&filename=Parecer-CMADS-20-12-2016>. Acesso em: 6 out. 2016.*

TUGLIO, Vânia. *Espetáculos públicos e exibição de animais.* Revista Brasileira de Direito animal, *Instituto de Abolicionismo Animal, ano 1, n. 1, p. 231-247, jan./dez. 2006.*

UICN, PNUMA, WWF/ FAO, OMM, IRM. Cuidando do planeta Terra — *Uma estratégia para o futuro da vida. São Paulo, 1991.*

VENOSA, Silvio de Salvo. *Parte Geral. In:* _____. **Direito Civil.** *13. ed. São Paulo: Atlas, 2013. v. 1.*

VILLELA, João Baptista. *Bichos: uma outra revolução é possível?* **Revista Del Rey Jurídica**, *Belo Horizonte, ano 8, v. 16, p. 12-13, 2006.*

VILLEY, Michel, Philosofie du droit. *Paris: Dalloz, 1986.*

VOLTAIRE Dicionário filosófico. *Tradução de Marilena de Souza Chauí, São Paulo: Abril Cultural, 1978 (Os Pensadores).*

VOLTAIRE, François Marie Arouet de. O filósofo ignorante. *São Paulo: Abril Cultural, 1978.*

WEIL, Pierre. *Holística: uma nova visão e abordagem do real. São Paulo: Palas Athenas, 1990.*

WEIL, Pierre. A nova ética. *Rio de Janeiro: Rosa dos Tempos, 1994.*

WEIL, Pierre.. Organizações e tecnologias para o terceiro milênio: *a nova cultura organizacional holística. Rio de Janeiro: Rosa dos Tempos, 1993.*

WEIL, Zoe, Animals in society . *Jenkintown: Animalearn, 1991.*

WIKIPÉDIA. *CITES* - Convenção sobre o Comércio Internacional das Espécies da Fauna e da Flora Selvagens Ameaçadas de Extinção, Disponível em: <http://pt.wikipedia.org/ wiki/Cites>. Acesso em: 30 maio 2013.

WISE, Steven M. Animal thing to animal person – Thoughts on time, place, and theories. Animal Law, *v. 5. p. 61-68, 1999.*

WISE, Steven M. Palestra proferida no I CONGRESSO MUNDIAL DE BIOÉTICA E DIREITO ANIMAL. *Salvador: Universidade Federal da Bahia (UFBA), 8 de outubro de 2008.*

WISE, Steven M. Rattling the cage: *toward rights for animals. Cambridge, Massachusetts: Perseus Books, 2000.*

WOELMANN, Sérgio, O conceito de liberdade no Leviatã de Hobbes. *2. ed., Porto Alegre: Coleção Filosofia, 1994.*

Edna Cardozo Dias est une avocate brésilienne spécialisée en droit public, environnement et droit des animaux.

Licence en droit – Pontifícia Universidade Católica de Minas Gerais - PUC-MG. Minas Gerais - Belo Horizonte.

Doctorat en droit : L'Université Fédérale de Minas Gerais (première thèse au Brésil, dans le domaine du droit des animaux - 2000).

Spécialisée en criminologie à l'Académie de police civile du Minas Gerais - Belo Horizonte.

Maîtrise en droit public pour la Fondation éducative Monsenhor Messias, Faculté de Droit de Sete Lagoas - MG

Elle est l'auteur de la première thèse de doctorat sur le droit des animaux au Brésil, soutenue à la UFMG Faculté de Droit, intitulée **« La tutelle légale des animaux»** (1re édition Ed. Mandamentos, 2000, 2e édition mise à jour 2018, disponible à Amazon.com), qui porte la première graine au monde universitaire du Brésil pour la formation d'une théorie des droits des animaux.

Elle a également été la première juriste à enseigner au Brésil la discipline sur le droit des animaux à la PUC / MG en 2001.

Elle était la première coordinatrice de la défense des animaux dans la ville de Belo Horizonte en 2016.

Auteur des ouvrages «SOS ANIMAL» (Ed. Liga de Prevenção da Crueldade contra o Animal- LPCA , 1983 - Épuisé), «Le libérticide des animaux» (Ed. LPCA - 1997) et «Crimes environnementaux» (Ed. Mandamentos- 1998 , Épuisé), «La tutelle legale des animaux» (1re édition Ed. Mandamentos, 2000 -, 2e édition 2018, disponible à Amazon.com) et «Environmental Law Manual» (Ed. Mandamentos 2003 –Épuisé) , Le droit de l'environnement dans l'état démocratique du droit (Ed. Forum 2013).

Elle a été conseillère auprès du conseil de classe des avocats (Ordem dos Advogados do Brasil OAB-MG - 2013-2015 - 2016/2018).

Présidente fondatrice de la Commission des droits des animaux OAB / MG - (2013/2018), Présidente fondatrice de la Commission d'urbanisation de OAB / MG. (2006/2013). Membre suppléant auprés Conseil national de l'environnement - CONAMA, représentant des ONG de la région sud-est, pour un mandat. Membre de la commission de l'environnement du OAB-MG (1993/1994 et 2001/2003). Membre du conseil délibérant de l'Association brésilienne des femmes de carrière dans le domaine juridique en 2001. Membre du Comité extraordinaire pour la défense et protection du droits des animaux au Conseil Fédéral du Ordem dos Advogados do Brasil - OAB – (2015 et pour le mandat 2019/2021). Présidente fondatrice de la Ligue pour la prévention de la cruauté envers les animaux (1983-2015), présidente de l'Institut abolitionniste des animaux - IAA (2016-2018)

Elle a commencé la campagne qui a conduit à la criminalisation de la maltraitance envers les animaux en 1984, culminant à l'article 32 de la loi 9605/ 1998. Elle a aidé a écrire le chapitre sur l'environnement de la Constitution fédérale de 1988 et était la représentante des ONGs de protection des animaux à l'audience publique qui tenue lieu le 06/06/1988 à la Chambre des députés, dans laquelle le chapitre sur l'environnement a été remis au sénateur rapporteur. .Elle a travaillé pour modifier le Code civil brésilien afin de changer le statut juridique des animaux pour qu'ils ne soient plus des «choses».

www.ingramcontent.com/pod-product-compliance
Lightning Source LLC
Chambersburg PA
CBHW030942240526
45463CB00016B/1200